语言学研究新视界文库

本专著系湖北科技学院"钱大昕小学研究"（SK0640，……究）（BK1207）课题成果之一

钱大昕小学研究

李爱国◎著

中国出版集团

世界图书出版公司

广州·上海·西安·北京

图书在版编目（CIP）数据

钱大昕小学研究/李爱国著.—广州：世界图书出版广东有限公司，2014.12

ISBN 978-7-5100-7313-7

Ⅰ.①钱… Ⅱ.①李… Ⅲ.①钱大昕（1728～1804）—训诂—研究 Ⅳ.①H13

中国版本图书馆 CIP 数据核字（2015）第 001895 号

钱大昕小学研究

责任编辑　宋　焱

出版发行　世界图书出版广东有限公司

地　　址　广州市新港西路大江冲 25 号

http:// www.gdst.com.cn

印　　刷　虎彩印艺股份有限公司

规　　格　710mm×1000mm　1/16

印　　张　14.5

字　　数　270 千

版　　次　2014 年 12 月第 1 版　2016 年 3 月第 2 次印刷

ISBN　978-7-5100-7313-7/H·0892

定　　价　48.00 元

目　　录

引　论

有清一代，朴学昌明，大家辈出，顾炎武、戴震、段玉裁、王念孙、王引之等人都是当时名震海内的博学鸿儒。他们或以学术振兴民族为己任，或数十年如一日，执着于四部文献的研究。他们以广博的学识、谨严的学风造就了中国古代学术史上最为辉煌的时代。

在乾嘉学者中，钱大昕以其高尚的人品和卓越的学术成就，赢得了学术界的持续关注。钱大昕出生于一个普通的乡村塾师家庭，通过自己的努力，官至翰林院侍讲学士、詹事府少詹事，但他却人在朝廷心在书斋，无心刻意钻营官场，常以自己亦仕亦隐的生活为乐。他曾自题其像赞曰："官登四品，不为不达。岁开七秩，不为不年。插架图籍，不为不富。研思经史，不为不勤。因病得闲，因拙得安。亦仕亦隐，天之幸民。"[1] 这是他对自己人生得失的总结，表现了一个学者豁达的胸怀。他诚心修己，讲求孝道。大母病重，他亲侍汤药，衣不解带两月有余；父亲病故，他以丁忧为由，结束了自己的官宦生涯。他重义轻利，与儒者为伍。从嘉定的望仙桥到北京的椿树头条胡同，他结交了沈彤、惠栋、王鸣盛、纪昀、王昶等一大批当时的名儒，并与他们亦师亦友，相得益彰。他胸襟豁达，金针度人。为官二十多年，多次赴地方任考官，并任广东学政。主考期间，他发现和培养了李文藻、邵晋涵、朱骏声等一大批才华横溢的后学士子。即使是后来名震南北的戴震，当年流亡北京时，也是钱大昕慧眼识英雄，特意将他推荐给了秦蕙田、王鸣盛、纪昀、王昶、朱筠等人 [2]，于是"海内皆知有戴先生矣"。

---

[1] ［清］钱大昕：《潜研老人自题像赞》，载《潜研堂集》，上海古籍出版社 1989 年版。

[2] ［清］钱大昕：《戴先生震传》，载《潜研堂文集》，江苏古籍出版社 1997 年版，第 673 页。本文引用钱氏著作，如不特别注明，均为此版本，故后文版本信息从略。

钱大昕一生博通经史子集，对金石彝器、天文历法、官制氏族、舆地年代、目录版本、文字音韵、校勘辑佚等均有所著述，尤长于考史。清人江藩称其"学究天人，博综群籍，自开国以来，蔚然一代儒宗也"[1]。段玉裁评价他"始以辞章鸣一时，既乃研精经史，因文见道，于经文之舛误、经义之聚讼而难决者，皆能剖析源流。凡文字音韵训诂之精微，地理之沿革，历代官制之体例，氏族之流派，古人姓字、里居、官爵、事实、年齿之纷繁，古今石刻画篆隶可订六书、故实可裨史传者，以及古九章算术，自汉迄今中西厤法，无不瞭如指掌，至于累朝人物之贤姦，行事之是非似难明者，大典章制度昔人不能明断其当否者，皆确有定见"[2]。陈寅恪先生赞其为"清代史学家第一人"[3]；陈垣先生称誉其书是"近代学术之源泉"[4]。戴逸先生说"钱大昕学问渊博，考辨审实，造诣精深"，"最大贡献是运用实证的方法系统研究了中国历代史籍"，与王鸣盛、赵翼"开启了近代历史学考证的先河"[5]。淹博的学识和精辟的论断奠定了钱大昕崇高的学术地位。自钱大昕去世后两百年来，学者们致力于钱氏学术研究，取得了丰厚的成果。

王记录先生所撰《二百余年来钱大昕研究述评》一文[6]，把二百年来对钱大昕的研究细分为以下几类：①对钱大昕著述的整理；②对钱大昕的总体评价；③对钱大昕文字音韵学的研究；④对钱大昕史学成就的评价；⑤对钱大昕历史考证学的探讨；⑥对钱大昕元史研究的分析；⑦对钱大昕历史文献学成就的揭示；⑧对钱大昕方志学成就的考察；⑨对钱大昕教育成就的总结；⑩比较研究；⑪对钱大昕具体著述的论述。这算得上是一个比较全面的学术研究综述了，但在王先生专著出版之后，近年来对钱大昕的研究仍在继续。据本人统计，到目前为止，学术界对钱大昕的学术研究成果约有一百六十余篇（部）[7]，根据作者研究内容的不同，可以分为以下几类：①对钱氏著述的评点、整理和补遗，约三十篇；②对钱氏学术思想的整体描述，约十五篇；③对钱大昕的史学研究，约四十篇；④对钱大昕的小学研究，约二十五篇；⑤对钱氏方志学研究，约五篇；⑥钱氏《易》学思想研究，两篇；⑦钱氏文学成就研究，约十篇；⑧钱氏与其他学者的比较研究，约五篇；⑨对钱氏的文献学研究，包括目录、版本、辑佚、辨伪等，约八篇。

---

[1] ［清］江藩纂，漆永祥笺释：《汉学师承记》，上海古籍出版社 2006 年版，第 321 页。

[2] ［清］段玉裁《潜研堂文集序》，载《潜研堂文集》。

[3] 陈寅恪：《李德裕贬死年月及归葬传说辨证》，载《金明馆丛稿二编》，生活·读书·新知三联书店 2001 年版，第 9 页。

[4] 陈垣：《史源学杂文前言》，生活·读书·新知三联书店 2007 年版。

[5] 戴逸：《嘉定钱大昕全集序》，载《嘉定钱大昕全集》第一册卷首。

[6] 王记录：《钱大昕的史学思想》，社会科学文献出版社 2004 年版，第 174 页。

[7] 各类著作、论文对钱大昕学术观点的简单引用不在本文统计的范围之列。

从目前的研究状况来看，对钱大昕史学成就研究的成果最多，研究得也较为深入，而对其小学成就的研究，则相对不足。因此，本文拟在前人研究的基础上，尝试对钱大昕的小学进行专门研究。

20 世纪以前，是钱大昕的学术传承期和著作整理期。在此期间，由于钱大昕的政治地位、学术成就及其子侄、弟子们的学术影响，其学术得到了传承，其著作得以被整理并流传下来。这一时期，对钱大昕本人的评价多于对他学术的研究，如卢文弨、王鸣盛、戴震、王昶、段玉裁、江藩等人都给予了钱氏很多积极的评价，袁枚说："辛楣少詹精于考据，尤长于史学源流、金石牌（碑）版，又能兼诗古文词。此程鱼门所以推为当今第一，洵为不诬也。"[1] 卢文弨评价钱大昕："品如金玉，学如渊海，国之仪表，士之楷模。"[2] 凌廷堪称钱大昕"体大思精，识高学粹，集通儒之成，祛俗儒之弊，直绍两汉"[3]。王引之所撰《詹事府少詹事钱先生神道碑铭》云："我朝有大儒曰嘉定钱先生，过目成诵，自少至老，未尝以日去书。精研经训，尤笃好史籍，通六书、九数、天文、地理、氏族、金石，熟于历代典章制度、政治臧否、人物邪正，著书三十五种，合三百馀卷。呜呼！古之治经与史者，每博求之方言、地志、律象、度数，证之诸子、传记，以发其旨。自讲章时艺盛行，兹学不传久矣。国初诸儒起而振之，若昆山顾氏、宣城梅氏、太原阎氏、婺源江氏、元和惠氏，其学皆实事求是，先生生于其后而集其成。"这些都是时人对钱大昕的真实评价，并非溢美之辞，足见他在学界的影响。除此之外，钱大昕发明《说文》体例，以声纽为线索，兼及古韵来阐明文字音转之例，在学术界产生了很好的学术效应。在他的影响下，钱氏一门，包括弟大昭、子东壁、东塾，侄东垣、绎、侗，族子塘、坫，孙师慎、师康、师光，曾孙庆曾等，都能秉承家族小学传统，勤于著述。钱氏弟子邵晋涵、朱骏声等致力于文字音韵训诂之学，其《说文》、《尔雅》研究都有很高的造诣。龙启瑞、许桂林、邓廷桢等人继承了钱氏的古音思想，从事双声叠韵的研究。冯登府《十三经诂答问》效仿钱氏《说文答问》之例，探求经义训诂。薛传均撰《说文答问疏证》，对钱氏《说文答问》中提及的《说文》不见于经典的三百一十三字进行了疏证。之后承培元撰《广潜研堂说文答问》，潘承弼撰《说文答问疏证校异》，专门补正薛传均的疏漏并对《说文答问疏证》因辗转传抄而造成的讹误进行了校勘。

民国以来，学者们对钱大昕的文字学、音韵学、训诂学、校勘学都有所研究，并取得了相应的成果：

[1]　见国家图书馆藏《程锦庄钱竹汀是仲明遗墨》，转引自陈文和主编《嘉定钱大昕全集》第一册第 46 页"前言"。

[2]　[清] 卢文弨：《与辛楣论熊方后汉书年表书》，载《抱经堂文集》，中华书局 1990 年版。

[3]　[清] 凌廷堪：《复钱晓徵先生书》，载《校礼堂文集》，中华书局 1998 年版。

一、关于钱大昕文字学的研究

专门研究钱大昕文字学的文章约有八篇。

汪寿明认为钱大昕归纳出了《说文解字》的一些体例，指出了二徐不通形声相从之例和私改谐声字的弊病，对于我们研读《说文》，极有好处，但钱氏轻视钟鼎铭文，是他认识上的局限。[1]

吕友仁指出，钱大昕在《说文》学上两点新发现是先于其他学者的：一是关于《说文》正文字体问题。段玉裁在《说文叙》的注中说："小篆因古籀而不变者多。其有小篆已改古籀，古籀异于小篆者，则以古籀附小篆之后，曰古文作某，籀文作某，此全书之通例也。"王国维评价段氏"此数语可谓千古卓识，两千年来治《说文》者，未有能言之明白晓畅如是者也"。其实钱大昕早于段氏已有类似之说矣，"《说文》所收九千余字，古文居其大半，其引据经典，皆用古文说，间有标出古文籀文者，乃古籀之别体，非古文只此数字也。且如书中重文，往往云'篆文或作某'，而正文固已作篆体矣，岂篆文亦只此数字邪"[2]。二是针对《尔雅》中的二义同条，学界多将发现之功归于王引之，吕先生认为钱大昕在《潜研堂文集》中早有相关论述。[3]

对于钱大昕与段玉裁、朱骏声的关系，吕友仁觉得对于段氏来说，钱大昕处于"博采通人"的通人地位，段氏《说文解字注》的初稿，曾经交由钱氏审阅过。两人在合韵问题上的分歧并不影响两人之间的亲密关系。对于朱氏来讲，钱大昕处于"考之于遂"的贾遂地位，朱氏《说文通训定声》中的"说文"、"通训"、"定声"三个部分都有钱大昕学术的影子。[4]

阎崇东在《钱氏兄弟与〈说文解字〉》一文中认为钱大昕《说文答问》"不仅为普遍阅读古代文献提出了个重要法则，而且也为具体学习研究《说文解字》提出了一个令人信服的条例，为后人解除了许多疑难之点"。同时，钱大昭《说文统释》从体例来看，受教于钱大昕者颇多，其对《说文》的补证和笺释，具有一定的学术价值。[5]

黄慧萍从三个方面对钱大昕的《说文》学进行了研究：①梳理钱氏对《说文》学研究的心得与结果；②分析钱大昕在《说文》学上的成果与阙失；③梳理钱大昕

[1] 汪寿明：《钱大昕的文字、音韵、训诂学》，载《华东师范大学学报》（哲学社会科学版）1985 年第 5 期。

[2] ［清］钱大昕：《跋汗简》，载《潜研堂文集》第 448 页。

[3] 吕友仁：《钱大昕小学表微》，载《河南师范大学学报》（哲学社会科学版）1989 年第 1 期。

[4] 吕友仁：《钱大昕与〈说文〉两大家》，载《河南师范大学学报》（哲学社会科学版）1989 年第 3 期。

[5] 顾吉辰：《钱大昕研究》，华东理工大学出版社 1996 年版，第 302 页。

对乾嘉《说文》学的影响，是一篇对钱大昕《说文》学研究得比较细致的学术论文。[1]

张涛和邓声国合著的《钱大昕评传》，该书既是传记，亦是学术评论，内容比较全面，对钱大昕学术的方方面面都有描述和总结，该书对钱大昕在《说文》学、古音学、今音学和经史训诂方面的成就进行了总结。

郭洪卫《〈潜研堂金石文跋尾〉研究》（硕士学位论文，2008）一文对《潜研堂金石文跋尾》所收金石资料件数、时间起讫、版本源流进行了统计，又从考证历史、校释文字、校订群书、考证典制四个方面对《跋尾》的内容进行了分析并指出了《跋尾》在金石文字学上的地位。

二、关于钱大昕音韵学的研究

研究钱大昕音韵学的著作或论文有十部（篇）左右。

张世禄将钱大昕的古音学概括为八个方面：一字异音之说；音近假借之例；古今声类有异；古无轻唇说；舌音类隔不可信说；喉牙双声说；古无四声之分；反对古敛今侈之说。[2] 为后世研究提供了有益的研究线索。

黄侃对钱大昕的音韵学成就给予了高度的赞扬："钱竹汀，音学之硕魁也，能知古无舌上，为一大发明矣。""自来谈字母者，以不通古韵之故，往往不悟发声之由来；谈古韵者，以不了古声之故，其分合又无之证，清世兼通古今声韵者，惟有钱大昕，余皆有所偏阙。"[3]

王力在《汉语音韵学》中将钱大昕的古音成就总结为四点：古无轻唇音；古无舌上音；古人多舌音；古影喻晓匣双声。通过分析，他认为钱氏的前两个结论是完全正确的，但分析方法存在一定缺陷。"古人多舌音，后世多齿音"之说更是不能成立。他认为钱氏"最根本的主张就是说《诗经》有正音、有转音，正音就是从偏旁得声；转音，就是'声随义转'或'双声假借'"。"依我们看来，'声随义转'之说已有几分勉强，'双声假借'之说更与宋人叶音之说异名而同实。"[4] 在《清代古音学》中，王力先生又说："钱氏只在古声组方面有贡献，至于古韵方面，其说多不足取。"[5] 他对钱氏的"声随义转"和"双声假借"用例进行分析后认为当是古音韵转而非声转。笔者以为，钱氏过分相信声组的观点固然过于自信，但王力先生的批评也值得商榷。通观钱氏著述，其转音理论也是在实践中不断完善的，晚年时，

[1] 黄慧萍：《钱大昕说文学之研究》，台湾屏东师范学院 2005 年硕士学位论文。
[2] 张世禄：《中国古音学》，商务印书馆 1930 年版，第 75 页。
[3] 黄侃：《黄侃论学杂著》，中华书局 1964 年版，第 62 页。
[4] 王力：《汉语音韵学》，中华书局 1982 年版，第 339 页。
[5] 王力：《清代古音学》，山东教育出版社 1986 年版，第 161 页。

他也意识到了仅以声来解释音转的局限性，于是对原先的理论进行了修订，改为以声为主，以韵为辅的音转格局，下文将予以具体论述。

符定一针对钱大昕"古无舌上"的观点，提出了"古有舌上、轻唇音"之说[1]。王健庵先生从六个方面论证了"古无轻唇音之说不可信"，认为钱大昕采用"执经之文而吹以一筒"或"矫古今之舌而出于一轨"的形而上学方法去研究古音，最大的可能也只是求得一个"楚夏各异"各种音系的最大公约数，而不是什么真实的或接近真实的某一古方言或以某一古方言为基础而形成为"雅言"的音系。[2]敖小平先生还从中古音和域外音两个方面追加了不可信的补证。[3]

周祖谟在《问学集·审母古音考》中，认为钱氏提出"古无心审之别"，仅以《字林》读伸为辛"为证，例证太少，考证不精。

陈新雄的《古音学发微》和《古音研究》大量辑录了钱大昕有关古音的论述，同时，还援引其他相关材料对结论的正确性或合理性进行了论证。

汪寿明对"古无轻唇音"和"舌音类隔之说不可信"两个著名论断的研究方法进行了分析，认为钱大昕是发前人所未发，筚路蓝缕之功不可磨灭，对后世章、黄影响很大，但是钱氏对"古无"的界定比较模糊，值得认真探讨。[4]

何九盈认为清代语言学家在声母研究中做出了重大贡献的，只有钱大昕一人，"古无轻唇"和"古无舌上"已被音韵学家广泛接受。钱氏论反切不应来于梵语而当源于中土，何先生认为钱说比较片面，考查反切起源时当结合内因和外因综合考虑。钱氏认为吴棫能用"六书谐声"、"先秦韵文"和"依声寓义"考求古音古义，值得赞赏，何先生对钱氏公允的态度表示了肯定。但当钱氏贬低《中原音韵》和晋、宋、明朝的语言学时，何先生表示这些都是偏见，不是科学的论断。[5]

张舜徽的《清儒学记》从七个方面论述了钱大昕的学术成就及其影响，他对钱大昕的古音成就进行了高度的评价："清代乾嘉学者研究声韵的，大多数人都集中精力从事于古韵分部方面的探讨，除戴震外，只有钱大昕和王念孙，特别重视声的作用，在当时自不多见。钱氏在古声类上的发明，即古无轻唇音及舌上归舌头之说，尤为卓绝。"[6]

---

[1] 符定一：《联绵字典》卷首，中华书局 1954 年版。

[2] 王健庵：《古无轻唇音之说不可信》，载《安徽大学学报》（哲学社会科学版）1983 年第 1 期。

[3] 敖小平：《古无轻唇音不可信补证》，载《华东师范大学学报》（哲学社会科学版）1984 年第 6 期。

[4] 汪寿明：《钱大昕的文字、音韵、训诂学》，载《华东师范大学学报》（哲学社会科学版）1985 年第 5 期。

[5] 何九盈：《中国古代语言学史》，北京大学出版社 2005 年新增订本，第 242 页。

[6] 张舜徽：《清儒学记》，华中师范大学出版社 2005 年版，第 116 页。

郭晋稀的《声类疏证》，刘世明认为该书做了以下几个方面的工作[1]：①为钱氏条目搜集文献例证；②补充与条目中的词有声音联系的钱氏未列的词；③用现代的眼光和观点来评说钱氏声转，指出其合理之处和局限；④从声韵两个角度来考察词与词之间的语音关系，维护钱氏正转变转理论；⑤分别讨论词与词在上古音和中古音两个时期的语音关系；⑥从训诂上讨论词与词的同源关系，以义证音，使材料更可靠，也发扬了钱氏的训诂思想；⑦论证《声类》一书的重要学术价值。

《声类疏证》是按古音和今音两个语音系统来阐述钱大昕的音转理论的，按照钱氏对古音的理解，东汉以前的语音都是古音。郭书在将古音材料分类时，有时误将古音材料划归了今音。但即便如此也不影响郭先生对《声类》一书所做的重要贡献。

李葆嘉在《清代上古声纽研究史论》一书中，对钱大昕的四大结论进行了分析：①古无轻唇音；②古无舌上音；③古人多舌音；④影喻晓匣古双声。最后计算出了"古无轻唇音"和"舌音类隔之说不可信"两文所用例证的百分比，归纳出了钱氏治古音的"雅音归并模式"。[2] 该书对清代声纽研究的分期和各家古声纽研究的模式进行了概括，线索清晰，为钱氏古音学的研究提供了极好的材料和线索。

张盛龙从类型学、历史发生学和方法论三个方面对格里姆定律和钱大昕古无轻唇音说进行了比较，认为两者尽管研究方法不一样，但结论都具有相似性和相关性，而钱氏的研究方法却比格里姆定律早了近半个世纪。[3]

张民权所著《清代前期古音学研究》对钱大昕前后学者的音韵学成就进行考证分析后认为，对古声纽的关注，并非始自钱大昕，钱大昕的音韵学成就是建立在前人研究的基础上的。这一说法很有创见，为我们研究钱大昕的学说提供了新的思路。

耿振生在《20世纪音韵学研究方法论》中认为钱大昕的谐声推演法、异文通假声训集证法、译音对勘法等古音研究方法对于20世纪音韵学的发展功不可没。

周斌武肯定了钱大昕在清代古声类研究领域的杰出贡献，并将钱氏与顾炎武、戴震、段玉裁相比较，论述了钱氏转音说的合理性。[4] 熊庆年分析了钱大昕音转说的由来和基本内容，指出了其内核的合理性与矛盾性，同时总结了音转说的历史作用和影响，认为音转说促进了古音学的进步，推动了训诂学的发展。[5] 漆永祥肯定了钱氏古声类研究和少数民族语言翻译方面的主要成就，但漆先生认为钱氏的音转是韵

[1]　刘世明：《钱大昕古声类系统研究》，北京师范大学2008年硕士学位论文。

[2]　李葆嘉：《清代上古声纽研究史论》，五南图书出版公司1996年版，第69页。

[3]　张盛龙：《格里姆定律和钱大昕古无轻唇音说比较》，载《钱大昕研究》，华东理工大学出版社1996年版。

[4]　周斌武：《钱大昕与清代音韵学》，载《复旦大学学报》（社会科学版）1985年第4期。

[5]　熊庆年：《钱大昕音转说试析》，载《江西教育学院学报》1989年第4期。

转，笔者以为这是欠妥的，因为钱大昕虽然也论及古韵，但其音转理论，还是以声类为主，兼及古韵的。[1]

刘世明的硕士论文《钱大昕古声类系统研究》着重对钱大昕的古无心审之别、古无牙音、上古清浊声母相通三个主要论点进行分析，指出其合理的一面，同时，作者还对《声类》一书进行了穷尽性的量化分析，得出了声母流转的基本规律，很有意义。

已经著录而未能见到的专著有何宗周《钱氏声类疏证》[2]。

三、关于钱大昕训诂学的研究

研究钱大昕训诂学的文章约有五篇，其余相关著作中也有论及钱氏的章节。

徐书海对《声类》之《释训》篇进行了逐条疏证，因声求义，证其音义相关之理。[3]他是 20 世纪最早对钱氏著作进行注疏的学者。

周祖谟在《问学集·审母古音考》[4] 中，考定了四声别义始于两汉，否定了钱氏的起于六朝经师说。

汪寿明觉得钱大昕在训诂理论和训诂实践方面均有所创新，他的"因声求义"，对于明乎假借、阅读古籍大有裨益。他的《恒言录》对于俗语词、成语的考证，有很重要的参考价值。其《声类》不仅涉及文字、音韵，也为训诂学提供了重要的素材。[5]

吕友仁认为章太炎将《恒言录》与《新方言》进行对比，并且批评《恒言录》是有失公允的，章氏的错误在于没有明白《恒言录》的具体内容和体例，《新方言》"寻其语根"之举，有些并未超出钱大昕考证的范畴。[6]

肖建春把钱大昕的字词考释方法概括为三点：①通过书写形式考释；②通过语音形式考释；③通过文化史考释，钱氏考释字词的方法和思想值得我们后人借鉴。[7]

陈蔚松《俗语词研究的精心之作——钱大昕〈恒言录〉简评》认为《恒言录》体例严谨、类目分明，古今对照、考证精审，范围广泛、内容丰富，足见钱大昕学识之渊博。[8]

---

[1] 漆永祥：《钱大昕音韵学述论》，载《西北师大学报》（社会科学版）1993 年第 6 期。

[2] 何宗周：《钱氏声类疏证》，（台湾）何宗周先生遗著整理委员会，1988 年版。

[3] 徐书海：《钱大昕〈声类·释训篇〉疏证》，载《语言文学专刊》1936 年第 1 期。

[4] 周祖谟：《问学集》（上），中华书局 1966 年版，第 120 页。

[5] 汪寿明：《钱大昕的文字、音韵、训诂学》，载《华东师范大学学报》（哲学社会科学版）1985 年第 5 期。

[6] 吕友仁：《钱大昕小学表微》，载《河南师范大学学报》（社会科学版）1989 年第 1 期。

[7] 肖建春：《试论钱大昕的字词考释》，载《西南民族学院学报》（哲学社会科学版）1993 年第 3 期。

[8] 顾吉辰：《钱大昕研究》，华东理工大学出版社 1996 年版。

孙雍长在《训诂原理》中专门论述了钱氏的"音转"说，在分析了《声类》的体例后认为："由编排体例和内容可以看出，钱大昕《声类》对音转材料的广征博引，目的主要在发双声之微，明音转于训诂之功用，与戴震《转语二十章》旨在描述和考究音转规律有所不同。"

赵伯义认为钱大昕的《恒言录》有释义精微、求本溯源、体例严密等优点，但也有收词不严格，词语分类不合理，解说词语不够严密等缺点。[1]

迄今为止，学界对钱大昕的研究已经取得了很大的成绩，但不足也是明显的，这主要表现在如下五个方面：

（1）史学研究成果最多，小学研究不足。以往的研究，对钱大昕史学理论、史学贡献的研究成果最多。对钱大昕小学的研究，起步较晚，虽然也取得了一定的成果，但关注较多的还是"古无轻唇"、"古无舌上"等几条经典结论，对钱氏的古韵说，却鲜有论及。《说文》学与金石文字学方面，研究者也相对较少，以声纽音转为基础的因声求义也没有受到应有的重视。

（2）共时研究较多，历时研究太少。现有的研究，多依据钱氏所列举的材料来论证钱说，没有把钱大昕放在小学发展史中，从历时的比较中发现其贡献及局限。

（3）引用、论证者多，质疑、纠谬者少。以前的研究，基本上都是正面研究，通过分析论证来证明钱说的正确性，而对于钱说中的缺陷，论及者不多。

（4）材料的利用不够。论述钱氏小学者，多依《十驾斋养新录》和《潜研堂文集》，而对于钱氏著作中其他著述利用太少，未能引证同时期其他学者的论述作为旁证材料。另外，佚文的搜集也不够集中。

（5）研究手段不足。过去的研究多以手工摘录为主，统计结果不够精确，未能充分利用计算机对文本材料进行穷尽性的统计分析。

基于以上不足，我们认为，有必要对钱大昕的小学成就进行一次全面的整理，在前贤已有的研究基础上，进一步发掘钱大昕的小学价值。以下将对钱大昕小学研究从材料、研究的重点和研究的方法等三个层次展开：

（1）研究的材料。钱氏著述，现如今所能见到的除了清光绪长沙龙氏家塾刻本和江苏古籍出版社的《嘉定钱大昕全集》之外，各类丛书如《皇清经解》、《粤雅堂丛书》、《四部丛刊》、《丛书集成新编、续编、三编》等也收有钱氏部分著作，今人吕友仁点校了《潜研堂集》。我们以《嘉定钱大昕全集》为蓝本，同时参校龙氏本及其他诸本，力求避免刊印的讹误，恢复钱书原貌。

钱氏小学论述，散见于其著作中，唯在《十驾斋养新录》、《潜研堂文集》、《声

---

[1] 赵伯义：《论钱大昕的〈恒言录〉》，载《河北学刊》1997 年第 3 期。

类》等书中较为集中。为此，我们在搜检《嘉定钱大昕全集》中钱氏小学条目的同时，也旁求清人著作及当代文章，尽可能辑录钱氏佚文。

通过对钱氏小学材料的搜集，我们把钱氏小学分为文字、音韵、训诂三个方面，并从这三方面入手分析钱大昕的学术背景和学术渊源，总结其学术贡献。

（2）研究的重点。文字、音韵、训诂是我们研究的三大部分，其中音韵是重点。

在文字方面，通过对文献的梳理，我们可以进一步发掘钱大昕对《说文》学的贡献。虽然在传统文献分类中，金石文字属于史学范畴，但钱氏的金石之学与传统文字学关系密切，故而纳入文字学讨论之列。

音韵是钱氏学术中最为出色的部分，也一直为后世所称道。对古声组的研究，钱氏倾注精力最多，也创获最多。他不但提出了数条著名的结论，而且能把声组研究的成果应用到古音研究的实践中，提出了自己的转音说，以此来解释古韵文中的出韵问题和古音训诂问题。

在钱氏所有的著述中，他都没有言及古声组的具体数目。在整理钱说的基础上，我们力争构拟出钱氏心目中的古声分部表，并在此基础上总结出钱氏转音说的基本范式，以此来指导古文韵读和经籍训诂。

因为钱氏训诂之学是以双声为核心的因声求义，转音说与训诂密不可分，所以我们将音韵与训诂合为一个标题，分作两章，通过理论归纳和实例分析，总结钱氏的训诂特色。

（3）研究的方法。我们对钱氏小学成就的研究，主要运用到了以下三种方法：

方法一是在继续坚持共时研究的基础上，结合历时研究。我们之所以把钱大昕的小学作为一个独立的命题进行研究，是因为在钱大昕所有的学术成就中，小学一直是他治学、著述的根本，理清了钱大昕的小学成就，就等于掌握了他学术的核心和精髓，这对于钱大昕个人的研究意义重大。而且，钱大昕不是一个孤立的个体，他生活在那样一个古学兴盛的特殊时期，朴素的学术风气和大量志同道合的古学友朋，是他学术成长的土壤。在他之前，有汉宋以来历代学者默默无闻的薪火传承；在他之后，有其子侄后学在他的基础上发扬光大，另外，还有一些学者对钱大昕提出的经典结论进行了补证和进一步推断。所以，钱大昕学术成就的取得，不仅仅只是他个人奋斗的结果，也是历史积淀和时代氛围孕育的产物。对钱大昕的小学研究，也有益于清代小学史的研究。

方法二是继续加强对材料的分析，在理性归纳的基础上正确地评价钱大昕的小学成就。由于钱氏小学论述篇幅都不长，所以我们尽可能穷尽式地列举其相关论说，然后进行归纳，逐一分析其中合理的一面和不足之处。同时，我们将从小学史的角度审视钱大昕。借此，我们才可以发现钱氏学说在整个学术史中的地位，明白他本人对于学术发展的贡献和意义。

　　方法三是注重研究手段的多样化。前人对钱氏著作已经做了基础性的疏证和补充工作，如清人对钱氏《说文》学和古声组结论的补证，今人郭晋稀对《声类》的疏证。这些都为我们的研究提供了很好的补充材料。在此基础上，我们充分利用计算机，将《声类》做成 Excel 数据库，通过数据的比对分析，可以为我们的声类研究和转音说研究提供很好的支撑材料。

　　总之，我们将在充分占有钱大昕小学说的基础上，运用共时和历时相结合的、传统的分析归纳法与现代计算机统计法相结合的方法，全面展示钱大昕个人的小学成就，中肯评价他在小学史上的地位。

第一章　钱大昕生平及其著述

钱大昕（1728—1804），字晓徵，号辛楣，又号竹汀，晚号潜研老人，清江苏嘉定（今上海嘉定）人。早年以诗赋闻名江南，乾隆十六年（1751）清高宗弘历南巡，钱大昕因献赋被提督学政庄有恭选为一等。后来又在乾隆帝的召试中被评为一等，特赐举人，授内阁中书学习行走。十九年正月，补中书缺额；三月，中进士，经御试后改翰林院庶吉士。其后陆续任翰林院编修、右春坊右赞善、武英殿纂修官、功臣馆纂修官、詹事府少詹事，提督广东学政。期间还出任过会试同考官及山东、湖南、浙江、河南等地乡试考官。三十四年，入直上书房，授皇十二子书。四十年，因父丧归里，从此引疾不仕。归田三十年，潜心著述课徒，历主钟山、娄东、紫阳书院讲席，出其门下之士多达两千余人。

大昕勤于读书、著述，为官宦游之遐，未尝释卷。读书有所得，辄信笔分条记录，或整理成稿。其稿积累到一定的卷数，则由其弟子或友朋携去结集刊刻成书。大昕去世后，其门人弟子对其遗稿进行整理后陆续印行。经过几代学人的搜集整理，1997 年，江苏古籍出版社出版了《嘉定钱大昕全集》十册，为当前收集钱氏著述最全的版本。但此后，仍有学者发现了部分钱氏佚文。

第一节　钱大昕生平

今天能够见到的研究钱大昕生平的材料主要有：钱大昕自撰的《竹汀居士年谱》、钱大昕的曾孙钱庆曾编订的《竹汀居士年谱续编》、王昶《皇清诰授中宪大夫詹事府少詹事钱君墓志铭》、王引之《詹事府少詹事钱先生神道碑铭》、江藩《国朝汉学师承记·钱大昕》、《清史列传·钱大昕列传》、阮元《钱大昕传》、程其珏《光绪嘉定县志》等。根据相关材料，我们将钱大昕的一生分为四个时期：蒙学期、举业期、仕宦期和归田期。

一、蒙学期

钱大昕祖上并非嘉定本地人，其始祖钱锱明，是江苏常熟双凤里的一个农民，明朝正德年间入赘到嘉定盛泾的一个管姓人家为婿后，遂在盛泾定居下来，其后裔分为两支，一支居于外冈，一支居住在望仙桥。迁居望仙桥的就是钱大昕的高曾祖钱炳。钱大昕的祖父钱王炯、父亲钱桂发都曾做过课徒自给的乡村塾师。1728 年，钱大昕就出生于这样一个有书香但并不富裕的家庭。五岁时，钱大昕从塾师曾献若背诵经书。十岁，跟随在望仙桥杨家坐馆执教的祖父钱王炯学习八股文。钱王炯是位县学生，学识渊博。钱泳《履园丛话》卷五《景贤》记载：

> 钱王炯，字青文，嘉定县学生。少博学经籍，事父母以孝闻。其兄早殁，抚其孤成立。幼从太仓李景初课诵。李殁，无子，迎其妻黄氏敬养十余年，及其殁也，为制丧服，葬而除之。尝谓读书必先识字，于四声清浊，辨别无少讹溷。经史之外，旁及天文、地学，以及卜筮禄命之书，亦无不穷究也。惟不喜二氏之学，尝云："仙言长生，佛言不灭，二者皆未可信。夫神依形以立，未有形去而神存者。今二氏之徒遍天下，卒无一人能见古仙古佛者，则长生非生，不灭乃灭也。孔子言疾没世而名不称；立德、立功、立言，吾儒之不朽，即吾儒之长生不灭也。"乾隆二十三年，有司举乡饮礼，延为大宾。知县介玉涛问何以致寿，答曰："某生平不知导引服饵之术，但文字外无他嗜好，未尝轻易喜怒耳。"卒年九十二。以孙大昕贵，诰赠奉政大夫、翰林院侍读，晋赠中宪大夫、詹事府少詹事。[1]

钱王炯精于小学，著有《字学海珠》三卷。面对自幼聪慧的孙儿，他常"教以训诂音韵"，大昕都能"贯通大意"，炯喜赞昕曰："入许（慎）、郑（玄）之室无难也！"[2] 钱大昕以后之所以能在文字、音韵、训诂方面取得超乎众人的成就，是与祖父对其自小严格的教导分不开的。祖父对释道二家态度，也深深影响了大昕的人生观和学术观。大昕作《轮迴论》，力驳佛教六业轮回之说："夫生死者，人之常，犹草木之春荣秋落也。形神合而有身，若色香合而为花，未闻花落而香留，安得身亡而神在？……释氏后入中国，乃谬悠其词，以为形有去来，神无生灭，不受吾法，

---

[1]　[清] 钱泳：《景贤》，载《履园丛话》，华东师大图书馆藏清道光十八年述德堂刻本，第75页。

[2]　[清] 钱大昕：《竹汀居士年谱》，载《嘉定钱大昕全集》第一册，第5页。

即堕轮回之苦。骤昕之，似亦导人为善，而不知其教人以不孝、不悌之为祸烈也。"[1] 此说与其祖父之说如出一辙，对释氏的反感也直接影响到了他对反切和三十六字母的认识，他觉得反切和三十六字母实出于本土，非来白梵语。

二、举 业 期

十一岁那年，钱大昕第一次参加童子试，但不第。第二年，钱大昕的父亲钱桂发到外冈镇本族钱楷家执教，他也随父一同前往跟读。钱桂发思想通达，除了教授八股文以应试外，还教诗赋创作。钱大昕说："府君少读书，不屑记问章句，习举子业，涤烦去滥，壹以先正为师"[2]，"授徒二十年，遇少年质美者，必教以兼通古学，勿蹈科举空疏之陋"[3]。所以，钱大昕二十三岁就号称"吴中七子"之一，二十四岁即因献赋而被乾隆看中，其父钱桂发功不可没。年轻时诗歌阅读与创作经历，不但成就了他的仕宦生涯，也练就了他精细的审音能力和良好的语感，所以他在辨析今音时，不仅依据韵书、方言，而且还能通过分析诗句的对仗和平仄，发现字音的异读。

十三岁时，钱大昕第二次参加童子试，获第六名。十五岁时，他由县郊来到嘉定县城，拜祖父的学生曹桂芳为师。在这一年，钱大昕通过童子试，成为秀才。作为主考官的提督学政、内阁学士刘藻特于第二日以"焉知来者之不如今也"为题复试之，试罢惊呼："吾视学一载，所得惟王生鸣盛、钱生大昕两人耳。"[4] 在考秀才时，钱大昕与王鸣盛相识，之后，两人一起肄业于苏州紫阳书院。乾隆十九年，钱大昕与王鸣盛同中进士，共同的经历和相近的学术爱好使两人结下了深厚的友谊。王殁后，钱大昕在《西沚先生墓志铭》中说："予与西沚总角交，予妻又其女弟，幼同学，长同官，及归田，衡宇相望，奇文疑义，质难无虚日。"[5] 王氏为人较为自负，曾自豪地对钱氏说："牛耳平生每互持，江东无我独卿驰。"[6] 但学术上的问题，两人也曾互相请教，互相提高。《十七史商榷》写成后，王氏就致信大昕云："海内能读此书者不过十数人，如绍弓、辅之，又远隔京华，不得不向吾兄而求益，其不及尽致者，总入《蛾术编》可也。"[7] 大昕《潜研堂金石文字跋尾》写成，王鸣盛序曰："予曩与竹汀同居燕邸，两人每得一碑，辄互出以相品骘。"两位才子惺惺相惜，但也

[1] [清] 钱大昕：《轮迴论》，载《潜研堂文集》卷二，第34页。

[2] [清] 钱大昕：《先考小山府君行述》，载《潜研堂文集》卷五十，第826页。

[3] [清] 钱大昕：《先考赠中宪大夫府君家传》，载《潜研堂文集》卷五十，第823页。

[4] [清] 钱大昕：《竹汀居士年谱》，载《嘉定钱大昕全集》第一册，第7页。

[5] [清] 钱大昕：《西沚先生墓志铭》，载《潜研堂文集》卷四十八，第792页。

[6] [清] 王鸣盛：《西沚居士集》卷十七，载《嘉定王鸣盛全集》，中华书局2010年版。

[7] [清] 吴修：《昭代名人尺牍》卷二十二，西泠印社光绪三十四年刻本。

暗自较劲,相互攀比,王鸣盛先动笔开始写《十七史商榷》,大昕则紧随其后著有《廿二史考异》。

十八岁时,钱大昕开始在坞城顾氏家坐馆授徒,见顾家藏有《资治通鉴》和一套不全的《二十一史》,遂潜心苦读,间或能发现书中的讹误。其考据史部文献,从这时就已经开始了。

二十二岁时,因巡抚雅尔哈善的推荐,钱大昕得以进入苏州紫阳书院学习。在那里,他结交了一大批良师益友,再一次开阔了自己的学术眼界,使自己一生的命运出现了转折。

在苏州紫阳书院,山长王峻在审阅钱大昕的课义、诗赋、论策后,直呼"此天下才也"!于是经常教诲钱氏"读书当自经史始"[1],所以钱氏后来感叹:"予之从事史学,由先生进之也。"在王峻的指导和影响下,钱大昕的兴趣点也逐渐转向了史学。

王峻之后书院的继任者为沈德潜,他把当时王鸣盛、钱大昕、王昶、吴泰来、赵文哲、曹仁虎、黄文莲七人的诗作结集成《吴中七子诗选》刊行。书成后,风行于世,造成了很好的社会影响,书贾甚至将书卖到了日本,深受日本人的喜爱。

钱大昕在紫阳书院学习期间,惠栋正随其父迁居苏州城南,居葑门泮环巷。钱大昕在紫阳书院学习时,常常"谒先生于泮环巷宅,与论《易》义,更仆不倦,盖谬以予为可与道古者"[2]。两人虽没有正式的师生关系,但惠氏崇古学,主张以小学为门径以求经义的考据学风使钱大昕深受影响。钱氏以治经的态度来治史,重视对古音古义的考求,以小学的方法来考求史学,都是深受惠栋的影响。

在紫阳书院期间,钱大昕除了好友王昶、吴泰来、赵文哲、曹仁虎、黄文莲之外,还结识了褚廷璋、李客山、赵饮谷、沈冠云、许子逊、顾禄百等人。朋友间的相互策励,取长补短,也使钱大昕的学业日见提高。

二十三岁时,钱大昕与王鸣盛的妹妹结婚,因家庭贫寒,只得寄居王家。婚后久考不中的窘况使他开始为生计而发愁,寄人篱下时甚至会遭到仆人们的白眼。二十四岁那年,乾隆南巡,地方官员组织士子献诗赋,钱大昕因献赋被学使庄协揆选为一等,之后又在乾隆帝的召试中被评为一等,特赐举人,授内阁中书学习行走,从此逐渐步入仕宦之途。

三、仕 宦 期

从乾隆十七年(1752)买舟北上进京,到乾隆四十年(1775)以父丧归田,是

[1] [清]钱大昕:《竹汀居士年谱》,载《嘉定钱大昕全集》第一册,第9页。
[2] [清]钱大昕:《古文尚书考序》,载《潜研堂文集》卷二十四,第368页。

钱大昕的仕宦期。这二十三年，钱大昕在官场上一帆风顺，春风得意：乾隆十七年，入内阁票签房办事。十九年，中进士后授翰林院庶吉士。二十一年，与纪晓岚同修《热河志》，时称"南钱北纪"。二十二年，授翰林院编修。二十三年，擢右春坊右赞善，充武英殿纂修官及功臣馆纂修官。二十四年，奉命充山东乡试正考官。二十五年，充会试同考官，寻充《续文献通考》馆纂修官，其秋迁翰林院侍读。同年冬，奉旨署日讲起居注官。二十七年，奉命充湖南乡试正考官。二十八年，擢侍讲学士，寻充日讲起居注官。三十年，奉命充浙江乡试副考官。三十一年，充会试同考官。三十二年，因妻子王顺瑛病逝，加之他自己身体不佳，夜不能寐，遂告假回乡修养。三十四年秋返京。三十五年，开始研读《说文》。三十六年，充《一统志》纂修官。三十七年，补翰林院侍读学士，会试充磨勘官，殿试充执事官，寻充三通馆纂修官。三十八年，奉旨入直上书房，授十二皇子书。十一月，擢詹事府少詹事。三十九年，奉命充河南乡试正考官，旋就任广东学政。四十年五月，因父丧归田，不复入仕，专心课徒著述。

二十三年的仕宦生涯，钱大昕走得很顺利，这固然是由于他虚怀若谷、谦虚好学，广交天下朋友、与人为善的结果，另外也是与钱大昕本人的机智聪明分不开的。他知道如何扬长避短，发挥自己的长处，出奇制胜，善于抓住机会，迎合皇帝的意图。例如，当年中举的十九人中，唯有钱大昕一人以诗赋见宠。乾隆二十年，朝廷军队平定准噶尔后，他立马写下五言长律一百五十韵予以颂扬。二十一年，他扈从乾隆赴热河，一路上与皇帝诗歌唱和不断，回京后，旋即升任。二十四年，平定回部后，他又进呈七言长律一百韵。二十六年，乾隆谒泰陵、幸五台山，途中又恭和御制诗。皇太后七十寿辰，他献上《圣母皇太后七十万寿颂》等等，像这样由于官场即景应和的交际诗篇，在钱大昕的文集中也有不少。

在京任职期间，钱大昕仕途一路顺畅。在公事之暇，他依然不忘自己感兴趣的学问。他曾说："宰相虽荣宠一时，而易代以后，龌龊无称，甚或为世诟病，故知富贵之有尽，不若文章之长留矣。""知名位之有尽，不若文章之无穷。"[1] 熟读经史的他深谙人生安身立命的根本在于学识，所以，工作之余或公务途中，他都不忘学术，或多方访求善本、碑刻，或潜心研读、校勘。他在《年谱》中说："在中书任暇，与吴杉亭、褚鹤侣两同年讲习算术。得宣城梅氏书读之，寝食几废。因读历代史志，从容布算，得古今推步之理。"[2] "公事之暇，入琉璃厂书市，购得汉唐石

---

[1] ［清］钱大昕：《益都李氏宗祠记》，载《潜研堂文集》卷二十一，第327页。

[2] ［清］钱大昕：《竹汀居士年谱》，第12页。

刻二三百种，晨夕校刊，证以史事，辄为跋尾。"[1]钱大昕痴迷学术，由此可见一斑。

来京后，钱大昕的交游比以前更为广泛，"一旦辞家而仕于朝，与贤士大夫游，或接武于公廷，或相访于寓邸，出或同车，居则促膝，收直谅之益，极谈燕之欢，经年累月无间寒暑，思寻家庭长枕大被之乐，翻不可得，故尝谓朋友之乐，唯京朝官所得为多"[2]。师友切磋之中，钱大昕不断取人之长，以为己用，学术水平不断提高。通过数次出任主考官，也培养了一批自己的学术传承人。

四、归田期

从乾隆四十年因父丧归里后，钱大昕再也没有复出入仕，原本打算在家潜心读书著述，怎料友朋力邀出山执教，钱大昕素来不喜为人师，可是去职后"家居贫约"，无奈在乾隆四十三年应两江总督高晋之邀，赴钟山书院执教，聊以改善生活。乾隆五十年，又应巡抚章攀桂之请，出掌娄东书院。乾隆五十四年，钱大昕出任紫阳书院山长，直至终老。

钱大昕教书与其他人不同，他不仅教八股文，更严格要求学生要打好基础，以通经读史为先，要求学生不要急于求功名而浪得虚名，要"勤修实学"。在他的影响下，"吴中士习，为之一变"[3]。"一时贤士受业于门下者不下二千人，悉皆精研古学，实事求是，如李茂才锐之算术，夏广文文焘之舆地，钮布衣树玉之《说文》，费孝廉士玑之经术，张徵君燕昌之金石，陈工部稽亭先生之史学。几千年之绝学，萃于诸公，而一折衷于讲席，余如顾学士纯、茂才广圻、李孝廉福、陈观察钟麟、陶观察梁、徐阁学颋、潘尚书世恩，潘户部世璜，蔡明经云，董观察国华辈，不专名一家，皆当时之杰出者也。"[4]钱大昕不仅很好地使自己的学术得到了传承，同时也为吴地文事的繁荣，为乾嘉时期古学的复兴，作出了重要的贡献。

书院讲学，没有了官场上的压力，钱大昕身心愉悦，经常与志同道合的朋友们寄情山水，诗歌唱和，足迹遍及吴浙、湖广多地，同游的名士有：袁枚、卢文弨、王鸣盛、王昶、毕沅、严长明、段玉裁、尹壮图、钱维乔、王念孙、洪亮吉、黄丕烈、袁廷梼、顾广圻等。正是利用归田后难得的清闲，钱大昕课徒之余，与吴地一带的官僚士子、藏书家们一起寄情山水、互通有无，进行学术上的交流，因此访得了不少文献资料，为他的著述做了大量的文献储备。主讲书院二十余年，使他的知识积

---

[1]　［清］钱大昕：《竹汀居士年谱》，第14页。

[2]　［清］钱大昕：《炙砚集序》，载《潜研堂文集》卷二十六，第420页。

[3]　［清］钱大昕：《竹汀居士年谱》，第35页。

[4]　［清］钱庆曾：《竹汀居士年谱续编》，第39页。

累日见丰厚，前几十年的各种学养在这一阶段厚积而薄发，其一生大部分的著作都在这一时期得以完成。

嘉庆九年十月二十日，钱大昕晨起盥洗完毕，校《养新录》数页后顿觉劳倦，遂上榻闭目危坐，于当日下午申时谢世。

纵观钱大昕的一生，其出身虽不富贵，但自小是在祖、父辈的诗书熏陶中长大，良好的家庭教育使他打下了坚实的小学功底，拥有了扎实的文献积累，也形成了他谦虚谨慎、儒雅大气、与人为善的美好品德。青少年时期的广交朋友、勤奋求学，使他的视野不断开阔，学术基础不断加强，直至入仕以前，他基本上都是以工于诗赋而闻名的。入仕后，诗赋仍然是他交际的一个重要手段和工具。但此时，他的兴趣点和学术重心已明显开始倾向于史学领域。较为清闲的文官生活和多次赴地方主考的经历，使他有大量的业余时间搜集不同版本的文献资料和碑刻信息。京城是一个人才汇聚的地方，二十三年的官宦生涯，他广交天下名士，举贤荐能，不但在与名流的切磋中提高了自己的学术水平，也为自己的学术成果找到了理想的传承者。这二十三年，也是钱大昕不断丰富、不断成熟的"厚积"时期，善于虚心吸收借鉴的钱大昕积累了多方的资源，为他自己晚年的"薄发"创造了充分的条件。归田后，身心彻底放松的钱大昕执教于书院直至终老。这期间，虽小恙不断，但他游兴不减，与诸多新朋老友泛舟江湖，还和当时的藏书家们结成了很好的朋友，文献资料的来源也更为广泛，这一切，都为他潜心整理自己前半生的积累创造了条件。

钱大昕的才华是多方面的，但史学考证，是他所有学术的重点，他主张实事求是，还历史的本原，"学问乃千秋事，订讹规过，非以訾毁前人，实以嘉惠后学"[1]。考证的目的是古为今用，为后学服务。他注重从文字音韵训诂入手疏通文句，把纸本文献与发现的碑刻文献相结合来鉴别史料的真伪。以小学的方法来考证史学，是钱氏最突出的学术特色，开创了乾嘉史学考证领域的新局面。史籍材料的充分运用，促进了小学研究的进步。钱氏在小学领域中所取得的成就及其影响，无论是在清代，还是现当代，都是不可估量的。因此，重新发掘钱大昕的小学成就，研究其小学思想，确立其在中国小学史上的地位，意义重大。

第二节　钱大昕的著作

依据《竹汀居士年谱》及钱庆曾《竹汀居士年谱续编》所录信息，钱大昕著作情况见下文。

---

[1]　〔清〕钱大昕：《答王西庄书》，《潜研堂文集》卷三十五，第603页。

一、自撰著作

乾隆十八年开始编纂《元氏族表》[1]，四十五年，稿毕。

乾隆十九年，读《汉书》，撰次《三统历术》四卷。

与钦天监何国宗讨论梅文鼎及利玛窦、汤若望、罗雅谷等人的天文历算，撰《三统术衍》。

乾隆三十二年始撰《廿二史考异》。

乾隆三十三年，撰洪迈和陆游年谱。

乾隆三十六年，撰次《金石文跋尾》六卷成，李文藻为刊版。与族子钱坫校正《白虎通》、《广雅》。

乾隆四十三年，修订《廿二史考异》。

乾隆四十五年，《元氏族表》编成。

乾隆四十六年，知县姚学甲续刊《金石文字跋尾》七卷。

乾隆四十七年，《廿二史考异》一百卷成，又撰《金石后录》，后更名为《金石文字目录》八卷。

乾隆四十九年，自编《年谱》一卷，新添三百余种碑刻凡二卷，附于《金石后录》之末。

乾隆五十一年，撰《弇州山人年谱》一卷，《通鉴注辨正》二卷。

乾隆五十二年，撰《鄞县志》三十卷，《天一阁碑目》二卷，《疑年录》四卷。

乾隆五十三年，撰次《金石文跋尾》，复得六卷。

乾隆五十四年，校勘应劭《风俗通义》，重订《金石录》，讫于元代。

乾隆五十五年，校录《五代会要》，手录《安南志略》五十五卷。

乾隆五十六年，补《唐学士年表》、《五代学士年表》、《宋学士年表》各一卷。撰《元氏族表》四卷、《补元史艺文志》四卷。

乾隆五十七年，戈小莲刊行《通鉴注辨正》。

乾隆五十九年，校刊《廿二史考异》至新、旧《五代史》。

乾隆六十年，覆校《宋史考异》并刊行。

---

[1]　《竹汀居士年谱》有三处提及《元氏族表》，一为乾隆十八年，一为四十五年，一为五十六年。后世文集各版本中均有《元史氏族表》三卷，皆不称《元氏族表》四卷，"史"字疑为后人传抄增衍。今传世《元史氏族表》三卷，内容分为：《蒙古》、《色目》、《部族无考者》三部分，与钱氏在《元史氏族表》卷首所述一致，内容无阙。钱大昕之所以在"乾隆五十六"条下说"撰《元氏族表》四卷"，可能是在归田后仍在对《元氏族表》进行增补，故卷帙有所增加，但增加部分，后人未见。钱氏弟子黄钟在《元史氏族表》跋文中也称"《元史氏族表》三卷，我师钱竹汀先生所作也……先生属藁始于乾隆癸酉七月，成于庚子五月，几及三十年"。对于乾隆五十六年的四卷本，黄氏也未提及。

嘉庆元年，手校《元史考异》并刊印。

嘉庆二年，补校《四史朔闰考》，手校《金史考异》并刊印。

嘉庆四年，校定臧氏《经义杂记》，校刊《金石文跋尾三集》，重订《十驾斋养新录》。

嘉庆六年，刊《元史艺文志》，阮元刻印《三统术衍》。

嘉庆八年，《金石文跋尾四集》刊成，《长兴县志》成。始刊《十驾斋养新录》手定本二十卷及《余录》三卷。李赓芸为刊《洪文惠公年谱》、《洪文敏公年谱》及《陆放翁年谱》。

嘉庆九年十月二十日，谢世前尚在校阅《十驾斋养新录》。

此外，钱大昕还担任过日讲起居注官，曾以侍班日记的形式写成《讲筵日记》一册，不分卷，今藏于北京大学图书馆。

二、参编著作

除自身著作外，钱氏还参与了一些书籍的编纂与修订，其《年谱》中记载的有：《五礼通考》、《热河志》、《地球图说》、《续文献通考》、《续通志》、《音韵述微》、《大清一统志》、《南巡盛典》、《天球图》、《乾隆鄞县志》、《嘉庆长兴县志》等。这些著作今均有传本于世。

三、著作刊印

钱大昕虽官至四品，但他一生为官清廉，直至终老也没有太多的积蓄，自京返乡期间，曾一度借居在亲戚家中。晚年归田期间，其至以课徒自给。他著述虽多，但其在世之时，无力将全部书稿付之剞劂，只有他的一些挚友和弟子为其印行了一部分。另一方面，务去冗言，精益求精，是钱大昕的学术追求。所以，反复修改，尚未定稿也是其著作刊印不全的原因之一。

钱氏去世后，他的子侄、女婿、弟子们都曾对其著作进行过整理。清嘉庆十一年，钱大昕次子钱东塾将钱氏已刻及未刻著作合编为《潜研堂全书》凡十七种，计有：《廿二史考异》一百卷、《三史拾遗》五卷、《诸史拾遗》五卷、《通鉴注辨正》二卷、《洪文惠公年谱》一卷、《洪文敏公年谱》一卷、《陆放翁年谱》一卷、《王伯厚年谱》一卷、《弇州山人年谱》一卷、《元史艺文志》四卷、《元史氏族表》三卷、《潜研堂金石文跋尾》二十五卷、《潜研堂金石文字目录》八卷、《十驾斋养新录》二十卷、《余录》三卷（附）、《三统术衍》三卷、《钤》一卷、《潜研堂文集》五十卷、《潜研堂诗集》十卷、《续集》十卷。道光二十年，东塾之子师光将此本重印。

光绪十年，长沙龙氏家塾刻《嘉定钱氏潜研堂全书》，在《潜研堂全书》基础上增加了《声类》四卷、《宋辽金元四史朔闰考》二卷、《恒言录》六卷、《疑年录》四卷、《风俗通义逸文》一卷。胡元常将《潜研堂金石文跋尾》二十五卷整理为二十卷。

1997 年，江苏古籍出版社出版《嘉定钱大昕全集》十册，在光绪龙氏家塾本基础上新增书目如下：

钱大昕自撰《竹汀居士年谱》、钱庆曾撰《竹汀居士年谱续编》、《唐石经考异》（附补）、《经典文字考异》三卷、《地名考异》一卷、《修唐书史臣表》、《新唐书纠谬校补》、《新唐书纠谬补遗》、《天一阁碑目》、《元进士考》不分卷、《凤墅残帖释文》两卷、《困学纪闻校》、《颜氏家训注补正》、《竹汀先生日记钞》三卷、《竹汀日记》一卷、《潜研堂文集补编》。另外，还单列有《传记资料》、《辑录》两目，辑录了钱氏的传记资料和散逸的部分家书、文稿。

《嘉定钱大昕全集》在《嘉定钱氏潜研堂全书》的基础上，新增了十六种钱氏著作和部分佚文，收书范围有所扩大，内容更为全面。传记资料的引入，更有助于我们对钱大昕的深入研究。该书全部为竖排标点本，目录清晰，且在文后附有校勘记，便于检校，但书中点校之误，多为学界所诟病。

第三节　钱大昕的佚文

《嘉定钱大昕全集》虽蒐集丰富，但仍有漏收之书；亦有仅见存目，未见原文，此后学者多有补录。

一、漏收之作

《嘉定钱大昕全集》漏收了一部分钱氏著作，1997 年以后，学者们辑录出了钱氏佚文若干，今录其信息如下：

今存全文，但未收入《嘉定钱大昕全集》，《钱大昕研究》一书辑录其目如下：《跋太玄集注》、《与赵损之书》、点校旧抄本《康成遗书》、《跋温公集注太玄》、《跋东家杂记》、考订《唐颜真卿书茅山玄静碑》、《潜研堂文录》、《读元史日抄》、《竹汀老人遗嘱》、《噉蔗全集》、手书《陈福家传》、《题袁介隐杂诗》手书轴、《钱王炯家传轶事》。[1]

王建：《钱大昕佚文五则》，载《吴中学刊》1998 年第 3 期。

王贵忱：《钱大昕致毕沅书札》，载《广州师院学报》2000 年第 2 期。

漆永祥：《钱大昕〈讲筵日记〉校录》，载（台湾）《书目季刊》2000 年第

---

[1]　顾吉辰：《钱大昕研究》，华东理工大学出版社 1996 年版。

34 卷第 1—2 期。

许全胜、柳岳梅辑注：《上海图书馆藏钱大昕手札九通》，载《文献季刊》2003 年第 4 期。

柳岳梅、许全胜：《潜研堂文集外编》，载《中国典籍与文化》2003 年第 2 期。

侯富芳：《钱大昕佚序两篇略述》，载《中国典籍与文化》2006 年第 3 期。

杨洪升：《〈嘉定钱大昕全集〉失收题跋六则》，载《图书馆工作研究》2007 年第 3 期。

刘世明：《钱大昕佚文及"地"字古音考》，载《西华大学学报》2007 年第 6 期。

《上海图书馆未刊古籍稿本》一书收有钱大昕《演易》手稿全本。[1]

潘建国：《袁枚〈续同人集〉所录钱大昕佚诗遗札》，载《古籍整理研究学刊》2009 年第 5 期。

曹明升：《钱大昕词学资料辑存》，载《广西社会科学》2011 年第 6 期。

孟国栋：《新发现钱大昕佚文〈重刊明道二年《国语》序〉考论》，载《图书馆杂志》2012 年第 3 期。

孟国栋：《钱大昕集外文一篇》，载《文献》2012 年第 1 期。

北京大学图书馆发现钱大昕《讲筵日记》一册，不分卷，漆永祥先生为之作过校录。[2]

二、未见之作

《嘉定钱大昕全集》搜书极广，但也有未见之书。前人有著录，但今未见的有：《南北史隽》、《唐五代学士年表》、《宋学士年表》、《元史纪传稿》、《明朔闰考》、《吴兴旧德录》、《吴兴先德录》、《文选注著作人名》、《金石待访录》、《方舆纪里地名考》、《宋制谥法考》、《披沙集脺杂编》、《词垣集》、《元诗纪事》、《经典文字辨正》十五种。《嘉定钱大昕全集》对这十五种未见书的著录情况有详细介绍，此不转述。[3]《经典文字辨正》一书，《嘉定钱大昕全集》疑其为《经典文字考异》一书的异名，但阳海清《文字音韵训诂知见书目》著录有清钞本《经典文字辨证》不分卷，藏地在浙江图书馆。[4]

《嘉定钱大昕全集》第一册中收有钱大昕《钱辛楣先生年谱》及钱庆曾《竹汀

---

[1]　《上海图书馆未刊古籍稿本》，复旦大学出版社 2008 年版。今《嘉定钱大昕全集》第十册《潜研堂文集补编》仅收《演易》一篇。

[2]　漆永祥：《钱大昕〈讲筵日记〉校录》，载《书目季刊》第 34 卷 1—2 期，2000 年版。

[3]　陈文和：《嘉定钱大昕全集·前言》，载《嘉定钱大昕全集》第一册，第 33 页。

[4]　阳海清：《文字音韵训诂知见书目》，湖北人民出版社 2002 年版，第 160 页。

居士年谱续编》，钱庆曾在两个《年谱》的注文中多处提及"不载《集》中"，意为该文未收入钱大昕已刊刻的文集中。笔者经过仔细核对，以下文章《嘉定钱大昕全集》确未收录，也未见今人有辑录：

（1）《答汪进士耀祖书》、《槎溪程氏支谱序》（1·28）[1]。

（2）《王太夫人八十寿序》（1·29）。

（3）《质直谈耳序》、《资善禅寺饭僧田记》（1·33）。

（4）《赠青溪三子序》（1·35）。

（5）《跋霜哺遗音》、《跋清华斋赵帖》（1·36）。

（6）《虎阜志序》（1·37）。

（7）《李书田诗集序》、《织云楼诗合刻序》、《问字堂集序》、《明金元忠诗集序》、《贾太夫人寿序》、《张太夫人夏氏传》、《王芍坡墓志铭》、《重修宝山县学宫记》、《熊氏家谱序》、《熊封翁家传》（1·40）。

（8）《鹤书堂集序》、《鲍君墓志铭》、《石梁诗草序》、《衣德堂诗集序》、《一潜居制义序》《黄忠节公墓田记》、《侍郎吴公墓志铭》（1·42）。

（9）《重刊国语序》、《旌孝集序》、《施小铁诗集序》、《小蓬莱阁金石文字序》、《徐尚之诗序》、《顾南雅时文序》、《与顾千里论平宋录书》、《海宁冯氏两世墓碣》、《邵西樵槐旧集序》、《王氏世谱序》、《仪礼蒙求序》、《陆豫斋家传》、《与王石臞论广雅书》、《拜经楼诗集序》、《杜诗注释序》、《王冶山墓志铭》、《沈宿昭墓志铭》、《汪对琴墓表》（1·43）。

（10）《慕陵诗稿序》、《三松堂诗序》、《吴柳门诗序》、《寒碧庄宴集序》、《重刊战国策序》、《跋析里桥郙阁颂》、《跋邹南皋书赵文毅公传》、《跋史通》、《王实庵传》（1·44）。

（11）《冯补亭诗序》、《石鼓文读序》、《九容广注序》、《杨氏家谱序》、《与张古余书》、《见严氏观所著江宁金石记》、《汪崇阳墓志铭》（1·45）。

另外，《钱辛楣先生年谱》乾隆十九年载："读《汉书》，撰次《三统历术》四卷"，今未见该书。其校注的著作，汪志伊说："《白虎通》、《说文》、《广雅》、《四分乾象术》、《文选注》诸书皆未刻，藏于家。"[2]《五代会要》钱氏校本今亦未见。[3]

顾吉辰主编《钱大昕研究》一书中亦辑有钱氏著述若干种，但仅见其目，今未见全文的有：《纪游诗》、《黄庭经记题记》、《曝书亭集注》、《先得录》、辑《中兴学士院题名》、《使浙日记》、《纬书辑存》、《困学纪闻五笺集证》。

---

[1]　"1·28"是指《嘉定钱大昕全集》第一册，第28页，下仿此。

[2]　［清］汪志伊：《钱竹汀先生行述》，载《嘉定钱大昕全集》第一册，第31页。

[3]　［清］钱大昕：《钱辛楣先生年谱》，载《嘉定钱大昕全集》第一册，第36页。

钱大昕有感于《元史》错讹极多，曾一度立志重写《元史》，"大昕向在馆阁，留心旧典，以洪武所葺《元史》，冗杂漏略，潦草尤甚，拟仿范蔚宗、欧阳永叔之例，别为编次，更定日录，或删或补，次第属草，未及就绪。归田以后，此事遂废，唯《世系表》、《艺文志》二稿尚留箧中"[1]。这未完的《元史稿》，钱大昕侄孙钱师璟在《嘉定钱氏艺文志略》中说："《元史稿》一百卷，在金陵汪氏处。"[2]光绪本《嘉定县志·艺文志》载其书名为《元史纪传稿》，云道光初年，安徽巡抚陶澍向钱大昕的孙子钱师康讨要此书，钱师康将此书交陶澍后，陶澍又将此书转给钱大昕的学生、安庆知府汪恩，并嘱咐他校订后刊行，但不久汪恩和钱师康相继离世，此书便下落不明。[3]清末时，日本人岛田翰《访余录》曾著录手写《元史稿》残本二十八册，他说："《元史稿》，竹汀毕世精力所注，元元本本，可称一代之信史。""竹汀身后，外间传本希少，其存其佚，盖如在如亡。全书百卷，缺卷首至卷二十五。"[4]此后，《元史纪传稿》去向如何，至今未晓。

另外，钱大昕也曾对《元典章》进行过注疏，"予初至都门，闻一故家有此书，往假读之，秘不肯示。后十年，吾友长洲吴企晋以家藏抄本见赠，纸墨精好，如获百朋"[5]。清末日本人岛田翰在江浙一带访书时曾见过钱注本《元典章》，行间栏上，多小字注疏，"多未发之秘"[6]，惜今不传。

孙杰《古代上海艺术》一书中，记录有钱大昕为其叔钱桢的《篆书集略》作过序文[7]，今未见。

三、佚文三篇

笔者在搜集资料的过程中，亦发现钱氏佚文三篇，兹列如下。

（一）《初学检韵序》

此文各家均未提及，现录其文如下：

> 自许祭酒《说文解字》阐明谐声之旨，吕静、李登始辨声韵，修文、彦伦研审四声。洎陆法言《切韵》出，而二百六部灿若日月经天矣。唐以

[1] ［清］钱大昕：《元史艺文志·序》，载《嘉定钱大昕全集》第五册，第 1 页。

[2] ［清］钱师璟：《嘉定钱氏艺文志略》，端溪丛书本。

[3] 顾吉辰：《钱大昕与〈元史稿〉下落》，载《古籍整理研究学刊》1993 年，第 5 期。

[4] 岛田翰著，刘玉才整理：《访余录》，载《中国典籍与文化论丛》2007 年第九辑，北京大学出版社。

[5] ［清］钱大昕：《跋元圣政典章》，载《潜研堂文集》卷二十八，第 479 页。

[6] 岛田翰著，刘玉才整理：《访余录》，载《中国典籍与文化论丛》2007 年第九辑，北京大学出版社。

[7] 孙杰：《古代上海艺术》，上海大学出版社 2000 年版，第 177 页。

诗赋取士，爰有同用独用之例。宋《礼部韵略》亦场屋所用，唯窄韵十三处许附近通押，与《唐韵》小异，其他亦无改也。金季平水王文郁所刊《韵略》，举所谓同用者而并之，为一百六韵，意在便于场屋，而每韵下仍注同用独用，则犹承宋《礼部韵略》之旧，非有改作也。元科场虽主经义经疑，仍兼用赋，其时士子所用者，大率本于平水韵，而或专属之刘渊，亦考之未审矣。明科场屏诗赋而专重《四书》，士大夫不知韵为何物。而当时所颁《洪武正韵》，任意并省，尤昧于古法，三百年间，文士迄无遵用者。岂非直道自在斯民，难以私智强增益哉？我国家右文稽古，远迈前代。圣祖仁皇帝御定《康熙字典》、《佩文韵府》，洞徹声音文字之渊源。高宗纯皇帝釐定科场条例，兼用唐律取士，乡会试及学使者岁科两考，遵行四十余年，虽遐陬人士，咸沐浴于《云汉》为章之化，扬《风》抈《雅》，超唐宋而上之矣。澄海姚子松阴，自粤游吴，出其所著《初学检韵》一编见示。其于同声异部，同字异韵之别，辨之审而守之约，洵可为诗赋家圭臬。而松阴顾自谦曰："吾为初学设也。"昔南宋宏词，误读"襄尺"；近时博学，或昧"旂"、"旗"。音韵之道，虽贤者容有千虑之失，得是编而辨析之，皎如列眉矣，讵独为初学之益也哉？嘉庆四年冬十一月，嘉定钱大昕序于吴门紫阳书院。在院肄业门人施南金敬书。

按：此序来自姚文登辑《初学检韵》，上海扫叶山房藏版，民国十三年孟春印，嘉庆《澄海县志》也录有此文。从序言中可知，此序是钱大昕为姚文登《初学检韵》一书所作的序言。从《年谱》记载情况来看，钱大昕于乾隆五十四年直至谢世，一直任教于紫阳书院，时间长达十六年。写序的时间是嘉庆四年，钱氏已七十二岁，尚在书院。

姚文登，吴鸿藻《姚文登传》云："姚文登，号松阴，澄海人，清乾隆间禀生。素研究韵学，著有《初学检韵》一书，依《康熙字典》例分十二集，并遵《佩文韵府》诗韵字数，注明某字为某韵，以便稽检。尤于同声异部，同字异韵，辨之明而守之约。条分缕析，凡例谨严。大埔饶太史庆捷序其书，有云体旧而趣新，义明而词净，学始慎习，莫先乎此。君曾自粤游吴，以是书就正于嘉定钱学士大昕。当是时，钱学士已退老书院矣。阅是书，推为诗赋家圭臬，赠以弁言，此嘉庆四年冬月事也。踰六年而钱学士卒，君亦归道山焉。子炳章，嘉庆十一年丙寅岁贡。"[1]

饶宗颐在上文后按曰："姚文登《初学检韵》，阮《通志·艺文略》不著录。其书余尝覩之，共二册，卷首残阙，不知刻于何时。钱竹汀以清代经师，称其书于

---

[1]　饶宗颐补订：《潮州艺文志》卷三，载《岭南学报》1935 年第 4 期。

同声异部，同字异韵者，辨审而守约，可为诗赋家圭臬，则姚氏于韵学之能分析疏通可知矣。吴《传》称饶庆捷曾序姚氏此书，然志乘未见其文，唯《桐阴诗集》卷六，有题《初学检韵》二绝耳。"[1]

从序文的内容来看，其观点与钱氏著作中的论述一致，确为钱大昕所写作。

（1）关于《说文》谐声及四声之始。《十驾斋养新录》卷四"二徐私改谐声字"条云："《说文》九千三百五十三文，形声相从者十有其九，或取同部之声，今人所云叠韵也，或取相近之声，今人所云双声也。"又卷五"声类韵集"条云："汉氏言小学者止于辨别文字，至魏李登、吕静始因文字类其声音。虽其书不传，而宫商角徵羽之分配实自二人始之。""四声始于齐梁"条引《南史·庾肩吾传》："齐永明中，王融、谢朓、沈约文章始用四声。《陆厥传》：'时盛为文章，吴兴沈约、陈郡谢朓、琅邪王融以气类相推毂。汝南周彦伦善识声韵。约等文皆用宫商，将平、上、去、入四声，以此制韵。'"《周彦伦传》："始著《四声切韵》，行于时。"《沈约传》："撰《四声谱》。"[2]

（2）关于宋《礼部韵略》与《唐韵》小异问题。《十驾斋养新录》卷五"唐宋韵同用独用不同"条引许观《东斋记事》云："景祐四年，诏国子监以翰林学士丁度所修《礼部韵略》颁行。其韵窄者十三处，许令附近通用。"又引王应麟《玉海》谓"景祐中，直讲贾昌朝请修《礼部韵略》，其窄韵凡十有三，听学者通用之"。钱氏云："后来平水韵特因其同用之部而合之，非有改作也。"可见文中说法与序里观点完全一致。

（3）关于《平水韵》作者问题。《十驾斋养新录》卷五"平水韵"条明言："渊不过刊是书者，非著书之人矣。予尝于吴门黄孝廉丕烈斋见元椠本《平水韵略》，卷首有河间许古《序》，乃知为平水书籍王文郁所撰。后题'正大六年己丑季夏中旬'，则金人，非宋人也。考己丑在壬子前廿有三年，其时金犹未亡，至淳祐壬子则金亡已久矣。意渊窃见文郁书，刊之江北而去其《序》，故公绍以为刘氏书也。"[3]

又如《潜研堂文集》卷二十七《跋平水新刊韵略》：

> 顷吴门黄荛圃孝廉得《平水新刊韵略》元椠本，予假读之。前载正大六年己丑季夏中旬，河间许古道真序，其略云："平水书籍王文郁携新韵见颐庵老人曰：'稔闻先《礼部韵略》，或讥其严且简。今私韵岁久，又无善本，文郁累年留意，随方见学士大夫，精加校雠，又少添注语，不远

---

[1] 饶宗颐补订：《潮州艺文志》卷三，载《岭南学报》1935 年第 4 期。

[2] ［清］钱大昕：《二徐私改谐声字》，载《十驾斋养新录》卷四，第 82 页。

[3] ［清］钱大昕：《平水韵》，载《十驾斋养新录》卷五，第 120 页。

数百里，敬求韵引。'"是此韵为文郁所定也。卷末有墨图记二行，其文云"大德丙午重刊新本"，"平水中和轩王宅印"，是此书初刻于金正大己丑，重刻于元大德丙午。其云"中和轩王宅"，或即文郁之后耶？其前列《圣朝颁降贡举程式》，则延祐设科以后，书坊逐渐添入。又《御名庙讳》一条称英宗为今上皇帝，可验此书为至治间印本也。又附《壬子新增分毫点画正误字》三叶，《壬子新雕礼部分毫字样》三叶。此壬子者，未知其为淳祐之壬子欤（当元宪宗时未有年号），抑皇庆之壬子欤？考正大己丑在淳祐壬子前廿有四年，而其时已并上下平声各为十五，上声廿九，去声三十，入声十七，则不得云并韵始于刘渊。岂渊窃见文郁书而翻刻之耶？又其时南北分裂，王与刘既非一姓，刊板又不同时，何以皆称平水？论者又谓平水韵并四声为一百七韵，阴时夫并上声拯韵入迥韵，据此本则迥与拯等之并，平水韵已然矣……许序称"平水书籍王文郁"，初不能解，后读《金史·地理志》，平阳府"有书籍"，其倚郭平阳有平水。是平水即平阳也。史言"有书籍"者，盖置局设官于此。元太宗八年用耶律楚材言，立经籍所平阳，当是因金之旧。然则"平水书籍"者，文郁之官称耳。刘渊亦题平水，而黄公绍《韵会》凡例又称为"江北刘氏"，平阳与江北相距甚远，何以有平水之称？是又可疑也。[1]

钱大昕从元刻本的序言、图记入手，结合《金史》分析王文郁应在刘渊之前，"平水书籍"是王文郁的官职。钱氏的推论，为《平水韵》的考证提供了很好的版本依据。

另外，序中"昔南宋宏词，误读'襄尺'"，语出《困学纪闻》卷二十：

> 陈自明绍熙初，宏辞已入等，同试者摘《周五射记》用"襄尺"字，以为犯濮王讳。（原注：襄，音让。）庆元四年，从臣荐之，谓"襄"字虽同音，嫌名不当避，乃赐同进士出身。[2]

同试者以为陈自明所作的《周五射记》中用到"襄尺"一词犯了濮王允让的名讳，是因为"襄，音让"。钱大昕认为此处音注失误。按：襄，《广韵》心母阳韵；让，日母漾韵。两者有平去之分，不可互相音注。

"近时博学，或昧'旂'、'旗'"一语，毛奇龄《读书正音序》曰："犹忆己未开制科时，宣城施少参误以支音出'旂'字，已录上卷而皇上指出之，谓'旂'、'旗'一字而'旗'属支，'旂'属微。必不通者，以微多斥傍，'旂'有斥音，与'旗'

---

[1]　［清］钱大昕：《跋平水新刊韵略》，载《潜研堂文集》卷二十七，第452页。

[2]　［宋］王应麟：《困学纪闻》，上海古籍出版社2008年版，第2093页。

之从其不同，观《毛诗》以'言观其旂'与'庭燎有薰'押，此可验也。"[1] 按："薰"，今本作"煇"，《广韵》微韵，毛奇龄作"薰"，当是校刻之误。

钱大昕引此两条的目的是为了说明文人熟练掌握音韵之学的重要性，若不能准确辨析音近或义近之字的音韵归属，就会造成音韵应用中的失误，并借此称赞姚文登《初学检韵》一书的及时性和重要性。

综合以上分析，我们认为，此序为钱大昕所撰无疑。

（二）《汪本隶释刊误序》

全文如下：

> 予尝读《汉隶字原·入声·一屋部》𥣫字下云："《费凤别碑》：'虚白驹以丨。'义作逐。"心甚疑之。窃谓𥣫当是遹字，盖明《白驹》诗"勉尔遹思"之文。《费碑》"元懿守谦虚，白驹以𥣫阻"，两句皆五言。娄氏以"虚白"连文，似失其句读，且误遹为逐矣。今黄君论娄氏短于音训，可谓先得我心也。（原注：其下脱句字）丁巳嘉平月八日竹汀居士钱大昕读于紫阳书院之春风亭。[2]

上文选自黄丕烈《汪本隶释刊误》序言，士礼居丛书本。然钱序不全，仅残存以上文字，"可谓先得我心也"后字句不存。钱序之前还列有段玉裁序，段序经刘盼遂整理后收入《经韵楼集补编》。本序作于丁巳嘉平月，即嘉庆二年十二月，依钱庆曾撰《竹汀居士年谱续编》可知，此时钱大昕尚在紫阳书院任教，但《年谱》未具体提及此序。

文中"黄君"是指黄丕烈，清代著名的藏书家、校勘家，以藏书丰富，校刻精善著称。黄氏与钱大昕过从密切，《潜研堂文集》中记载钱氏曾多次前往黄家借书，并为黄氏鉴定版本、校勘书籍、题写书跋。钱氏任教于紫阳书院期间，黄氏还偕钱大昕、段玉裁、袁廷梼等人畅游江南山水，诗歌唱和不绝。

《隶释》为宋洪适所作，是专门收集并考证汉魏隶书碑刻的专著，此序是钱大昕为黄丕烈校勘《隶释》而作。

《汉隶字原》（亦作《汉隶字源》）是宋娄机撰，其书中所录碑目的前一百八十三目与洪适《隶释》所列者无一不同，故其受洪适影响较大。洪适弟洪迈序称"其书甚清，其抒意甚勇，其考赜甚精，其立说甚当，其沾丐后学甚笃"[3]。四

---

[1] ［清］毛奇龄：《读书正音·序》，载《读书正音》卷首，《四库全书存目丛书》本。

[2] ［宋］洪适：《隶适·隶续》，中华书局 1985 年版，第 292 页。

[3] ［宋］洪迈：《汉隶字源·序》，载《汉隶字源》卷首，上海古籍出版社 1987 年版。

库馆臣认为此书"于古音、古义亦多存梗概，皆足为考证之资，不但以点画波磔为书家模范已也"[1]。

钱大昕一生酷爱金石，从嘉定县城求学一直到终老，他都没有停止过收藏和整理金石文字。经过数十年的积累，他著成了《潜研堂金石文跋尾》、《潜研堂金石文字目录》和《天一阁碑目》三部金石文字专著。除此之外，《十驾斋养新录》及《余录》也有六十多条笔记涉及金石材料。《潜研堂文集》收有与金石有关的各类杂记、序、跋约七十余篇。《廿二史考异》等考史著作中也散见有金石材料。王鸣盛称"余妹婿钱少詹竹汀《潜研堂金石文跋尾》，乃尽掩七家出其上，遂为古今金石学之冠"[2]。钱大昕精于金石之学，所以他对洪适特别敬重，曾亲自为之撰写《洪文惠公年谱》。《潜研堂文集》卷三十《跋隶续》云："《隶续》世无足本，娄氏《汉隶字原碑目》一篇，次第悉依洪氏。今以娄目校曹通政刊本，其全阙者……有目而阙其文者……文不全而跋存者……"旨在考校版本，诠订目次。

《费凤别碑》见于《隶释》卷九，钱大昕对此碑非常熟悉，《十驾斋养新录》卷十二《古人姓名割裂》："汉、魏以降，文尚骈俪，诗严声病，所引用古人姓名任意割省，当时不以为非。如……《费凤别碑》'司马慕蔺相，南容复白珪'，谓蔺相如也……"他对诗歌中为了对仗平仄而任意割裂人物姓名的现象进行了批评。又《恒言录》卷三"中表"条张鉴按语亦引《费凤别碑》"中表之恩情，兄弟与甥舅"。

《费凤别碑》碑文洪适楷书释作"宰司委职位思贤以自辅玄懿守谦虚白驹以潃阻"，无句读。后有洪适按语："其诗先叙世系历官，继以韵语六十句，其三句六言，余皆五言……以潃为逐……"显然，洪适对于碑文中诗句的句读是了然于胸的。所以，依洪适说当点读为：宰司委职位，思贤以自辅。玄懿守谦虚，白驹以潃阻。娄机《汉隶字原》以"虚白驹以潃"举例，显然是句读不对，故钱大昕批评娄氏"失其句读"是对的。《费凤别碑》通篇用典较多，且多化自《论语》、《诗经》。"白驹"语出《诗经·小雅·白驹》，诗中"慎尔优游，勉尔遁思"，遁，本亦作逎。钱大昕认为"潃"不当为"逐"，当为"逎"，是化用"勉尔遁思"之典。笔者认为，钱氏此说有待商榷，兹列己说如下：

"白驹"一语，来自《诗经》，此说无误。《白驹》的本意，毛公说是刺宣王不能留贤。《费凤别碑》："玄懿守谦虚，白驹以潃阻。丹阳有越寇，没□□□。命君讨理之，试守故鄣长。"碑诗歌颂费凤具有白驹般的美好德行，被国家委以重任去击杀越寇。所以，此处用"白驹"这一典故，符合语境，非常贴切。因为是韵文，"宰司委职位，思贤以自辅。玄懿守谦虚，白驹以潃阻"这两句中，辅、阻两

---

[1]　《汉隶字源提要》，载《汉隶字源》卷首，上海古籍出版社 1987 年版。

[2]　[清] 王鸣盛：《潜研堂金石文跋尾序》，载《潜研堂金石文跋尾》卷首。

字是韵脚，押古鱼韵。上句和下句句式整齐，"思贤"的目的是为了"自辅"，用"白驹"的目的是为了"藇阻"。"藇"的意思当是"驱逐，排除"，《广韵·屋韵》："逐，驱也。""阻"为"忧患"的意思，《尔雅·释诂》："阻，难也。"所以，洪适将"藇"解释为"逐"是对的，句意通顺。若按钱说作"遰"，当是逃遁义，句意难解。钱大昕的曾孙钱庆曾《隶通》卷上《隶释》"藇"字下云："《费凤别碑》白驹以藇阻，未详，《隶释》云以藇为逐，文义然矣，是正是借，未敢定也。"[1]可见钱庆曾只是句读采洪适和钱大昕之说，而"藇"字释义并未采大昕说。《续修四库全书总目提要》云："《费凤别碑》虚白驹以藇末，用竹汀詹事之说。"[2]盖撰者未细读庆曾原文，才有此误说。

"娄氏短于音训"之说，是黄丕烈批评娄机之语，段玉裁在阅读黄氏《汪本隶释刊误》后也说：

> 洪氏、娄氏书时多误读，如《孔彪碑》："永永无沂"，"沂"即"垠"字，而读为"涯"；《陈球后碑》"妙淵继虞"，"淵"即"满"字，而读为"沏"；唐《扶颂》"拂淵难化"，"拂淵"即拔扈，详《集韵》"末"、"姥"二韵而云音"布户"之类。盖于六书音义未深之故。[3]

洪氏、娄机在金石史上的地位自不待言，但是，对于他们在金石考证中的失误，黄丕烈、钱大昕、段玉裁三人的观点几乎一致，由此可见乾嘉学者求真务实、客观严谨的学术态度和渊博的学识。

（三）《学易慎余录》

《续修四库全书》经部第二十四册收叶佩荪撰《学易慎余录》四卷，间有钱大昕亲笔圈发评点文字及批改墨迹。

[1] 〔清〕钱庆曾：《隶通》，载《续修四库全书》，上海古籍出版社1995年版，第84页。
[2] 中国科学院图书馆：《续修四库全书总目提要》，中华书局1993年版，第1166页。
[3] 〔清〕段玉裁：《汪本隶释刊误序》，载《汪本隶释刊误》卷首，《丛书集成新编》本。

第二章　钱大昕的文字学

　　雍正、乾隆时期，清朝经济由恢复发展逐步走向繁荣，并在乾隆时期达到了鼎盛。在经济发达的同时，清政府一方面继续推行文字狱，维护其统治；另一方面通过开博学鸿词、开明史馆和编修四库全书等方式大肆笼络汉人。一大批饱学之士如戴震、钱大昕、王鸣盛、段玉裁、王念孙、王引之等得到了朝廷的任用。统治者还提出了"稽古右文"的口号，多次组织大规模的书籍文献的搜集。早在顺治之初，就开始下令搜集天下有关启、祯二朝的史事档案、典册。康熙四年，又以修《明史》之由搜集明季史书。康熙二十五年，又谕翰林院，广为访辑天下经史子集善本。到了乾隆朝，访书、购书已成为一种常态。乾隆有时甚至采用威逼利诱的方式鼓励朝臣和藏书家们献书，先后校正了《十三经》和《二十一史》。乾隆三十七年三月，又应朝臣之议，开馆校辑《永乐大典》。五月，又开始编纂《四库全书》，开始了持续十多年的声势浩大的访书运动。

　　经济的发展，国家对图书刻印事业的重视，使乾嘉之时，不但中央政府藏书丰富，民间文人的藏书也是非常丰富，如天一阁、绛云楼、汲古阁，还有钱曾的述古堂、朱彝尊的曝书亭、季振宜的静恩堂、徐乾学的传是楼、鲍廷博的知不足斋等等。藏书楼不但遍布京城、江浙等富庶地区，就连比较偏远的西北、云南等地也出现了较大规模的藏书楼。在京城，更是产生了当时全国最大的图书流通市场——琉璃厂，为书贾的图书交易和士子的学术交流，提供了便利。

　　正是在这样一个政治稳定、经济繁荣、文化兴盛的大环境下，乾嘉学者才有机会、有条件进行自己的学术研究，清代文字学也是在这样的社会土壤中才得以滋生和壮大。

　　文字学的兴盛，是在批判宋明理学的基础上发展起来的。钱大昕说："自晋代尚空虚，宋贤喜顿悟，笑问学为支离，弃注疏为糟粕。谈经之家，师心自用，乃以俚俗之言诠说经典。"[1] 戴震更是把语言文字提高到了政治的高度："宋儒讥训诂之学，轻语言文字，是欲渡江河而弃舟楫，欲登高而无阶梯也。"[2] 理学家们"轻凭臆解，以污圣乱经"[3]。心学更是束书不观，游谈无根，文人多钻营于科场，于八股时文之外，尚不知有《苍》、《雅》、《说文》之学。科举制度的危害使知识分子以登科射利为荣，以语言文字之学为"雕虫小技，壮夫不为"。

明之后，有识之士在反省明亡的教训之后，决定靠振兴民族文化来促进汉民族的崛起。清初，黄宗羲、顾炎武、王夫之等人拉开了清代文化勃兴的序幕。他们以批判空疏学风为起点，汉宋兼采，博通经史子集，强调治学应当经世致用。顾炎武认为："读九经自考文始，考文自知音始，以至诸子百家之书，亦莫不然。"[4] 他以声音通训诂，开创了清代因声求义的先河。由此以下，有清一代，声韵之学昌明。何九盈先生曾说："古音学的发展是乾嘉语言学兴旺发达的决定性原因。"[5] 古音学的进步，解决了学术中的主要矛盾，从而推动文字学、训诂学及其他学科的发展，在这种学术背景下，清代的文字学也得到了长足的发展。

清代文字学的繁荣，主要表现在两个方面：一是《说文》学的兴盛；二是传统金石文字研究的不断拓展与深入。

第一节　清代《说文》学与金石文字学概况

《说文》学与金石学在清代都有了长足的发展，成了清代文字学的两个重要组成部分。宋人研究金石，多以鉴赏和考史为主，到了清代，学者们不但以金石考史，而且以《说文》为参照，格外注重对金石中语言文字的考辨。通过对金石用字的总结，也促进了《说文》学的发展。钱大昕在这种学术氛围中，既治《说文》，也研金石，二者相得益彰。

一、清代《说文》学概况

清初，受宋元以来空疏学风的影响，《说文》之学并未得到重视，学者们连一

---

[1] ［清］钱大昕：《经籍纂诂序》，载《潜研堂文集》卷二十四。

[2] ［清］戴震：《与段若膺论理书》，载《戴震全集》第一册，清华大学出版社1991年版，第213页。

[3] ［清］戴震：《六书音韵表序》，载《说文解字注》，上海古籍出版社1981年版，第801页。以下段注皆为此版本，不重复施注。

[4] ［清］顾炎武：《答李子德书》，载《音学五书》，中华书局1982年版，第5页。

[5] 何九盈：《中国古代语言学史》，北京大学出版社2006年版，第240页。

本一始亥终的《说文》都难见到，连顾炎武也说："《说文》原本次第不可见，今以四声列者，徐铉等所定也，切字铉等所加也。"[1] 很明显，他是把宋李焘《说文解字五音韵谱》当成了大徐本。明崇祯年间，汲古阁毛氏父子影印宋版《说文》真本（大徐本），后陆续经过五次校改，段玉裁称之为"缪盭多端"[2]；乾隆三十六年，安徽学政朱筠刊行旧本《说文解字》；乾隆四十七年，汪启淑刊刻徐锴《说文解字系传》。一时之间，《说文》"广布江左右，其学由是大行"[3]，士林学子，几乎家置一编，学习和研究《说文》，成为了一种学术风气。王鸣盛《说文解字正义序》云："《说文》为天下第一种书，读遍天下书，不读《说文》，犹不读也。"正是在这样一个背景下，《说文》学应运而生了。据丁福保《说文解字诂林》统计，有清一代治《说文》者有二百零三位，其中最为有名的就有五十家。今有可考的著作达四百一十二种。[4]顾炎武、惠栋、戴震、钱大昕、段玉裁等人无疑是清代《说文》学兴盛的领军人物。

顾炎武在音韵学上的地位很高，《音学五书》使之成为清代古音学的奠基者，但于《说文》，他没有专门的著作，《日知录》卷二十一有顾氏论《说文》的一段话：

> 自隶书以来，其能发明六书之指，使三代之文尚存于今日，而得以识古人制作之本者，许叔重《说文》之功为大，后之学者一点一画莫不奉之为规矩，而愚以为亦有不尽然者。且以六经之文，左氏、公羊、榖梁之传，毛苌、孔安国、郑众、马融诸儒之训，而未必尽合；况叔重生于东京之中世，所本者不过刘歆、贾逵、杜林、徐巡等十余人之说，而以为尽得古人之意，然与否乎？一也。五经未遇蔡邕等正定之先，传写人人各异，今其书所收率多异字，而以今经校之，则《说文》为短。又一书之中有两引而其文各异者，后之读者将何所从？二也。流传既久，岂无脱漏？即徐铉亦谓篆书湮替日久，错乱遗脱，不可悉究。今谓此书所阙者必古人所无，别指一字以当之，改经典而就《说文》，支离回互，三也。

他指出，《说文》能发明六书，有助于后代学者窥见汉字本义，有功于学林，但他也对许慎撰《说文》的局限和《说文》流传中的讹误进行了严厉的批评。

吴派鼻祖惠栋曾校读汲古阁《说文》，据古文考证俗体，明辨《说文》声读通假，其弟子江声将其笔记整理成《惠氏读说文记》十五卷。

皖派大师戴震曾说："求所谓字，考诸篆书，得许氏《说文解字》，三年知其节目，

---

[1]　[清] 顾炎武原著，黄汝成集释：《日知录集释》，岳麓书社 1994 年版，第 754 页。

[2]　[清] 段玉裁：《汲古阁说文订序》，载《汲古阁说文订》、《丛书集成初编》本，第 3 页。

[3]　[清] 孙星衍：《重刊宋本说文序》，载《孙渊如外集》卷二，国立北平图书馆 1932 年版。

[4]　刘新民：《清代"说文学"专著之书目研究》，中国科学院文献情报中心 2001 年硕士学位论文。

渐睹古圣人制作本始。又疑许氏于故训未能尽,从友人假《十三经注疏》读之,则知一字之义,当贯群经,本六书,然后为定。"[1] 戴氏撰有《六书论》,未行世,《戴东原集》仅存《六书记序》一篇,其中论及六书条例云:"六书也者,文字之纲领而治经之津涉也。载籍极博,统之不外文字,文字虽广,统之不越六书。六书纲领既违,讹谬日滋。故考自汉以来,迄于近代,各存其说,驳别得失,为《六书论》三卷。"

顾炎武、惠栋、戴震是清代《说文》学勃兴的开山者,三人学术背景和术业专攻各有侧重,对于《说文》,他们也都没有鸿篇巨制,但是,哪怕仅仅只是只言片语,他们利用自身的学术影响和号召力,为后世研习《说文》者做了很好的榜样。他们都无一例外地强调《说文》在文字训诂、通经致用上的基础性作用。在他们的倡导下,清代的《说文》学开始逐步走向繁荣,嘉庆、道光之时达到鼎盛,学者们对《说文》进行了全方位的研究。今人张其昀先生在《说文学源流考略》中将清代《说文》学概括为校订、六书、义例、引经、重文、补附、部首、声读等十余类,足见其时规模之大、成果之丰。这些成果的取得,是清初顾炎武以来的学者们积极倡导的结果。在他们的引导下,学者们通过师承传授和友朋间的学术交流,相互促进,提高了《说文》研究的质量,逐步壮大了《说文》学的阵容。也就是在这种良好的朴学氛围中,钱大昕能够有机会在中年的时候开始正式阅读《说文》,而且能在短期内有不一般的发现。钱大昕的《说文》学研究成果,有的是前人稍有述及,但未深究,钱大昕在前贤的基础上进一步深入,旗帜鲜明地提出了自己的观点;有的是钱大昕个人的独特发现。鉴于他在当时的学术地位和学术影响,他所提出的结论,几乎都成了一个个经典命题,众多的钱氏后学都是在钱大昕所框定的命题范围内潜心研究著述,极大地促进了《说文》学的繁荣。所以,钱大昕《说文》学成就的取得,固然与其勤奋好学有关,但清代研究《说文》的学术环境,也起到了举足轻重的作用。

二、清代金石文字学概况

金石之学,滥觞于汉,许慎说:"郡国亦往往于山川得鼎彝。"魏晋以下,虽有著录,但均不成系统,"大抵一鳞片甲,犹未足以言学也"[2]。到了宋代,收藏和研究金石逐渐成为文人雅士们的一种精神癖好,专门研究金石的著作也开始多了起来。如僧湛泫的《周秦古器铭碑》(1017),杨元明隶定的《皇佑三馆古器图》(1051),刘敞的《先秦古器图》(1063),吕大临的《考古图》(1092)等。直到欧阳修的《集古录》出现,才标志着宋代金石学的正式形成,至赵明诚的《金石录》,金石之学则达到了高潮。

[1] [清]戴震:《与是仲明论学书》,载《戴震集》,上海古籍出版社 1980 年版,第 183 页。

[2] 朱剑心:《金石学》,文物出版社 1981 年版,第 1 页。

据吕大临的《考古图》记载，当时的私人藏家有六十家之多。除上文提到的之外，宋代比较著名的金石著作还有徽宗敕撰、王黼主持编修的《博古图录》，王象之的《舆地碑记目》，陈思的《宝刻丛编》，洪适的《隶释》、《隶续》，薛尚功的《历代钟鼎彝器款识法帖》，王俅的《啸堂集古录》，黄伯思的《东观余论》，翟耆年的《籀史》，洪遵的《泉志》等，形成了著录、摹写、考释和评述等科学的研究方法，并开始用金石文字来订"史氏之失"，是清代金石文字发展的渊薮。

在元代，由于异族统治，汉人在政治和学术上都遭到了排挤，金石研究成果远不如宋代之盛，但潘昂霄《金石例》开金石括例之先，对后世王行、黄宗羲、梁玉绳、郭麐影响很大。

明代治金石者虽不如宋代，但与元代相比，已经有了很大的进步，如都穆的《金薤琳琅》、赵崡的《石墨镌华》、郭宗昌的《金石史》在辑录文献和题跋考证方面都有自己的特色。

清代金石之学大致可以分为前期、中期、后期三个阶段：[1] 雍正以前为前期；乾隆、嘉庆、道光为中期；道光以后为后期。前期以黄宗羲、顾炎武、朱彝尊、顾蔼吉、叶奕苞、张弨等人为代表。中期以吴玉搢、翁方纲、钱大昕、毕沅、阮元、孙星衍、邢澍、王昶、陆耀遹、吴荣光、武亿、赵绍祖、瞿中溶、刘喜海、吴式芬、李遇孙等人为代表。后期比较著名的学者有潘祖荫、杨守敬、莫友芝、缪荃孙、王懿荣、叶昌炽、方若等人。据容媛《金石书录目》统计，有清一代金石著作达六百余种。在众多的研究者中，钱大昕无疑是一位非常出色的金石文字学家。他的贡献不仅在于其搜集的文物数量多，著录细，更重要的是他继承了宋以来的以金石文字考证史实的做法，并将之发扬光大，成了清代研史的一种新方法。今人施丁说："清代言金石者其祖始当推昆山顾亭林，其所著之《金石文字记》，实开有清三百年间学人研习金石之先河。其后武授堂（亿）、洪笙轩（颐煊）辈，咸有著述，而王兰泉（昶）之《金石萃编》尤博取广采，堪称丰富，他若孙渊如（星衍）、梁曜北（玉绳）、翁覃溪（方纲）、包慎伯（世臣）等，皆各自名家；然究其所研讨者，则或专举其目录，或由此中研究文史之义例，或讲鉴别，或论书势，皆与史籍少有关系。若竹汀先生则不然，先生搜罗金石，固专为证经考史之用，盖与顾、武诸人之方法相似，此派洵为治金石学者之正统派生力军也。"[2] 我们认为，这样的评价是公允的。以金石考论史籍，钱大昕的确借鉴了顾炎武和武亿的做法。

---

[1] 张涛、邓声国：《钱大昕评传》，南京大学出版社 2011 年版，第 360 页。

[2] 施丁：《钱大昕以金石文裨史学——读〈金石文跋尾〉》，载《钱大昕研究》，华东理工大学出版社 1997 年版。

第二节　钱大昕的《说文》学

钱大昕自述四十三岁"始读《说文》，研究声音文字训诂之原"[1]。但实际上，早在童年时期，钱大昕就已经与文字结缘了，当时只有十岁的他，在精于小学的祖父的教育下，"教以训诂音韵，公能贯通大意，奉政公谓此子入许郑之室无难也"[2]。幼年打下的扎实的基础和中青年时期的博览群书，使钱大昕在《说文》研究领域提出了许多自己独到的见解。钱大昕通过朋友间的学术交流和师道传授，使他的学术思想得到了广泛的传播，为清代《说文》学的发展做出了重大的贡献。

在《潜研堂文集》和《十驾斋养新录》中，钱大昕对《说文》的体例和《说文》的内容进行了论述。发现了《说文》举一反三之例，《说文》连篆读之例，《说文》读若之例。对二徐不懂谐声和私改谐声提出了批评，对《说文》收字和引经表明了自己的观点。

一、对《说文》体例的论述

体例，就是著述所用的体裁及与之相适应的表述义例或凡例，其贯穿全书的始终。了解一本书的写作体例，对于我们全面地理解该书，具有重要的作用。《说文》一书体例隐晦，除其序外，没有过多的文字来发凡起例。加之经过李阳冰的改定和二徐的整理，《说文》已经很难是汉代当年的旧貌。钱大昕通过细心的阅读，对《说文》举一反三之例，《说文》连篆读之例，《说文》读若之例提出自己的看法。

（一）《说文》举一反三之例

《十驾斋养新录》卷四：

> 古人著书举一可以反三，故文简而义无不该。姑即许氏《说文》言之，木，东方之行；金，西方之行；火，南方之行；水，北方之行，则土为中央之行可知也。咸北方之味也，而酸、苦、辛、甘皆不言方。�羽，水音也，而宫、商、征、角皆不言音。青，东方色也；赤，南方色也；白，西方色也，而黑不言北方。黄，地之色也，而玄不言天之色。钟，秋分之音；鼓，春分之音，而不言二至。笙，正月之音；管，十二月之音，而不言余月。龙，鳞虫之长，而毛、羽、

---

[1]　［清］钱大昕：《竹汀居士年谱》，载《嘉定钱大昕全集》第一册，第23页。

[2]　［清］钱大昕：《竹汀居士年谱》，载《嘉定钱大昕全集》第一册，第5页。

介虫之长不言。皆举一二以见例，非有遗漏也。五藏配五行，古文说与博
士说各异，唯肾为水藏则同，《五经异义》言之详矣。其撰《说文解字》云：
"心，土藏也。博士说以为火藏。"而脾土藏、肝木藏、肺金藏则但用博士说，
不言古文异同，亦举一反三之例。

按，"五行"，《说文》云：

> 木，冒也，冒地而生，东方之行。
>
> 火，毁也，南方之行。
>
> 土，地之吐生物者也，二象地之下、地之中，物出形也。
>
> 金，五色金也，黄为之长，久薶不生衣，百炼不轻，从革不违，西方之行。
>
> 水，准也，北方之行，象众水并流，中有微阳之气也。

"五行"之中，唯有"土"没有配对方位，钱大昕依据"五行"与"五方"的
相配原则，推知"土"为中央之行。

"五味"，《说文》云：

> 酸，酢也。从酉夋声。关东谓酢曰酸。
>
> 甘，美也，从口含一，一，道也。
>
> 苦，大苦，苓也。从艹古声。
>
> 辛，秋时万物成而孰，金刚，味辛，辛痛即泣出。从一从辛。
>
> 咸，衔也。北方味也，从卤咸声。

钱大昕注意到了"五味"之中，只有"咸"与"五方"之一的北方相配，其余
四方皆不言方位。依据《尚书·洪范》、《礼记·月令》和《吕氏春秋·十二纪》，
"五方"与"五味"应该这样配对：东酸、南苦、中甘、西辛、北咸。

"五音"，《说文》云：

> 角，兽角也，象形。角与刀、鱼相似，凡角之属皆从角。
>
> 徵，从微省，壬为徵，行于微而文达者即徵之。
>
> 宫，室也，从宀躳省声。凡宫之属皆从宫。
>
> 商，从外知内也。从冏，章省声。
>
> 霸，水音也。从雨羽声。
>
> 羽，鸟长毛也，象形，凡羽之属从羽。

钱大昕发现了"五音"之中，许氏只将"霸"与"五行"之"水"搭配，其余未言。
按《礼记·月令》和《吕氏春秋·十二纪》说，"五行"与"五音"当搭配为：木角、

火徵、土宫、金商、水羽。

"五色"，《说文》云：

青，东方色也，木生火，从生、丹，丹青之信言象然。

赤，南方色也，从大从火。

黄，地之色也，从田从茨，茨亦声。茨，古文光。

白，西方色也，阴用事物色白，从入合二，二，阴数。

黑，火所熏之色也，从炎上出囧，囧，古窗字。

"五色"之中，唯有黑色，许氏不言方位，据《礼记·月令》和《吕氏春秋·十二纪》可推知黑色配北方。

黄，《说文》："地之色也，从田从茨，茨亦声。茨，古文光。"玄，《说文》："幽远也。黑而有赤色者为玄。象幽而入覆之也。"《周易·坤卦·文言》："夫玄黄者，天地之杂也，天玄而地黄。"《说文》不言天之色，也可以意推。

钟，《说文》："乐钟也，秋分之音，物種成。从金童声。"鼓，《说文》："郭也，春分之音，万物郭皮甲而出，故谓之鼓。"钱氏看到了许慎没有将夏至、冬至配八音，故《潜研堂文集》卷九《答问六》云："《白虎通·礼乐篇》引《乐记》云：'埙，坎音也；管，艮音也；鼓，震音也；弦，離音也；钟，兑音也；柷敔，乾音也。'鼓，震音，故主春分；钟，兑音，故主秋分，与《说文》合，而尚阙巽、坤二音。依《白虎通》所列，十二音次之箫当为巽音，磬当为坤音矣。然则埙，冬至之音；瑟，夏至之音；管，立春之音；箫，立夏之音；磬，立秋之音；柷敔，立冬之音。《说文》所未及，可以意补也。"

"五虫"，《说文》云：

凤，神鸟也。天老曰："凤之象也，鸿前麐后，蛇颈鱼尾，鹳颡鸳思，龙文虎背，燕颔鸡喙，五色备举。出于东方君子之国，翱翔四海之外，过昆崙，饮砥柱，濯羽弱水，莫宿风穴。见则天下大安宁。"

麟，大牝鹿也，从鹿粦声。

龟，旧也，外骨内肉者也。从它，龟头与它头同。天地之性，广肩无雄，龟鳖之类，以它为雄。

龙，鳞虫之长，能幽能明，能细能巨，能短能长。春分而登天，秋分而潜渊。从肉飞之形，童省声。凡龙之属皆从龙。

人，天地之性最贵者也。此籀文，象臂胫之形。凡人之属皆从人。

《说文》仅言龙为鳞虫之长，不言其他，《孔子家语》卷六《执辔》云："羽虫三百有六十，而凤为之长；毛虫三百有六十，而麟为之长；甲虫三百有六十，而龟为之长；鳞虫三百有六十，而龙为之长；倮虫三百有六十，而人为之长。"[1] 则凤为羽虫之长，麟为毛虫之长，龟为甲虫之长，龙为鳞虫之长，人为倮虫之长。

"五脏"，《说文》云：

> 肝，木藏也，从肉干声。
>
> 心，人心，土藏，在身之中，象形。博士说以为火藏。
>
> 脾，土藏也，从肉卑声。
>
> 肺，金藏也，从肉市声。
>
> 肾，水藏也，从肉臤声。

《说文》只有心为火藏是明言采博士说，其余四藏，虽未提及采自何人，钱大昕通过分析知道是采自博士说。而古文经学的说法是：脾木、肺火、心土、肝金、肾水。

五行说是中国古代宇宙观的重要组成部分，体现了先民们对世界的认识和理解，这些朴素的思想流传到了东汉许慎时期，几乎是家喻户晓的常识了。顾炎武《日知录》卷三十云："三代以上，人人皆知天文。'七月流火'，农夫之辞也；'三星在天'，妇人之语也；'月离于毕'，戍卒之作也；'龙尾伏晨'，儿童之谣。后世文人学士，有问之而茫然不知者矣。"因为是常识，所以《说文》在说解时，往往是仅言其一二，而不一一举例说明，意在举一反三。

钱大昕之所以能够洞察《说文》的举一反三之例，最主要的原因在于他的知识积累。早在乾隆十八年他二十六岁刚入北京任职时，"与吴杉亭、褚鹤侣两同年讲习算术。得宣城梅氏书读之，寝食几废。因读历代史志，从容布算，得古今推步之理"[2]。梅氏即梅文鼎，著有《历算全书》、《大统书志》、《勿庵历算书记》、《中西经星同异考》等书。又乾隆二十三年，与礼部尚书何国宗讨论梅氏之书及"明季利玛窦、汤若望、罗雅谷日离、月离、五星诸表，公洞若观火"[3]。何国宗精于推步，当时正掌领钦天监，因倾慕钱氏的学识，何还曾力邀钱辅助其润色法国传教士蒋友仁《地球图说》的译文。经过数年的积累和努力，钱大昕不仅对诸史中的天文历法错讹进行了校勘，而且还完成了《三统术衍》、《三统术钤》、《宋辽金元四史朔闰考》等天文历算的专著。所以，清罗士琳在《畴人传续》中称钱大昕于"古九章算术、迄今中西历法，无不了如指掌，其是非疑似，人不能明断当否者，皆确有定见"。有着如此深厚的功底，再来阅读《说文》，对于其中的天文、历法等的认识，

---

[1]　[清] 陈士珂辑：《执辔》，载《孔子家语疏证》，《丛书集成初编》本，第169页。

[2]　[清] 钱大昕：《竹汀居士年谱》，载《嘉定钱大昕全集》第一册，第12页。

[3]　[清] 钱大昕：《竹汀居士年谱》，载《嘉定钱大昕全集》第一册，第15页。

自然是得心应手了。

（二）《说文》连篆读之例

《十驾斋养新录》卷四：

> 许氏《说文》唐以前本不传，今所见者唯二徐本，而大徐本宋椠犹存，凡五百四十部，部首一字，解义即承，正文之下但以篆隶别之，盖古本如此，大徐存以见例，其实九千余文皆同此式也。小徐本并部首解义亦改为分注，益非其旧，或后人转写以意更易故耳。许君因文解义，或当叠正文者即承上篆文连读，如"昧爽旦明也"、"肿响布也"、"湫隘下也"、"腬嘉善肉也"、"烓煤侯表也"、"诂训故言也"、"頾痴不聪明也"、"参商星也"、"离黄仓庚也"、"鷰周燕也"，皆承篆文为句；诸山水名云"山在某郡"、"水出某郡"者，皆当连上篆读；《艸部》"虉"、"蓝"、"茵"、"蓁"诸字但云"艸也"，亦承上为句，谓虉即虉艸、蓝即蓝艸耳，非艸之通称也。"芙"、"葵"、"菹"、"蘪"、"薇、萑"诸字但云"菜也"，亦承上读，谓芙即芙菜、葵即葵菜也。今本《说文》"觅"字下云"觅菜也"，此校书者所添，非许意也。古人著书简而有法，好学深思之士当寻其义例所在，不可轻下雌黄。以亭林之博物，乃讥许氏训"参"为"商星"，以为"昧于天象"，岂其然乎?《人部》"佺"字下云;"偓佺，仙人也。""偓"字下云:"佺也。"亦承上读，宋椠本不叠"偓"字，汲古阁本初印犹仍其旧，而毛斧季辄增入"偓"字，虽于义未乖，而古书之真面目失矣。
>
> 《人部》"傁"字下云:"傁，左右两视。"此亦承上篆文，"傁傁"犹"瞿瞿"也。又《叀部》"叀"字下云:"专小谨也。""专"当为"叀"，亦承上篆文而叠其字，"叀叀，小谨也"，亦作"嫥嫥"，见《女部》，浅人改作"专"，而语不可通矣。
>
> 《广韵·东部》"涷"字下引《说文》"水出发鸠山，入于河"，《鱼部》"澸"字下引《说文》"水出北地直路西，东入洛"，是陆法言诸人已不审许氏读法矣。[1]

钱大昕明言，他当时见到的《说文》有二徐本，其中大徐本宋椠犹存。依大徐本体例，《说文》部首字与所统辖之字是不分离的，字头是以篆文来互相区别的，篆文之下，就是分析形义。在分析形义时，部分字要连篆文一起读，才能正确解释字义。最早注意到这类问题的是顾炎武，他在阅读《说文》时就发现"参"篆文下

---

[1] ［清］钱大昕:《说文连上篆字为句》，载《十驾斋养新录》卷四，第80页。

有说解"商星也"。顾氏认为"若夫训参为商星，此天文不合者也"。的确，用"商星"来解释"参"是说不通的。参、商两星本在天空的西东，二者此出彼没，彼出此没，根本不可能混为一谈。钱大昕也是受顾炎武的启发，发现了很多这样不合《说文》常理的地方，感觉掉了一个字头，如果把篆文加入到释义中，则可说得明白流畅，这样"参"应释作："曑商，星也。"因此，他把这种现象归纳为《说文》的一个体例予以说明，"读古人书，先须寻其义例，乃能辨其句读，非可妄议"[1]。

所谓"义例"，应该是一以贯之的，为此，钱大昕在《十驾斋养新录》和《潜研堂文集》中采撷了《说文》中的一百三十六例予以证明自己的观点。[2] 从钱氏总结的材料来看，其连篆读主要是针对固定的双音节词语，如连绵词、重言词、复合词以及专用的山、水、草、木名称词，依钱说，这些汉字在释义时必须要把篆文算进释义的正文中，否则，文意不通，或会造成歧义。

钱大昕是继顾炎武之后第一个正式提出"连篆读"为说文体例的学者，而且还搜集了大量文献材料予以证明。他的贡献在于教给了后人一种新的《说文》解读方式，避免了因常规句读而造成文字释义理解上的误区。"连篆读"提出后，后人多从其说。王念孙在《重刻说文解字叙》中也明言部分汉字释义当连篆读：

> 训参为商星，乃连大书读"参商，星也"，即如水部"河水，出焞煌塞外"，"溺泽，在昆仑山下"之例，明参与商同为星，非参商亦不知也。

孙星衍《与段大令书》云："据《说文》参商为句，以注字连篆字读之，下云星也，盖言参、商俱星名。《说文》此例甚多，如偓佺，仙人也之类，得读偓断句，而以'佺仙人'解之乎？"[3]

徐承庆有《说文解字注匡谬》八卷，匡段氏之谬凡十五目。其五为"以臆说为得理"，选取一百五十七字，专论段氏加补的所谓浅人误删之字，并在卷五之后详加按语云：

> 篆文，形也；说解，义也。以义释形，非有二字及三字句四字句之例，果复举字为浅人所删，此人既从事六书，乃删参字而以为商星；删离字以为黄仓庚；删雟字而以为周燕，不通一至于此，昔闻诸钱少詹事大昕云：许氏因文解义，或当叠正文者，即承上篆文连读……段氏自以意说，创为篆下复写隶字之说，自谓窥见许书体例，矜独得之秘，遇字增改，凭肊武断而不知其说之不可通，且既以复字为后人所删，而"灵"下"灵巫"，

————————

[1] ［清］钱大昕：《答问八》，载《潜研堂文集》卷十一，第173页。

[2] 见《十驾斋养新录》卷四《说文连上篆字为句》，第80页；《潜研堂文集》卷十一《答问八》，第173页。

[3] 丁福保：《说文解字诂林》第一册，中华书局1988年版，第687页。

又以未删复字而改去之，似此矛盾，不知段氏将何以文饰也……[1]

在按语中，徐承庆明确表示自己的观点来源于"钱少詹事大昕"，所以他反对段氏增改文字而赞成钱氏说，个中缘由，就不难明白了。

周云青《补说文古本考纂例》云："大徐不知篆文连篆读之例，辄疑为复衍而删之，如羽部'习'字，《文选·左太冲〈咏史诗〉》注引作'习习，数飞也'，今删重'习'字。行部'徛'字，《广韵》九鱼引作'徛徛，行皃'，今删重'徛'字。又有穴部'窈'，《文选·魏都赋》注引作'窈窕(原注：窕即窱字之别)，深远也'，大徐本以单举'窱'字为不同词而删之。"[2]

现代学者还有胡朴安、刘秋、姚孝遂、詹鄞鑫、汤可敬等都赞成钱氏连篆读的观点。

清人反对钱氏连篆读观点的主要有段玉裁、王筠。段玉裁认为，"许君原书，篆文之下，以隶复写其字，后人删之，时有未尽"[3]。所以段玉裁在校改《说文》时，对于篆文下无释义作用的重复字头进行了删改，如：

> 灵，巫也。各本巫上有灵字，乃复举篆文之未删者也。许君原书，篆文之下以隶复写其字，后人删之，时有未尽，此因巫下脱也字，以灵巫为句，失之，今补也字。《屈赋九歌》："灵偃蹇兮皎服"、又"灵连蜷兮既留"、又"思灵保兮贤姱"。王注皆云："灵，巫也。"楚人名巫为灵。许亦当云巫也无疑矣。[4]

> 蜗，蜗，此复举篆文之未删者也，当依《韵会》删。[5]

对于篆文字头下具有说解作用的重复字头，他予以保留，没有删字。
《说文》："苋，苋菜也。"段注：

> 菜上苋字乃复写隶字删之仅存者也。寻《说文》之例，云芴菜、葵菜、菹菜、蘮菜、薇菜、萑菜、莐菜、蘸菜、苋菜以释篆文。𦰩者，字形，葵菜也者，字义。如水部河者，字形，河水也者，字义。若云此篆文是葵菜也，此篆文是河水也。鼎以为复字而删之，此不学之过。《周易音义》引宋衷云："苋，苋菜也。"此可以证矣。[6]

段氏觉得"苋"字是许书幸存下来的复举字头，于释义完整有效，故予以保留。

[1] ［清］徐承庆：《说文解字注匡谬》，《续修四库全书》本。
[2] 丁福保：《说文解字诂林》第一册，中华书局1988年版，第230页。
[3] ［清］段玉裁：《说文解字注》"灵"字下注，第19页。
[4] ［清］段玉裁：《说文解字注》"灵"字下注，第19页。
[5] ［清］段玉裁：《说文解字注》"蜗"字下注，第671页。
[6] ［清］段玉裁：《说文解字注》"苋"字下注，第24页。

对于篆文字头下缺失的重复字头，他予以增改：

《说文》："葛，艸也。"段注：

> 也字各本无，今补。按《说文》凡艸名篆文之下，皆复举篆文某字曰
> 某艸也，如葵篆下必云葵菜也，茋篆下必云茋艸也。篆文者其形，说解者
> 其义，以义释形，故《说文》为小学家言形之书也。浅人不知，则尽以为
> 赘而删之，不知葵宋也、茋艸也、河水也、江水也皆三字句，首字不逗。
> 今虽水复其旧，为举其例于此。此葛篆之下，本云葛艸也。各本既删葛字，
> 又去也字，则葛篆不为艸名……[1]

又"昧"字下段注："昧字旧夺，今补。"

> 巂，……各本周上无巂，此浅人不得其句读，删复举之字也。[2]
>
> 離，……各本无離，浅人误删。[3]

总之，段氏是认为《说文》原文是在篆文之下有隶书重写被注字字头的，是后
人在传抄的过程中不懂《说文》体例而误删的，阅读时必须加字才能正确解释字义。

王筠在《说文释例》卷二十中承认了钱大昕连篆读的解读方式，他说："陋儒
之删《说文》也，每删连语之上一字而连篆文读之。"[4]但他不认为那是许书原有的
体例：

> 夫初删之时，祇期便于读者，而率意刊落，亦初无一定之规条，虽割
> 裂不通，亦所不顾。然就原本删之，犹可见其本来也。厥后群相放效，奉
> 为圣书，家家移誊一本，于是原本不可见矣。而《说文》之力，本逊于经，
> 不能使未删之本闲存于世，是以二徐所据，不过小异而大同也。[5]

王筠认为在连语词的范围内应该连篆读，但他认为那仅是陋儒删改而成，并非
许氏原例。

朱骏声作为钱大昕的弟子，虽然没有明言连篆读的正确与否，但也在《说文通
训定声》一书中已明确在篆文下增加了字头文字，实际上他的做法已趋于与段氏一
致了，他在"离"、"燮"、"昧"、"湫"、"河"、"泑"、"涷"、"江"、
"汧"、"渞"等字下都复举了字头以释义，但也有部分字他没有复举，如"巂"、

---

[1] ［清］段玉裁：《说文解字注》"葛"字下注，第 29 页。

[2] ［清］段玉裁：《说文解字注》"巂"字下注，第 141 页。

[3] ［清］段玉裁：《说文解字注》"離"字下注，第 142 页。

[4] ［清］王筠：《说文释例》，武汉市古籍书店影印 1983 年版，第 906 页。

[5] ［清］王筠：《说文释例》，武汉市古籍书店影印 1983 年版，第 561 页。

"脒"、"俟"等字。

在现代学者中，否定"连篆读"的有刘晓南、许征等人。

折衷派主要有清人徐灏和今人张涌泉。

徐灏在《说文解字注笺》"灵"字条下注云："篆下复举字，如示部祭，祭祀也；玉部玲，玲璗，石之次玉者；艸部蓳，蓳莆，瑞艸也。全书此类不可枚举，盖二字连文，必于篆下复写隶书，乃为清析。隹部雟，周燕也；晶部参，商星也之类，篆下亦当有复举隶字，而今本脱之。钱氏大昕以为连篆读之，段谓每篆皆有复写隶字，皆恐非是。"[1]

又"籋"字条下云："按《说文》之例，如元，始也；天，颠也之类，皆本字作篆，其下以隶楷说之，不必复举篆文。若'雟，周燕也'、'参，商星也'之类，则既书本篆，复隶书雟字、参字，盖雟周连名，参商并举，不如是则文义不明也，今本雟参字为传写者删之，观此条'籋'字连下为句，则复书隶字益了然矣。段氏谓全书皆复举篆文，非也。钱大昕谓每条皆连篆读之，亦非也。"[2]

他认为《说文》之中也有许多在篆文下直接训释字义的例子，用不着复写字头，而段氏认为许氏原书，每条篆文之下必有重文，也是不对的，具体情况要根据说解中句意的完整程度来具体分析。

张涌泉先生认为"钱说和段、王说都有一定的道理，但传本《说文》当'连篆读'的似既非许氏原书如此，亦非如段、王所言为浅人妄删说解字，而可能是古抄本字头在注解中重出时用省书符号，传抄者抄脱或省略了省书符号"。他列举了大量的敦煌文献和高丽版影刻本《龙龛手鉴》证明当时省写符号的盛行。[3]黄慧萍（2005）也发现《唐写本说文解字木部笺异》中"枥"、"杅"的说解中确有省写符号，类似于两短横，是后人在传抄的过程中，有意无意地漏写了这些重复符号，才导致出现了所谓的连篆读问题。张涌泉和黄慧萍之说也不是没有可能，类似的省写符号在古人行文时非常常见，他们的这一提法为我们解释连篆读问题提供了新的思路。

《说文》连篆读是钱大昕的一大发现，连篆读的提出，为《说文》的研究提供了重要参考，为字义的训释提供了正确的解决方式。尽管在钱氏之后，连篆读遭到了学术界不同的反应，但有一个事实是学术界所公认的，那就是，的确有一部分汉字在说解的过程中存在着语义的缺失，必须补充文字后才能词达意顺。不同的是，钱氏认为可用篆文来填补，段氏等人则认为当补写字头才能完成训释，两者手段不一，但目的是一致的。

---

[1] 丁福保：《说文解字诂林》，中华书局 1988 年版，第 1373 页。

[2] 丁福保：《说文解字诂林》，中华书局 1988 年版，第 2802 页。

[3] 张涌泉：《说文连篆读发覆》，载《文史》2002 年第 3 期。

对于造成连篆读这种现象的原因，各家纷纭不一。一说为《说文》本有连篆读之体例；一说《说文》篆文后原本有复写隶字，只是后世为浅人所删；张涌泉先生更是提出第三种可能，即省写符号的遗漏。不管是哪一种说法，我们认为，在《说文》原本消失几千年之后的今天，我们现在进行的都是依据现有材料对《说文》进行探索性、近似性的研究，各家的说法我们都可以举出反证。

钱大昕的结论同样也有漏洞。同是《说文》所收之字，为什么有的字要连篆读，有的却不需要？如"偓，佺也"需要连篆读，而"佺，偓佺，仙人也"又不需要连读。"离，黄仓庚也"须连篆读，而"雒，雒黄也"又不需要连读。"苏，桂荏也"须连篆读，而"蓲，蓲莆，瑞草也"又不须连篆读。"嶂，山在雁门"须连篆读，而"崵，崵山，在辽西"又不须连篆读。"河，水出焞煌塞外昆仑山，发原注海"须连篆读，而"澶，澶渊，水也，在宋"又不须连读。依钱说，此类不须连篆读者当是后人传抄时在篆文下误加了字头。但问题是，为什么有的加了，有的又没有加呢？再说，连篆读在古代是否是一种行文体例？古代训诂著作中有没有这样的先例？遗憾的是，钱氏的论述中没有这样的例证。

段玉裁认为篆文之下本有隶书复写字头，今本《说文》是浅人误删复写字头的缘故。但是，删改的证据是什么呢？为什么有的删了，有的却没有删呢？

所以，在无法一睹《说文》原本真容的今天，无论说连篆读是或者不是《说文》原有的体例，都是很牵强的，我们都无法下一个定论。钱氏连篆读的价值在于启发我们对《说文》中的训诂要进行细心的审核，要避免尽信书带来的不良后果。钱氏身后两百多年来的争议和讨论早已跨越了"体例"之争的范畴，使我们对《说文》训诂有了更为深刻的理解，在刘晓南的《〈说文〉连篆读例献疑》一文[1]中体会更深。

（三）《说文》读若之例

《潜研堂文集》卷三：

> 汉人言读若者，皆文字假借之例，不特寓其音，并可通其字。即以《说文》言之，矕读若许，《诗》"不与我戍许"、《春秋》之许田、许男，许冲上书阙下、不必从邑从无也。郪读若蓟，《礼记》"封黄帝之后于蓟"，《汉书·地理志》有蓟县，不必从邑从契也。璹读若淑，《尔雅》"璋大八寸谓之琡"，即淑之讹，不必从玉从寿也。珣读若宣，《尔雅》"璧大六寸谓之瑄"，不必从玉从旬也。趜读若茕，《诗》"独行茕茕"不必从走从匀也。趌读若蜀，《诗》"葡匐救之"、"诞实葡匐"不必从走从音也。孔读若輁，《春

[1] 刘晓南：《〈说文〉连篆读例献疑》，载《汉语研究》1989 年第 1 期。

秋传》"公鼽其手"，不必作乩也。槶读若杞，《易》"系于金杞"，不必改为槶也。匋读若鸠，《书》"方鸠僝功"，不必改为匋也。慴读若聂，《诗》"莫不震聂"，不必改为慴也。畀读若傲，《书》"无若丹朱傲"，不必改为畀也。橾读若薮，《考工记》"以其围之阞捎其薮"，不必改为橾也。屔读若仆，《孟子》"仆仆尔亟拜"，不必改为屔也。闗读若阑，《汉书》"阑入"字不必改为闗也。娿读若阿，《史记》"阿保"字不必改为娿也。辛读若愆，今经典皋辛字皆作愆。刅读若创，今经典刱业字皆作创。亼读若集，今经典亼合字皆作集。牵读若达，今《诗》正作达。望读若皇，今《周礼》正作皇。翌读若绂，今《周礼》作帗，帗与绂亦同也。芮读若汭，《诗》"芮鞠之即"，《韩诗》作汭，是芮汭通也。瞿读若句，《春秋》"鸜鹆"，《说文》作"鸲鹆"，是瞿句通也。雁读若鴈，今经典雁鴈亦通用也。《说文》又有云"读与某同"者，如莫读与蔑同，今《尚书》"莫席"正作蔑字。品读与聂同，今《春秋》"品北"正作聂字。卟读与稽同，今《尚书》"卟疑"正作稽字。崔读与爵同，敁读与施同，今经典鸟雀字多用爵，敁敁字皆用施。凭读与隐同，《孟子》、《庄子》皆有隐几字，不作凭。以是推之，许氏书所云读若、云读与同皆古书假借之例，假其音并假其义，音同而义亦随之，非后世譬况为音者可同日而语也。近时尊信《说文》者，知分别部居之不可杂，欲取经典正文悉改而从许氏之体，是又未谕许君通假之例矣。[1]

钱大昕认为《说文》中"读若"与"读与同"，不仅可用于标注字音，还可以作为通假字，代替被读若字用，如"鬯读若许"，这是用"许"给"鬯"注音。《诗》'不与我戍许'、《春秋》之许田、许男、许冲上书阙下"中的"许"，本字当为"鬯"，"许"是通假字。

钱大昕又说："许氏书所云读若、云读与同皆古书假借之例，假其音并假其义，音同而义亦随之，非后世譬况为音者可同日而语也。"但从其所列举的例子来看，无法证明他的这个结论。如"趉读若茕"，依钱说，"趉"当与"茕"音同，"趉"既借"茕"来为自己注音，又借"茕"的词义来应用，如"《诗》'独行茕茕'，不必从走从匀也"。茕，《说文》云："回疾也。"而《诗》"独行茕茕"毛传释作"无所依"，意思与"趉，独行也"接近。所以此处钱氏表述不当，他其实就想表达：A 读若 B，则 A 的音与义都可假借给 B 使用。对于读若之字与被读若字之间的关系，钱大昕认为《说文》读若之字，或取正音，或取转音：

　　楈，胥声，而读若芟刘之芟。郱，幷声，而读若宁。鞂，茧声，而读若骋。庳，

---

[1]　[清] 钱大昕：《古同音假借说》，载《潜研堂文集》卷三，第 43 页。

卑声，而读若逋。祥，半声，而读若普。訬，少声，而读若龟。昕，斤声，而读若希。霰，鲜声，而读若斯。賮，真声，而读若资。鬷，夎声，而读若莘。鞯，弇声，而读若麿。挚，执声，而读若晋。援，爰声，而读若指撝。楷，省声，而读若骊驾（骊当读如洒埽之洒，与省声相近）。倗，朋声，而读若陪。郳，崩声，而亦读若陪。娃，圭声，而读若同（据宋本）。皶，岂声，而读若狠。樸，粪声，而读若靡。者，占声，而读若耿介之耿（《蜀志》注：简雍本姓耿，幽州人语谓耿为简，故随音变。按：耿与简近，亦与检近，然则者本音似检，转读如耿也。）皆古音相转之例。自韵书出，分部渐密，有不及两收者，则诧以为异矣。[1]

什么是转音，什么是正音呢？他说："文字偏旁相谐谓之正音；语言清浊相近谓之转音。音之正有定，而音之转无方。正音可以分别部居，转音则祇就一字相近，假借互用而不通于它字。"[2]

又说："声音本于文字，文相从者谓之正音，声相借者谓之转音，正音一而已，转音则字或数音。"[3]

他的观点是同谐声偏旁的字读音必然相同，这叫做正音；若谐声偏旁相同却又转入他部，那就是转音。我们将上文中钱大昕认为是取转音的读若字按黄侃古音十九纽罗列如下：

楷—骨—芟（心—心—心）　　　郳—年—宁（泥—泥—泥）
鞯—蚩—骍（透—透—透）　　　庳—卑—逋（并—帮—帮）
祥—半—普（帮—帮—滂）　　　訬—少—龟（清—透—从）
昕—斤—希（晓—见—晓）　　　霰—鲜—斯（心—心—心）
賮—真—资（精—精—精）　　　鬷—夎—莘（精—精—精）
鞯—弇—麿（影—见—影）　　　挚—执—晋（照—照—精）
援—爰—撝（晓—匣—晓）　　　楷—省—骊（心—心—来）
倗—朋—陪（并—并—并）　　　郳—崩—陪（并—帮—并）
娃—圭—同（溪—见—见）　　　皶—岂—狠（疑—溪—溪）
樸—粪—靡（并—帮—明）　　　者—占—耿（端—端—见）[4]

通过分析，我们不难发现，钱大昕的转，主要是以声组为联系的转。中古三十六

[1]　［清］钱大昕：《说文读若之字或取转声》，载《十驾斋养新录》卷四，第81页。
[2]　［清］钱大昕：《说文读若之字或取转声》，载《十驾斋养新录》卷四，第81页。
[3]　［清］钱大昕：《答问十二》，载《潜研堂文集》卷十五，第227页。
[4]　黄慧萍：《钱大昕说文学之研究》，台湾屏东师范学院，2005年，第79页。

字母在上古有着复杂的通转关系，钱大昕之后，李元、夏燮言"互通"说、"合用"说中有大量的例子可以证明钱大昕转音说的合理性。

对于钱大昕的观点，历来有三种不同的意见：

第一种观点是主音说，以段玉裁为代表。《说文》"儽"字下段注云："凡言读若者，皆拟其音，凡传注音读为者，皆易其字也。注经必兼兹二者，故有读为、有读若。读为亦言读曰，读若亦言读如。字书但言其本字本音，故有读若，无读为也。读为、读若之分，唐人作正义已不能知，'为'与'若'两字，注中时有讹乱。"

很明显，段玉裁是把读若看作是纯粹的注音，与汉字字义无涉。现代学者蒋善国、钟如雄、唐作潘等人持段氏说。

第二种观点赞成钱大昕的说法，但支持者不多，目前仅有严章福。严氏在《说文校议议》"祢"字下云："许书言读若某，读与某同，或言读若某某之某，皆谓假借，无关音切，而世每谓许书读若，但拟其音，无关形义，如后世音切，谬矣。盖许果以读若为音切，则九千三百五十三文，何字不当言读若？何以言读若者仅十之一？于此知许君读若为假借，非谓音切。"[1]

严氏认为《说文》九千多字，仅有十分之一的汉字用读若注音，目的是很特殊的。不仅仅是表音那么简单，杨树达《说文读若探源》则认为，读若原因复杂，《说文》之所以不字字用读若，是因为"难晓则拟其音，易解则舍而不言"[2]。

第三种观点较为理性，他们认为《说文》读若情况复杂，具体情况应该具体分析，不可以一概而论。洪颐煊、张行孚、王筠、叶德辉、陶有铭、高学瀛、张度、马叙伦、黄侃、杨树达、陆志韦、张世禄、陆宗达、王宁、冯玉涛等都持这一观点。

陆宗达、王宁先生从现代语言学的高度，以训诂学为切入点，认为许慎作《说文》读若主要是为了明音。目的是想用注音来为人们阅读理解经典指明线索。但在考察被读若字与读若字的关系时，他把它们分为四种：一是用异体字作读若；二是用同源字作读若；三是用声借字作读若；四是用后出字作读若。他们认为这些读若不仅给我们指明了许多古代文献用字的实际情况，而且在读音上给我们很大启示，直接为因声求义的训诂方法提供了资料。[3]

陆、王两位的说法无疑对《说文》读若的研究具有前瞻性的指导意义。在这种新的研究思路的影响下，杨宏《〈说文〉读若性质测查》一文[4]，利用现代科技手段，将《说文》全书七百七十九个被读若字共八百一十三条读若全部录入电脑数据库，

[1] ［清］严章福：《说文校议议》，《续修四库全书》本，第6页。

[2] 杨树达：《积微居小学述林》，中华书局1983年版，第109页。

[3] 陆宗达：《说文读若的训诂意义》，载《陆宗达语言学论文集》，北京师范大学出版社1996年版。

[4] 杨宏：《〈说文〉读若性质测查》，北京师范大学1995年硕士学位论文。

在进行穷尽性的文本分析后，作者得出了比较理想的结论：《说文》读若的情况是复杂的，单纯的表音或通假说都是片面的。许氏对于被读若字的选择没有规律，具有随意性，但读若字的选择，则有可能是"采通人说"，非许氏已意。

至此，读若的研究结果已渐显明朗，但是这仅是对说文内部读若情况的测查，如果与同一时期的文献进行横向比较，结果又将如何呢？

《郑玄三礼注研究》中有郑玄"读如"、"读若"例情况考察，通过穷尽性分析后，作者认为，尽管郑玄多用读"如"，少用读"若"，但读若的情况与读如的一样，呈现出多样性。"既非如段氏所说仅为拟音，亦非如钱氏说仅为解释通假字"，作者把读如、读若的情况分为五种：一是以本字读通假字（三十五例）；二是拟其音而读之（三十例）；三是拟音兼释义（三十三例）；四是纠字之误（一例）；五是释字之义（两例）。[1]

横向的对比也说明，《说文》读若所蕴含的语言和文献信息是复杂的，绝非出于哪一种单一的动机。今天研究的结果，只能说是建立在某一假定的基础上，即我们今天见到的大徐本就是最接近《说文》原文，我们还假定，参考的其他传世文献都是最真实的。显然，这两者我们都只能是假定。所以，研究还得继续下去，同时期待新材料的发现。

二、对《说文》内容的研究

（一）对二徐的评价

1. 赞同之处

雍正、乾隆之时，正是清代《说文》学由起步逐渐走向高潮的时期。此时甲骨文尚未出土，人们对古文献的考证，多依赖于《说文》及出土彝器。钱大昕充分认识到了《说文》一书的重要性，他说："自古文不传于后世，士大夫所赖以考见六书之源流者，独有许叔重《说文解字》一书。"[2] "三代古文奇字，其详不可得闻，赖有许叔重之书，犹存其略。"[3] 但《说文》一书自许慎之后，经过几个世纪的辗转传写，到了唐代，经李阳冰之改制，《说文》已非其旧。至宋，则有徐铉、徐锴兄弟为之刊定《说文》，钱大昕一方面对二徐的贡献进行了表彰：

> 六书之学，古人所谓小学也，唐时国子监有书学，《说文》、《字林》

---

[1]　杨天宇：《郑玄三礼注研究》，天津人民出版社2007年版。

[2]　［清］钱大昕：《跋说文解字》，载《潜研堂文集》卷二十七，第445页。

[3]　［清］钱大昕：《跋汗简》，载《潜研堂文集》卷二十七，第444页。

诸书，生徒分年诵习，自宋儒以洒扫应对进退为小学，而书学遂废。《说文》所以仅存者，实赖徐氏昆弟刊校之力，而大徐流布尤广。[1]

自古文不传于后世，士大夫所赖以考见六书之源流者，独有许叔重《说文解字》一书。而传写已久，多错乱遗脱，今所存者，独徐铉等校定之本。[2]

2. 批评之处

同时，他也对二徐本说文提出了批评，主要表现为以下两点：①徐铉不通形声相从之例；②二徐私改谐声。

（1）徐铉不通形声相从之例。如：

自古文不传于后世，士大夫所赖以考见六书之源流者，独有许叔重《说文解字》一书。而传写已久，多错乱遗脱。今所存者，独徐铉等校定之本。铉等虽工篆书，至于形声相从之例，不能悉通，妄以意说。如《说文》"代"取"弋"声，徐以"弋"为非声，疑兼有"忒"音，不知"忒"亦从"弋"声也。"经"取"䛊"声，徐以为当从"䛫"省，不知"䛫"亦从"䛊"声也。"配"取"己"声，徐以"己"为非声，当从"妃"省，不知"妃"亦从"己"声也。"卦"取"圭"声，徐以"圭"声不相近，当从"挂"省，不知"挂"亦从"圭"声也。"暵"取"堇"声，徐以为当从"汉"省，不知"汉"从"难"省声，"难"仍从"堇"声也。"簸"取"殿"声，徐以为当从"臀"省声，不知"殿"本从"屍"声，"臀"乃从"殿"声也（原注："屍"、"臀"古今字）。"隶"取"枲"声，徐以"枲"为非声，不知"枲"从"台"声，《诗》"隶天之未阴雨"，今本作"迨"，亦从"台"声也。"轘"取"睘"声，徐以"睘"为非声，当从"环"省，不知"睘"从"袁"声，"环、还、翾、嬛、儇、獧"之类并从"睘"声。古人读"睘"如"环"，《诗》："独行睘睘。"《释文》："本作茕。""茕"与"睘"声相转，故多假借通用，非"环"、"睘"有异声也。"熇"取"高"声，徐以"高"为非声，当从"嗃"省，不知"嗃"亦从"高"声，且《说文》无"嗃"字。徐氏据《周易》王辅嗣本增入。考刘表本作"熇"。熇，郑康成训苦热之意，亦当从火旁。"熇"之与"嗃"，犹"妃"之与"配"，本是一字，不当展转取声也。"能"取"吕"声，徐以为非声。按："台"、"能"皆以吕得声，古文读"能"为奴来切，汉谚云："欲得不能，光禄茂才。"不必鳖三足乃有此音也。"翚"取"军"声，徐以为当从"挥"省，不知"挥"

---

[1] ［清］钱大昕：《说文新附考序》，载《潜研堂文集》卷二十四，第 379 页。

[2] ［清］钱大昕：《跋说文解字》，载《潜研堂文集》卷二十七，第 445 页。

亦从"军"声，"军"转为"威"，犹"斤"转为"几"。"祈、圻、薪、沂"之取"斤"声，"挥、翚"之取军声，皆声之转，而徐未之知也。"赣"取"灨"省声，徐云："灨非声，未详。"按《诗》："坎坎鼓我"，《说文》引作"灨"。"灨"、"坎"与"空"声相转，故"空侯"一名"坎侯"。"赣"为"灨"之转声，犹"凤"为"凡"之转声，而徐亦未之知也。"兑"取"㕣"声，徐以为非声。按"兑"、"说"同义，"说"即从"兑"得声，"㕣"转为"说"，犹"殄"转为"畛"，此四声之正转，而徐亦未之知也。"弼"取"丙"声，徐以为非声。按"丙"有三读：其一读如誓，"誓"从折得声，"弼"从丙得声，亦四声之正转而徐未之知也。"移"取"多"声，徐云："'多'与'移'声不相近，盖古有此音。"按"移、哆、趍、窆"皆取"多"声，犹之"波"取"皮"声，"奇"取"可"声。东方朔《缪谏》："清湛湛而澔灭兮，澷溥溥而日多。枭鹩既已成群兮，玄鹤弭翼而屏移。"张衡《思玄赋》："处子怀春，精神回移。如何淑明，忘我实多。"此古人以"移"叶"多"之证。六朝以降，古音日亡，韵书出而"支"、"歌"判然为二，而徐亦未之知也。"虔"取"文"声，读若"矜"，徐云："文非声，未详。"按古人"真、文、先、仙"诸韵互相出入。高彪诗："文武将坠，乃俾俊臣。整我皇纲，董此不虔。"此古人读"虔"如"矜"之证，而徐亦未之知也。"驳"取"爻"声，骹取交声，徐皆以为非声。按"觉"、"学"本萧、宵、肴、豪之入声，"钓"从"勺"，"鞄"从"包"，"嚣"从"高"，"驳"从"爻"，徐皆不复致疑而独疑"驳"之非声，何也？"辂、赂"皆取"各"声，徐以"各"为非声，当从"路"省。按药、铎本虞、模之入声。"谟"从"莫"，"涸"从"固"，"缚"从"尃"，"薄"从"溥"，并取谐声。"路"之从"各"，亦谐声也。《说文》不云"各声"，盖转写之脱。徐皆不复致疑而独疑"辂、赂"之非声，何也？是古人四声相转之法，徐亦未之知也。"虪"取"糍"声，读若"酋"，徐云："糍，侧角切，声不相近。"按"糍"本从"焦"声，平入异而声相通。郑康成谓秦人"犹"、"摇"声相近，"修"有"条"音，"緌"有"宙"音，"秋"从"穌"声，"茅"从"矛"声，"朝"从"舟"声，"雕"从"周"声，皆声之相转，何独疑"虪"之"糍"声？是古音相通之例，徐亦未之知也。"诉"从"斥"省声，徐以为非声。按"诉"本从"庐"省，"朔"与"庐"并从"屰"得声，"屰"与"牾"声相近，故许君训"牾"为"逆"。"庐"、"朔"皆以"屰"得声，则"诉"之从"庐"声，宜矣。今本"庐"作"斥"，乃转写之讹，徐氏不能校正，转疑其非声亦过矣。其它增入会意之训，大半穿凿附会。王荆公《字说》盖滥觞于此。夫徐氏于此书用心勤矣，然犹未能悉通叔重之义例，后人学益陋，心益粗，又好不知而妄作，毋惑乎小学之日废也。[1]

所谓“形声相从之例”，就是《说文》中的谐声字，若声符相同，则读音大致相同或相近。钱大昕列举了二十二组谐声字：代—忒、绖—侄、配—妃、卦—挂、暵—汉—难、𡱂—殿—臀、隸—枲—迨、轘—环—还—翾—嬛—儇—獧、熇—嗃、能—台、翚—挥—祈—圻—蕲—沂、赣—竷、兑—说、殄—飻、弼—丙、移—栘—眵—趍—多、虔—文、驳—爻、㕙—交、辂—赂—路、䪡—𥼶、诉—𧮪—朔—㡿—屰。

大徐认为这些谐声字不应该以它们声符而得音，应另有所本。钱大昕在对各组字逐一分析后，认为大徐屡提“某非声”，不懂形声相从之例的原因有三：

第一，徐氏不能校正转写之讹，而疑其非声。如“诉”从“㡿”声，今本《说文》“㡿”作“厈”，乃转写之讹。

第二，大徐不晓古音，完全是按照今音去读谐声字及其声符。如徐铉认为“代”字“弋”非声，疑“代”有“忒”音。代，《广韵》定母代韵字；弋，以母职韵字；忒，透母德韵字。代与弋，无论声还是韵，都相去甚远。但代与忒，声母发音部位相同，音近。大徐为《说文》增加反切，是依《唐韵》，所以按《唐韵》音来读“代”、“弋”、“忒”三字，大徐自然认为“代”有“忒”音了。

第三，大徐不明声音相转之理，故而不懂形声相从之例。

对声音相转之法，钱大昕提出了七点重要的看法：

第一点，声之转。如：

“祈、圻、蕲、沂”之取“斤”声，“挥、翚”之取军声，皆声之转，而徐未之知也。

按，圻字不见于《说文》，祈、圻、蕲三字为上古群母微韵字；沂，古疑母微韵；斤，古见母文韵。[2]五字声组发音部位相同，微、文一为阴声韵，一为阳声韵，主要元音相同，可以对转。挥、翚，均为古晓母微韵字；军，古见母文韵字。微、文可对转。所以此处“声之转”就是指钱氏转音说中的正转，即以双声为纽带的韵转。

第二点，“四声之正转”。如：

“弼”取“丙”声，徐以为非声。按“丙”有三读：其一读如誓。“誓”从折得声，“弼”从丙得声，亦四声之正转而徐未之知也。

按钱说，弼当从丙得声而读作折。弼，古并母物韵；折，古章母月韵。物、月

[1] ［清］钱大昕：《跋说文解字》，载《潜研堂文集》卷二十七，第445页。

[2] 依唐作藩《上古音手册》，江苏人民出版社1982年版。下仿此。

同为入声韵，元音相近，韵尾相同，我们称之为物、月旁转，钱大昕谓之正转。

第三点，古"支"、"歌"合一。如：

> 六朝以降，古音日亡，韵书出而"支"、"歌"判然为二，而徐亦未之知也。

移，《广韵》以母支韵；多，端母歌韵。钱大昕以"移—多"为例，说明此二字今韵分属支、歌两韵，大徐不识古音，故以"多"为非声。古"支"、"歌"部关系密切，顾炎武将支部一分为二，一半归第二部，一半归第六部。段玉裁《六书音均表》，"移"为十六部，"多"为十七部，同为第六类，可以合韵。王念孙将歌归为古韵第十部，支为十一部，但"支歌二部之音相近"[1]。唐作藩《上古音手册》"移、多"二字古同为歌韵字。

第四点，古人"真、文、先、仙"诸韵互相出入。如：

> "虔"取"文"声，读若"矜"，徐云："文非声，未详。"按，古人"真、文、先、仙"诸韵互相出入。高彪诗："文武将坠，乃俾俊臣。整我皇纲，董此不虔。"此古人读"虔"如"矜"之证，而徐亦未之知也。

按，虔，《广韵》群母仙韵字；文，微母文韵；矜，群母真韵。钱大昕认为今韵"真、文、先、仙"四韵字在上古时期是界限模糊的，可以互谐，而大徐不明古音，故而以"文"非声。

第五点，"觉"、"学"本"萧、宵、肴、豪"之入声。如：

> "駮"取"爻"声，"烌"取交声，徐皆以为非声。按"觉"、"学"本萧、宵、肴、豪之入声，"钓"从"勺"，"鞄"从"包"，"翯"从"高"，"駮"从"交"，徐皆不复致疑而独疑"駮"之非声，何也？

> "虪"取"糕"声，读若"酋"，徐云："糕，侧角切，声不相近。"
按"糕"本从"焦"声，平入异而声相通。

大徐以为"爻"非声。钱大昕认为"駮"今音为入声"觉、学"类，"爻"今音为"萧、宵、肴、豪"类，古音中，"觉、学"与"萧、宵、肴、豪"是入声韵与阴声韵搭配的关系，主要元音相同，故可以相谐，大徐说误。段玉裁《六书音均表》"萧、宵、肴、豪"在第二部，"觉、学"在第三部，钱说与段氏说稍异。

虪，《广韵》平声尤韵；酋，上声有韵；糕，入声觉韵；焦，平声宵韵。焦与糕虽有平入之别，但音近也可相谐，但大徐不知。

第六点，"药、铎"本"虞、模"之入声。如：

---

[1]　［清］王念孙：《书钱氏答问说地字音后》，载《高邮王氏遗书》卷四，罗振玉辑印本。

"辂、赂"皆取"各"声，徐以"各"为非声，当从"路"省。按药、铎本虞、模之入声。"谟"从"莫"，"涸"从"固"，"缚"从"尃"，"薄"从"溥"，并取谐声。"路"之从"各"，亦谐声也。《说文》不云"各声"，盖转写之脱。徐皆不复致疑而独疑"辂、赂"之非声，何也？是古人四声相转之法，徐亦未之知也。

按，各，今铎韵字；"辂、赂、路"，今暮韵字。钱大昕认为两者是入——阴搭配，可以相谐，而大徐不明此理，以至于认为"各"为非声。段玉裁《六书音均表》第五部药、铎正与鱼、虞、模相配。

第七点，声之相转，是古音之通例。如：

郑康成谓秦人"犹"、"摇"声相近，"修"有"条"音，"繇"有"宙"音，"秋"从"龝"声（今大徐本作龝），"茅"从"矛"声，"朝"从"舟"声，"雕"从"周"声，皆声之相转，何独疑"龖"之"糕"声？是古音相通之例，徐亦未之知也。

钱大昕在论及大徐不明形声相从之例时所谓的"声"，兼指声和韵。本例中，犹，古音喻母幽韵；摇，古喻母宵韵。犹、摇为幽宵旁转。修，古心母幽韵；条，古定母幽韵。修、条为叠韵相转。繇，古喻母宵韵；宙，定母幽韵，为宵幽旁转。秋，清母幽韵；龟，见母之韵，两字为齿音与牙喉音相转。茅、矛，皆明母幽韵，古同音。朝，定母宵韵；舟，章母幽韵，两字声韵皆相近，也可相转。雕，端母幽韵；周，章母幽韵，两字声近韵同，亦可转。

从以上分析可以看出，钱大昕在肯定徐铉的同时，也对他不明形声相从之例提出了批评，指出徐氏之所以屡言"非声"，关键在于他未晓古音，不懂阴、阳、入相配之理。钱大昕认为，古字是否为形声，不能以今音为准，当以古声古韵来衡量。形声字与其声符若发音有龃龉，但只要符合阴、阳、入搭配的规律，或者声、韵相近，都可相转。钱大昕的古音研究，以古声为长，世人称道钱氏，也多为其古声纽之说，但在此处批评大徐时，钱大昕继承了顾炎武的古音"阴—入"搭配格局，充分运用阴、阳、入相转之理，解释了《说文》中的谐声问题，与其同期学者相比，有自己的特色，故显得弥足珍贵。

（2）二徐私改谐声。

《说文》九千三百五十三文，形声相从者十有其九，或取同部之声，今人所云叠韵也，或取相近之声，今人所云双声也。二徐校刊《说文》，既不审古音之异于今音，而于相近之声全然不晓，故于"从某某声"之语往往妄有刊落。然小徐犹疑而未尽改，大徐则毅然去之，其诬妄较乃弟尤甚。今略举数条言之：元，从一兀。小徐云：俗本有声字，人妄加之也。按，元兀声相近，兀读若夐，琼或作璚，是夐、旋同音，兀亦与旋同也。髡从兀，或从元。軏，《论语》作輗，皆可证元之取兀声乎？小徐不识古音，转以为俗人妄加。大徐并不载此语，则后世何知元之取兀声乎？普，从日，并声。按古音并如旁，旁、薄为双声，普、薄声亦相近。汉《中岳泰室阙铭》"并天四海，莫不蒙恩"，并天即普天也。小徐以为会意字，谓声字传写误多之，大徐遂删去声字，世竟不知有并声矣。朏，从月，出声。按出有去入两音，朏亦有普忽、芳尾两切。则朏为出声何疑？小徐乃云本无声字，有者误也。而大徐亦遂去之，此何说乎？昆，从日，比声。按，比、频声相近，毗或作蠙，昆由比得声，取相近之声也。小徐不敢质言非声，乃韧为日日比之之说，大徐采其语而去声字，毋乃是今而非古乎？[1]

另外，在《潜研堂文集》卷十一《答问八》中也有：

> 问：《说文》："稀，从禾，希声。"徐铉谓《说文》无"希"字，当从爻从巾，巾象禾之根茎，其义如何？

> 答：《说文》"稀"、"莃"、"晞"皆取希声，明有"希"字。《周礼·司服》"祭社稷五祀则希冕"，郑氏读希为缔，希即古文缔也。古文缔、绤皆从巾，今本《说文》有帣无希，盖转写漏落。徐氏巾象禾根茎之说，穿凿不足信。[2]

对于《说文》中的形声字，二徐稍异，徐锴只是"犹疑而未尽改"，徐铉则"毅然去之"，可见在私改谐声字一事上，大徐较小徐严重。从以上钱氏所举的例子来看，大徐不但有二十余组字疑为"非声"，而且直接将"元"、"普"、"朏"、"昆"四字释文中的"声"字去掉了。小徐仅有一例"元"字，但将"普"、"朏"、"稀"三字改为了会意字。钱大昕从异文、碑刻、音切等材料入手证明"元"、"普"、"朏"、"昆"、"稀"五字是形声字，结论是正确的。后世的诸多研究也证明，钱大昕的说解是对的。如《说文》段注，"元"、"普"、"稀"三字说与钱氏同，"朏"、"昆"二字则视为会意。

二徐私改谐声的消极影响很坏，钱大昕认为王安石的《字说》即滥觞于此。《宋史·王安石传》说《字说》一书"多穿凿附会，其流入于佛、老，一时学者无敢不传习，主司纯用以取士，士莫得自名一说，先儒传注一切废而不用"。钱大昕曾批评王安石说：

---

[1]　[清]钱大昕：《二徐私改谐声字》，载《十驾斋养新录》卷四，第82页。

[2]　[清]钱大昕：《答问八》，载《潜研堂文集》卷十一，第168页。

"后人不达古音,往往舍声而求义,穿凿傅会,即二徐尚不能免,至介甫益甚矣。"[1]"古之诂训,音与义必相应"[2],钱氏把明声韵当做是考求字义的基础。不明古音,即使是古人也会有臆说。在对《说文》谐声字的处理上,我们可以清晰地看到钱大昕对古音的运用:一是因声求义明通假。汉字形体各异,但在音同或音近的条件下,可以通假,以音为线索,才能不囿于汉文形体,考求汉字的意义。二是重视谐声偏旁在考求古汉字读音中的关键性作用,古字声符相同,则可以声符得音,这与段玉裁的"古同声必同部"有着异曲同工之妙。

(二)对《说文》收字的看法

1. 《说文》小篆

《说文》所收之字,据《说文解字·叙》载:"十四篇五百四十部,九千三百六十三文,重文一千一百六十三,解说凡十三万三千四百四十一字。"对于《说文》正文及重文的性质,钱大昕有自己的看法:

> 三代古文奇字,其详不可得闻,赖有许叔重之书,犹存其略。《说文》所收九千余字,古文居其大半。其引据经典,皆用古文说,间有标出古文籀文者,乃古籀之别体,非古文只此数字也。且如书中重文,往往云"篆文或作某",而正文固已作篆体矣,岂篆文亦只此数字邪。作字之始,先简而后繁,必先有一、二、三,然后有从戈之弌、弍、弎,而叔重乃注"古文"于弌、弍、弎之下,吾以是知许所言古文者,古文之别字,非"弌"古于"一"也。古文中丰而首尾锐,小篆则丰锐停匀,叔重采录古文,而以小篆法书之。后人不学,妄指《说文》为秦篆,别求所为古文,而古文之亡滋甚矣。郭忠恕《汗简》,谈古文者奉为金科玉律,以予观之,其灼然可信者,多出于《说文》,或取《说文》通用字,而郭氏不推其本,反引它书以实之,其它偏旁诡异不合《说文》者,愚固未敢深信也。予尝谓学古文者,当先求许氏书,钟鼎真赝杂出,可采者仅十之一。至于《岣嵝文》、《滕公石室文》、崔彦裕《纂古》之类,似古实俗,当置不道;而好怪之夫,依仿点画,入之楷书,目为古文,徒供有识者捧腹尔。[3]

小篆是在《史籀篇》大篆的基础上简省而成,《说文解字·叙》说得很清楚:

---

[1]　[清]钱大昕:《小学考序》,载《潜研堂文集》卷二十四,第378页。

[2]　[清]钱大昕:《答孙渊如书》,载《潜研堂文集》卷三十三,第570页。

[3]　[清]钱大昕:《跋汗简》,载《潜研堂文集》卷二十七,第448页。

秦始皇帝初兼天下，丞相李斯乃奏同之，罢其不与秦文合者。斯作《仓颉篇》，中车府令赵高作《爰历篇》，太史令胡毋敬作《博学篇》，皆取史籀大篆，或颇省改，所谓"小篆"者也。

《说文》收字九千多个，钱大昕认为这九千多个字头所用的字体多是古文。重文中所标明的古文、籀文、篆文等只是古文、籀文的异体字，它们的出现，不比字头所用的古文早。所谓古文，《说文解字·叙》说："时有六书，一曰古文，孔子壁中书也。二曰奇字，即古文而有异者也……郡国亦往往于山川得鼎彝，其铭即前代之古文。"所以"古文"就是汉代发掘出来的古文经典中的字体。黄侃说："《说文》中所云'古文'者，必有鼎彝与壁中之相类似者，既以孔氏古文为主，则鼎彝可略而不言。若谓《说文》竟无钟鼎，又非也。"[1] 所以，钱大昕认为《说文》保存了前代古文，言古文者，当以《说文》为正，不必旁求后世其他材料。

至于《说文》引据经典，钱氏所说不错。许慎在《说文解字·叙》中说："今叙篆文，合以古籀，博采通人，至于小大，信而有证，稽譔其说。"其引文，"《易》孟氏、《书》孔氏、《诗》毛氏、《礼》、《周官》、《春秋》左氏、《论语》、《孝经》，皆古文也"。八经之中，只有孟氏《易》，是今文说。汉代《易经》的传本是前代遗留下来的古文本，许慎"本从逮受古学"，因师授关系，故其引证，除采通人说外，都为古文说。

郭忠恕所撰《汗简》，征引古文凡七十一家，但这些引用的资料除石经、《说文》、《碧落碑》等十余种存世外，余皆失传。对于这些来源广泛的古文字资料，钱大昕笃信《说文》，认为《说文》所收即是古文，郭氏旁求它书不合《说文》者，未必可信。钱大昕对待《汗简》的态度几乎影响了有清一朝，钱氏之后，郑珍、郑知同父子认为《汗简》之不经则异是，其历采诸家，自《说文》、石经而外，大抵好奇之辈影附诡托"[2]。故而积数十年之功力，撰成《汗简笺正》，旨在"追穷根株，精加研核，显揭真赝所由来"。郑知同在序中说："先君子为古篆籀之学，奉《说文》为圭臬，恒苦后来之淆乱许学而伪托古文者二：在本书中有徐氏新附，在本书外有郭氏《汗简》，世不深考，漫为所掩。自宋以还，咸称新附为《说文》，与许君正文比并，已自诬惑，而《汗简》尤若真古书之遗，其奇者至推为遭秦所劫尽在于斯，而反命许书为小篆，何其倒也。"[3] 可见郑氏父子对郭书是心存疑问的。由于郑氏父子和钱大昕一样，都是奉《说文》为圭臬，所以他们对异于六书之体的《汗简》，自然是视为异端。乾

---

[1] 黄侃：《黄侃论学杂著》，中华书局1964年版，第34页。

[2] ［清］郑知同：《汗简笺正·序》，清广雅书局刊本。

[3] ［清］郑知同：《汗简笺正·序》，清广雅书局刊本。

嘉之时，没有像现代这样发掘出众多的出土文献，加之钱大昕等人对于钟鼎彝器的态度比较谨慎，这种对《汗简》的偏见一直到清末才逐步有了改观。随着出土文献资料的丰富，以王国维、叶玉森、孙海波、胡光炜、商承祚、舒连景、李学勤、黄锡全、何琳仪等为代表的学者们对《汗简》的研究日渐理性和深入。他们发现，《汗简》所收古文，虽有异于《说文》，也有别于甲金篆籀，但却与出土的战国文字颇多相合。于是，在古文字考证中，学者们开始征引《汗简》，并与今存资料相互比勘。事实证明，时代的局限和学术观念的限制，使得钱大昕过于迷信《说文》而忽视了其他古文字资料的旁证作用，加之钱大昕没有见到后来出土的战国文字，因而对《汗简》存在偏见。

2. 《说文》收字与经典用字的关系

对于《说文》所收之字，有人问为什么《说文》正文所收九千余字，不见于经典的近乎十之三四，文多而不适于用，钱大昕说：

> 今世所行九经，乃汉、魏、晋儒一家之学。叔重生于东京全盛之日，诸儒讲授，师承各别，悉能通贯，故于经师异文，采摭尤备。姑即予所知者言之，如"塙"即《易》"确乎其不可拔"之"确"。"昏"即"括囊"之"括"。"𧿙"即"跛能履"之"跛"……

在列举了三百二十三例字后，钱氏认为：

> 今人视为隐僻之字，大率经典正文也。经师之本，互有异同，叔重取其合乎古文者，称经以显之，其文异而义可通者，虽不著书名，亦兼存以俟后人之抉择。此许氏所以为命世通儒，异于专己守残，觉同门而妒道真也。[1]

《说文》收字与经典文献的关系，包括两种情况：第一种情况《说文》收有该字，但文献中从未见过或很少使用。第二种情况文献中有用字之例，但《说文》未收。黄侃先生曾谈到《说文》收字与经典用字的关系时说："《说文》承秦篆之后，增出六千字，然经典所有之字不见《说文》者以千数，《说文》中字不见经典者亦以千数。若《周礼》故书、《仪礼》古文、《三体石经》中之古文、小篆，许君当时未必不见。如虤（暴，《周礼》）、铭（《仪礼》）、第（弟，《三体石经》）等字《说文》皆不取，当以为不可采也。"[2] 可见，许氏对古文用字是有选择的。

钱大昕所举之例，属于上述第一种情况。这些不见于传世文献的字，有两种：一种是这些字本身就不是"字"，而是一些构字部件。如乚、丨、く、乙、丿、乀、丬、𠃊、山、

---

[1] ［清］钱大昕：《答问八》，载《潜研堂文集》卷十一，第 165 页。

[2] 黄侃：《文字声韵训诂笔记》，上海古籍出版社 1983 年版，第 13 页。

丆、几、屮、冂、马、儿、卩、勹、厂、匸、匚、夂、厶、夊、夂、毛、丸、彑、夨、癶、收、𡿨、个、禾、庐、夯、吅、而、冃、兆、㣻、丩、羊、㠯、虍、平、尤、宀、广、冖、先、旡、㠯、疒、犮、巛、夵、乀。这些字只能作为构字部件出现在文献中，无法单独使用，因而经典中难觅其踪。另一种是确实有很多字《说文》收录了，但在文献中很难寻到。如：鶾、㼹、奄、䞿、邨、马、哎等。

关于第二种情况文献中有用字之例但《说文》未收，从钱大昕举例来看，他觉得今之经典有不见于《说文》中者，在《说文》中必有一字以当之。

钱大昕把《说文》所收之字大多不见于当世文献的原因解释为：两汉之时，经文因师承不同，互有异文，《说文》所录文字，均是采自合乎古文的经典文字。钱大昕的解释是对的，但是不完整。

首先，我们必须要承认《说文》所收之字是来源于文献，而且是古文。因为许慎从贾逵受古学，两汉时，经学有今古文之争，许慎纂《说文》，表面上是为了传承文字之学，实际上也有彰显古文经学之嫌。即使是古文，也有师授的不同，所以文字上也有差异。许慎录字，非主一家，而是采撷各家而成。但许氏之后，这各家经说未必都有传人，我们见到的，可能仅是其中的一部分。因此，文字上有差异是难免的。

其次，汉代以后，由于汉字的发展演变和词义的变迁，人们在传抄、引用、注释先秦汉代的文献，编辑、传播新的文献载籍时，会有改字现象发生，[1] 到了清代时，经典文字与古文相比，自然会有区别。段玉裁说："童，男有辠曰奴，奴曰童，女曰妾……今人童仆字作僮，以此为僮子字，盖经典皆汉以后所改。"[2] 又如：《孟子·告子》"力不能胜一匹雏"。赵岐《孟子章句》解作"力不能胜一小雏"。以"小"训"匹"，义未能通，后人便以"匹"为量词，而以"小雏"训"雏"。实际"匹"为"尐"的讹字。《说文》："尐，少也。"《方言》中："尐，少也。"而"匹"的隶书与"尐"形近。赵岐以"小"训之，本字应当是"尐"。许慎自己也说过，自秦以来就存在"书有八体"的情形，更何况是近两千年后的清代呢？

再次，《说文》在流传的过程中也在不断地产生讹误，从李阳冰刊定《说文解字》到徐锴作《说文解字系传》，徐铉校订《说文解字》，再经元明人的翻刻，到了清代，《说文》很难是汉代当年的旧样，与文献用字相互出入，是有可能的。

总之，《说文》收字与经典用字相互有出入，这是事实，不管是哪一种情形，都与师授源流、文字流变、传抄讹误等因素密切相关。两者在形音义上存在着密切

---

[1] 陆宗达：《文字的储存与使用》，载《陆宗达语言学论文集》，北京师范大学出版社1996年版，第363页。

[2] ［清］段玉裁：《说文解字注》"童"字下注，第102页。

的关系，实际上就是我们现在所讲的繁简字、古今字、异体字、联绵词等等。[1]

3.《说文》新附字

《说文》新附字是徐铉在校定《说文》时，附于每部末之字，共计四百零二个，徐铉在《上说文表》中说：

> 凡传写《说文》者皆非其人，故错乱遗落不可尽究。今以集书正副本及群臣家藏者，备加详考，有许慎注义序列中所载而诸部不见者，审知漏落，悉从补录。复有经典相承及时俗要用，而《说文》不载者，承诏皆附益之，以广篆籀之路，亦皆形声相从，不违六书之义者。

显然，新附字的来源有三：①见于《说文》释义正文或序言但《说文》漏收者；②经典沿用而《说文》未收者；③时俗用字。徐铉是依上意而增广。新附字既然是非《说文》原书所有，所以入清后，清人对新附字的争议就没有停止过，钱大昕云：

> 问："徐鼎臣，世称精于小学，其校定《说文》，新附四百余字，大半浅俗。且如唤即奂，眸即牟，棹即濯，茍即郈，藏即臧，犝即童，蹉跎即差池，逍遥即消摇，舻艎即余皇，鼎臣既已知之而率意附益，何其自相刺谬乃尔？"
>
> 曰："大徐虽疏于经学，然能尊信《说文》，固已加人一等。乃考其所增，多委巷流传，乡壁虚造之字。至若梵、刹、僧、塔，西域之野文；钗、钏、袄、衫，闺阁之俗号；勘、办、桩、打，出于吏牍；抛、摊、赌、谜，行于街谈。欲以补斯籀之遗，点《苍》、《雅》之籍，虽小夫犹知其不可，矧在究心小学者乎？观其进表云：'复有经典相承传写及时俗要用，而《说文》不载者，承诏皆附益之。'乃知增入俗书，出于太宗之意，鼎臣羁孤疏远，处猜忌之朝，不敢引古义以力争，而间于注中微见其旨，千载以下，当原其不得已之苦心也。而张谦中辈乃据新附字以为正文，又未喻大徐之微恉矣。"[2]

钱大昕是清代学者中较早对说文新附字进行研究的学者，之后，陆续又有一些学者开始对新附字的讨论。如大昕之弟大昭有《说文徐氏新补新附考证》一卷，钱氏弟子钮树玉、毛际盛分别著有《说文新附考》六卷和《说文新附通谊》两卷，专门对新附字的来源和存废问题进行讨论。钱大昕为《说文新附考》作序云：

---

[1] 阎崇东：《钱氏兄弟与〈说文解字〉》，载《钱大昕研究》，华东理工大学出版社1997年版，第303页。

[2] ［清］钱大昕：《答问八》，载《潜研堂文集》卷十一，第174页。

六书之学，古人所谓小学也。唐时国子监有书学，《说文》、《字林》诸书，生徒分年诵习。自宋儒以洒埽应对进退为小学，而书学遂废。《说文》所以仅存者，实赖徐氏昆弟刊校之力，而大徐书流布尤广，其尊信许氏，驳正流俗沿习不知所从之字，至今缪篆家犹奉为科律。唯新附四百余文，大半委巷浅俗，虽亦形声相从，实乖《苍》、《雅》之正。而张谦中《复古编》不能别白，直认为许君本文，是诬许君矣。钮子非石家莫厘峰下，笃志好古，不为科举之业，精研文字声音训诂，本本元元，独有心得，谓《说文》县诸日月而不刊者也，而后人以新附毁之，于是博稽载籍，咨访时彦，如琡即瑾，緅即纁，劬即跔，塾即墇，本后代增加。刹即剌，抛即抱，赗即赗，乃传写讹溷。打即打，办即辨，勘即戡，乃吏牍妄造。一一疏通证明之，而其字之不必附、不当附，了然如视诸掌，岂非羽翼六书，而为骑省之诤友者乎？予初读徐氏书，病其附益字多不典，及见其进表云"复有经典相承及时俗要用而说文不载者，承诏皆附益之"，乃知所附实出太宗之意。大徐以羁旅之身，处猜忌之地，心知其非而不敢力争，往往于注中略见其旨。今得非石纠而正之，骑省如可作也，其必引为知己，决不为梁武之护前也夫。[1]

很明显，钱大昕认为新附字大半浅俗，是委巷流传，向壁虚造之字，上不了大雅之堂。新字之义，绝大多数都可在《说文》中找到其本字，所以，不必附、不当附。他对大徐的整理之功大加称赞，把新附之责归于太宗，认为大徐将俚俗之字收入《说文》，是逼不得已而为之。他还把新附字出现的原因归纳为后代增加、传写讹溷、吏牍妄造、街谈俗字四种。

郑珍、郑知同父子对钮氏一书颇有微词，在《说文新附考》一书中，对钮书多有驳证，通过逐条详细考证，对《说文》不收新附字的原因和新附字产生的年代进行了大致的界定。

清代著名的《说文》四大家也对新附字表示了关注，但各家处理的方式不一样，段玉裁注《说文》，仅录一个新附字"脭"，其余则删除不录。朱骏声《说文通训定声》中不但改动了正篆，还录入了新附字一百零七个，但仅作简单解释，无甚发明。《说文句读》仅采新附字两个，《义证》则将祢、嘲、佮、髻、阓、礒、栋七字作为《说文》逸字录入。

钱大昕对新附字关注，是出于对六书本源的思考。钱大昕认为文字六书之学，当以许慎《说文》为宗，恢复《说文》原貌，正本清源，为此则可以从源头上整顿

---

[1]　［清］钱大昕：《〈说文新附考〉序》，载《潜研堂文集》，卷二十四，第379页。

学术，以免谬种流传，贻害学人。后人如张有等人以新附字为《说文》原文，一方面是对许学的污蔑，另一方面也是学术不严谨的表现。《说文》是文字学和训诂学的渊薮，保证《说文》文本的纯正，就是在维护文字训诂之学的本源。所以，从文字和训诂学的角度来说，钱大昕的意见无疑是具有重要的意义。但从今天词汇学的角度来说，自汉至宋，语言文字已经发生了很大的变化，新兴的词汇已经大量进入了人们的日常应用之中。大徐承诏增补《说文》，显然是出于政治任务，新附四百零二字，也因此改变了《说文》的性质，《说文》不再是纯粹地反映古文，开始融入了时尚的元素。新附字虽"不典"，但经典相承，时俗要用离不开它们。它们在《说文》中的出现，也是我们考察中古文字的重要参考资料之一。

钱大昕主张新附字"不必附，不当附"的出发点是好的，但略嫌保守。他告诫我们，参证《说文》时，务必要区别许氏原文和徐氏新附字，斟酌选择，谨慎参考，才能够学有根底，说有本源。

（三）对《说文》引经的看法

对《说文》引经的研究，始于宋代，《宋史·艺文志》著录有李行中《引经字源》两卷，惜今不传。入清后，吴玉搢最早对《说文》引经进行研究，他撰有《说文引经考》两卷，补遗一卷，附一卷，全书共收《说文》引经一千一百一十二条，每条先列《说文》引经句例，然后逐条进行考证，他在《说文引经考自序》中说：

> 《说文引经考》者，考《说文》引经与今本之同异也。今经典列在学官者称为监本，隶书以《太和石经》为准，训诂一遵乎宋人。汉注唐疏，虽存弗肆，罔逸出注疏外者乎！汉太尉祭酒汝南许叔重氏著《说文解字》十五卷，所引诸经数千余言，按其同异，大约参半。非独与宋人抵牾，亦多与汉儒刺谬。字殊义别，不可画一。前人间有说者，多以不合于今本类訾其纰漏，或但以为讹误而已。搢窃疑之，用是反复推勘，参以昔贤经解，博考《释文》所列诸经异本，并及鼎彝碑版、班马文字、字书偏旁，考证韵书音读通转，久乃恍然有悟，知许氏固非尽凭臆改变，亦非尽ս风淮雨，概归狱于传写之咎也。虽历年久远，不无疑误，揆诸旧说，难以尽通，然要其大端，尚有可考：或经师授受各殊；或篆隶相承递变；或形、声近似即相通假；或以讹传讹渐至悬绝。故其间有与今本虽异而实同者；有可以并行而不背者；有今本显失不考《说文》不足以证其误者。偏旁定而后训诂明，训诂明而后经解正，不惟可以箴宋人之膏肓，且并可以起汉儒之痼疾，

其为经助，实非一端。[1]

通过考证梳理，他把《说文》引经与今时经典互异的原因归结为四点：一是经师传授不同；二是篆隶字体演变时的讹变；三是形声字之间通假；四是流传之间的讹误。

吴氏之后，王育作《说文引诗辨证》，考证六书正字。

钱大昕对《说文》引经的看法有两点。

1. 《说文》引经不举全文

（1）《说文》引经不举全文。如：

> 问：《说文》："頯，好貌，《诗》所谓'頯首'。"今《诗》无此文，何也？
>
> 曰：许氏引《诗》，往往不举全文，如"诂训"即"古训是式"，"頯首"即"蝤首蛾眉"，"蝤"与"頯"文异而义同也。《释虫》云："蛢，蜻蜻。"郭读蜻如情，与"蝤"声近。頯读疾正切，声亦相近。古文"靖"与"净"通，故"蜻"或作"頯"。[2]

"古训是式"是出自《诗经·大雅·烝民》："……古训是式，威仪是力，天子是若，明命使赋……""蝤首蛾眉"出自《诗经·卫风·硕人》："……手如柔荑，肤如凝脂，领如蝤蛴，齿如瓠犀，蝤首蛾眉……"

（2）钱大昕还注意到了《说文》引经不出书名的现象。如：

> 问："《释天》'济谓之霁'，按《洪范》：'曰雨曰霁'，《史记·宋世家》作'济'，则霁济本一字。"
>
> 曰："《说文》雨部有'霽'字，注云：'霽谓之霽'。此经霽字，当为霽之讹。叔重引经典，往往不显书名，如'词之龡矣'、'烝然鲿鲿'、'鳢鲔鲏鲏'、'一之日滭泼'、'雨雪瀌瀌'不云《诗》；'水曰润下'不云《书》；'地反物为妖'不云《春秋传》；'成间广八尺深八尺谓之洫'不云《周礼》；'足躩如也'、'趋进，翼如也'、'寝衣长一身有半'不云《论语》；'户牖之间谓之扆'、'闉谓之楄'、'一达谓之道'、'四达谓之衢'、'裳削幅谓之襂'不云《尔雅》。此'霽'谓之'霽'，必古本《尔雅》之文，当据以订郭本之误。"[3]

---

[1] ［清］吴玉搢：《说文引经考·自序》，《丛书集成初编》本。

[2] ［清］钱大昕：《答问八》，载《潜研堂文集》卷十一，第 165 页。

[3] ［清］钱大昕：《答问七》，载《潜研堂文集》卷十，第 147 页。

　　许慎引经之所以不举全文或不出书名，是因为在先秦时期，读书学习是靠口耳相传的。古者八岁入小学，十五岁入大学，学童在青少年时期就已经能够熟练地背诵各类经典文献了。因此，学子们对经典文本非常熟悉，略举一二字便可溯其篇章位置，故黄侃云："古人熟于经文，尝有剪裁两句以为一句者，不独许君为然。"[1]元明以来，由于空疏学风的影响，有的士子为求科场腾达，一生只读《四书》，不读其他经典著作。钱大昕指出了《说文》引经不全、不出书名的现象，其说的是为了提醒学子们只有广泛涉猎经典，才能正确理解《说文》本文，正确处理《说文》用字与经典用字之间的关系，为读者正确学习《说文》提供了指导。

　　（3）钱大昕认为《说文》中的引经不全是后人妄改的结果，并非许慎原文如此。如：

　　　　问：《说文》"有，不宜有也"引《春秋传》"日月有食之"为证。按《春秋》书日食，不书月食，"有"字从月不从日，叔重乃似未读《春秋》者，何故？

　　　　曰：汉儒说《春秋》，以为有者，不宜有之辞，如"有蜚"、"有蜮"、"有鸜鹆来巢"、"有星孛入于北斗"之类皆是。日有食之，月食之也，不言月食而言有食之者，扶阳抑阴之义，亦见其不宜有也。《说文》"有"从月，以月食日为不宜有，正与《春秋》义合。许氏引经，往往以己意足成其义，如"霝，升云半有半无"。本解《洪范》"曰霝"之文，而后人乃以"霝升云"为句，疑为《逸书》。窃意此文当云"《春秋传》曰，日有食之，月食之"。后人妄有改窜，遂失其旨耳。《春秋》不书月食，三尺童子知之，以五经无双之大儒而漫不省忆，必不然矣。[2]

　　"有"，《说文》："不宜有也，《春秋传》曰，日月有食之，从月又声，凡有之属皆从有。"许慎此处引《春秋》，学者多不解，段注认为此处"月"为衍字，钱氏认为"日有食之"乃是《春秋》文例，意即月食日，《春秋》原文当为"日有食之，月食之"。后人妄将两句省并为一句，于是就造成了许氏引经不全的假象。钱大昕认为许慎是汉代大儒，不会连《春秋》都没有读过，更不会犯"三尺童子"都知道的低级错误。钱氏从《春秋》文例的角度解释"日有食之"是对的，但对"有"字的解释却是错误的，非"月食日为不宜有"，《文源》云："有，持有也，古从又持肉，不从肉。"[3]是为正解。

[1] 黄侃：《文字声韵训诂笔记》，上海古籍出版社 1983 年版，第 88 页。

[2] ［清］钱大昕：《答问八》，载《潜研堂文集》卷十一，第 166 页。

[3] 转引自《汉语大字典》"有"字下林义光说，第 2041 页。

圜，今大徐本作"回行也。从口睘声。《尚书》：'曰圜'。圜，升云半有半无。读若驿"。《尚书》："曰圜"，今本作"驿"。"圜，升云半有半无"是对"圜"的注疏，钱大昕所见《说文》与今本稍异。有人以"圜圜升云"为句而疑该句为《逸书》内容，是后人不习经文，不懂句读而对许氏引经的窜改。段玉裁将此处改为："圜者，升云半有半无"，作"驿"为唐卫包所改。

2. 引证同一句话，却彼此文字有异

许氏引经，除了不举全文之外，有时引证同一句话，却彼此文字有异，《十驾斋养新录》卷四之《说文引经异文》云：

> 《说文序》云："其称《易》孟氏、《书》孔氏、《诗》毛氏、《春秋》左氏，皆古文也。"乃有同称一经而文异者，如《易》"以往吝"又作"以往遴"，"需有衣絮"又作"繻有衣"，"为的颡"又作"为駒颡"，"重门击柝"又作"重门击欜"，《书》"鸟兽氄毫"又作"鸟兽襃毛"，"方鸠僝功"又作"旁逑孱功"，"濬く巜距川"又作"睿畎浍距川"，"天用剿绝其命"又作"天用剿绝"（瀗字下）。"若颠木之有晕櫱"又作"若颠木之有晕枿"，《诗》"桃之枖枖"又作"桃之妖妖"，"江之永矣"又作"江之羕矣"，"江有汜"又作"江有洍"，"静女其袾"又作"静女其姝"，"击鼓其镗"又作"击鼓其鼞"，"是襃祥也"又作"是绁祥也"，"衣锦褧衣"又作"衣锦苘衣"，"荟兮蔚兮"又作"𦅷兮蔚兮"，"赤舄掔掔"又作"赤舄巳巳"（芑字下），"啴啴骆马"又作"瘅瘅骆马"，"不敢不踖"又作"不敢不"，"噂沓背憎"又作"傅沓背憎"，"缾之罄矣"又作"瓶之窒矣"，"无然詍詍"又作"无然呭呭"，"憬彼淮夷"又作"獷彼淮夷"（矍字下）。《春秋传》"忨岁而潋日"又作"朊岁而愒日"，《论语》"色孛如也"又作"色艴如也"，盖汉儒虽同习一家而师读相承，文字不无互异，如《周礼》杜子春、郑大夫、郑司农三家，与故书读法各异，而文字因以改变，此其证也。

钱氏把引经文字上的差异归结为师承不同。汉代传经，不但有经今、古文之别，就是两大派内部，亦有师承之别，如《诗》有齐、鲁、韩三家，《论语》有鲁、齐、古论三家，师授不同，彼此文字上是有差别的。许氏《说文》不但引经说，有时甚至会采通人说，但通人之说可能是仅来源于口头，不见文字记载，钱大昕对这类引经材料也进行了解释。如：

> 《说文》"相"字下引《易》："地可观者，莫可观于木。"今《易》

无此语，或疑《说卦》之逸文。案《说卦》"天地定位"四章，皆以雷风相对，无取象于木者。此殆是释《观卦》名义：巽上坤下，木在地上之象，其卦为观，于文木旁目为相，相亦观也。许叔重引《虞书》"仁闵覆下谓之旻天"，又"怨匹曰逑"，皆汉儒传授经说，非经本文，与此条引《易》正相似。[1]

"地可观者，莫可观于木。"今《周易》无此文，《汉书·五行志第七上》："说曰：木，东方也。于《易》，地上之木为观。"颜师古注："坤下巽上，观。巽为木，故云地上之木也。"钱大昕认为此句当是两汉经师对观卦的说解而不见于经传，段玉裁也认为"许盖引《易》观卦说也"[2]。

旻，《说文》："秋天也。从日文声。《虞书》曰：'仁闵覆下，则称旻天。'"按，段注云："覆闵，各本作闵覆，误，今依《玉篇》、《广韵》皆作'仁覆愍下谓之旻天'订，此古《尚书》说也，与《毛诗·王风》传同。"《诗经·王风·黍离》："悠悠苍天，此何人哉。"毛传："仁覆闵下，则称旻天。"

"怨匹曰逑"，《诗·关雎》"君子好逑"、《兔罝》"公侯好仇"郑笺："怨耦曰仇。""怨匹曰逑"，与今本不同，当另有所本。

在钱氏之后，有李富孙的《说文辨字正俗》、臧礼堂的《说文解字经考》、陈寿祺的《说文经字考》、张澍的《说文引论经考证》、严章福的《经典通用考》、林伯桐的《说文经字本义》、程际盛的《说文解字引经考》、李惇的《说文引书字异考》、吴云蒸的《说文引经异字》、承培元的《说文引经证例》、高翔麟的《说文经典异字释》、陈瑑的《说文引经考证》、周学汝的《说文经字考》、徐鼒的《说文引经考》、柳容宗的《说文引经考异》、雷浚的《说文引经例辨》、俞樾的《说文经字考》等都对《说文》引经进行了详细的考论，可见钱大昕倡导的引经研究在当时的积极意义。

（四）对《说文》学的贡献

钱大昕对《说文》学的贡献主要体现在两个方面。

（1）能从宏观上把握《说文》中具有规律性的语言现象或文献编纂体例。从举一反三之例、连篆读之例、读若之例到对二徐的批评、对《说文》收字的看法、对《说文》引经的看法等等，无不体现了钱大昕对文献高屋建瓴的整体把握能力。他的观点一经提出，便引起了《说文》研究界的广泛响应，产生了很好的学术效应，一大批学者在这种学术氛围的感召下，纷纷致力于小学的研究，把对《说文》的研究推

---

[1] ［清］钱大昕：《说文引易》，载《十驾斋养新录》卷一，第12页。

[2] ［清］段玉裁：《说文解字注》"相"字下注，第133页。

向了高潮。钱大昕对清代《说文》学的勃兴，起到了开风气之先的作用，钱氏一族与钱氏弟子，从事《说文》及文字研究者不乏其人，如：朱骏声有《说文通训定声》、《小尔雅约注》以及《释庙》、《释车》、《释帛》、《释色》、《释词》、《释农具》；邵晋涵有《尔雅正义》；臧庸有《尔雅汉注》；钱大昭有《尔雅释文补》、《广雅疏义》、《说文统释》；族子钱坫有《说文解字斠诠》、《尔雅古义》、《尔雅释地四篇注》、《十经文字通正书》；钱塘有《说文声系》；钱绎有《说文解字读若考》、《说文解字阙疑补》；钱侗有《说文重文小笺》，连段玉裁也自称为钱氏弟子。钱大昕虽然没有像《说文》四大家那样推出自己的《说文》学专著，但他对清代《说文》研究的贡献，已经不是用一部著作可以衡量得了的。

（2）钱大昕能够把自己的音韵学知识运用到《说文》、《尔雅》等字书的训诂中去，以音为关键，真正做到了因声求义，许多训诂中的疑难问题，在他的疏解下，涣然冰释。钱大昕的著述在结集刊刻前，曾有手稿本《说文答问》一卷，书刚写完，学者们便竞相传抄，之后薛传均、承培元、潘承弼等人又在《说文答问》的基础上进一步进行疏证，其中仅薛传均《说文答问疏证》传刻的版本就有七个之多，[1] 足见钱大昕在字义训诂上的影响。他以声纽为纲，兼及古韵，对文献用字中的音义关系进行了很好的揭示，在清代小学训诂中，独树一帜。

第三节　钱大昕的金石文字学

金石文字包括古代刻于金属器皿上的铭文、玺印文字以及历代碑刻文字等，由于承载文字的材料要么是金属，要么是石头，因此可以历经千百年风雨和水火的侵蚀而不至于完全灰飞烟灭。从宋代开始，就兴起了一门专门的学问——金石学。以金石文字作为依据材料来考史，早在宋代就已经开始了，但是宋代的金石之学，尚处于发展阶段，以金石考史也是偶尔为之，更多的收藏者是把金石当做一种书法作品或文物藏品来欣赏，是一种文人雅好。前文已有所述及，入清后，金石文字学才逐渐走向巅峰。在众多的金石文字学家中，钱大昕无疑是其中最出色的一位。王鸣盛称"余妹婿钱少詹竹汀《潜研堂金石文跋尾》，乃尽掩七家出其上，遂为古今金石学之冠"[2]。

钱大昕几乎一生都与金石有不解之缘，从嘉定县城求学一直到终老，他始终都没有停止过收藏和整理金石文字。乾隆七年，钱大昕入嘉定县城从曹桂芳先生学，

[1]　潘承弼：《说文答问疏证校异》，载《国立北平图书馆刊 1934 年》第 8 卷第 5 号。

[2]　［清］王鸣盛：《潜研堂金石文跋尾序》，载《潜研堂金石文跋尾》。

课业之暇，就到大报国圆通寺游玩，"摩挲赵松雪碑，辄移时不去"[1]。乾隆十四年，入紫阳书院求学后，与王昶、曹仁虎等一批同学"遍游伽蓝古刹，访唐以前石刻"[2]。跋《四明程振父等题名》云："予弱冠时，即摩挲此石。"[3] 跋《蕲忠武王韩世忠碑》云："予少时，偕王琴德、吴企晋、曹来殷辈为上沙之游，屡摩挲焉。"[4] 青少年时期钱大昕就对金石碑刻产生了浓厚的兴趣，这为他以后的金石学术研究打下了坚实的基础。

入京后，钱在公事之余，经常出入琉璃厂书市，"购得汉唐石刻二三百种，晨夕校勘，证以史事，辄为跋尾"[5]，以金石文字证史，在这一时期就正式开始了。除此之外，钱大昕还与一班同僚畅游京师西山、白云观、法源寺等名胜。在悯忠寺，他经过数次访求，终于在乱草丛中访得了《悯忠寺观音菩萨地宫舍利函记》石刻；在大隆善护国寺，发现了《隆安选公传戒碑》，为他从事《元史》考证，提供了极大的帮助。

由于长期供职于翰林院，担任过乾隆帝的日讲起居注官、地方学政和主考官，钱大昕常利用偕皇帝出巡和主政地方的机会，见识和搜罗了大批金石材料。每到一处，"得一断碑残刻，必剔藓拂尘，摩挲审读而后去"[6]。

经过数年的积累，他写就了各类金石跋文二百多篇。乾隆三十六年，学生李文藻为之刊印《金石文跋尾》六卷。

因父丧归里后的乾隆四十三年，钱大昕应总督高晋之邀，赴南京任钟山书院院长。江浙一带，在汉魏以来一直就是中国古代文化的重镇，历代的文人雅士在这里留下了无数的碑刻资料。钱大昕在辞官归田后，先后游览了会稽山、兰亭，"老城内外诸名胜屐齿几遍"。"在江宁，访求金石刻，手拓吴天玺《纪功碑》及梁《始兴》、《安成》、《吴平》三碑，所得南唐、宋、元、石刻甚多。"[7] 还与他的学生孙星衍一起慕名前往茅山访碑，寻得《华阳三洞景昭大法师碑》、《玄静先生石碑》残片，《乾元观妙先生幽光显扬之碑》。通过在南京任教的机会，钱大昕经过四年的辛勤搜罗与整理，在学生姚学甲的主持下，《金石文跋尾》续刊得以完成，收跋文二百余篇。

次年，他又亲自整理家藏金石刻目录，成《金石后录》八卷，因与前人书名相重，后更名为《潜研堂金石文字目录》。

———————

[1]　[清]钱大昕：《大报国圆通寺记》，载《潜研堂金石文跋尾》卷十九。

[2]　[清]钱大昕：《大佛顶陁罗尼幢》，载《潜研堂金石文跋尾》卷十一。

[3]　[清]钱大昕：《四明程振父等题名》，载《潜研堂金石文跋尾》卷十七。

[4]　[清]钱大昕：《蕲忠武王韩世忠碑》，载《潜研堂金石文跋尾》卷十六。

[5]　[清]钱大昕：《竹汀居士年谱》，载《嘉定钱大昕全集》第一册，第14页。

[6]　[清]瞿中溶：《潜研堂金石文字目录》卷末跋，载《潜研堂金石文字目录》卷末。

[7]　[清]钱大昕：《竹汀居士年谱》，载《嘉定钱大昕全集》第一册，第28页。

乾隆五十四年入主紫阳书院后，钱大昕在授课之余，不顾年事已高，与自己的一班老友和课业弟子们一起，踏遍洞庭西山，天平、灵岩诸山，遍历寺院访求碑刻，并将搜集到的拓片对象予以考订整理，陆续又编订出了《金石录》、《金石考异》、《金石文跋尾三集》、《金石文跋尾四集》等金石文字专著，真正是"至老而弥笃"。钱大昕去世后，瞿中溶、许希冲在整理钱大昕的金石拓片时，已远远超过二千通了。

一、金石著作情况

钱大昕的金石文字学成就丰富，主要的著作有《潜研堂金石文跋尾》二十五卷、《潜研堂金石文字目录》八卷、《天一阁碑目》一卷。

《潜研堂金石文跋尾》是从乾隆三十六年陆续积累而成，每积至二百余篇，他的学生就会拿去刻印，先后共印了四集二十五卷。今收入《嘉定钱大昕全集》第六册中，据马小能《钱大昕的金石学成就》统计，《跋尾》共收跋语八百二十四通（不计碑阴），具体为：三代七通、秦三通、两汉四十二通、曹魏五通、孙吴三通、两晋五通、前秦一通、梁三通、北魏二十四通、北齐十一通、北周五通、后梁三通、后唐五通、后晋六通、后汉一通、后周八通、吴二通、吴越五通、闽一通、南汉一通、北汉一通、南唐四通、后蜀四通、隋十八通、唐二百六十一通、宋二百四十三通、辽七通、金二十二通、元一百二十三通。[1]

另还有金属器物铭文二十八通，砖文跋二通，契券文跋二通。[2]

数据显示，跋尾所收金石，上自三代，下迄宋元。上古拓片，因年代久远，或损毁，或未发现，故钱氏著录极少，唐宋二朝，因国力强盛，加之当时树碑立传之风盛行，所以这两朝碑刻加上元代的一百二十三通，共占了总数的一半还多。丰富的材料让他在校读经籍时，能得心应手。

《潜研堂金石文字目录》八卷，是钱大昕家藏拓片的总目录，所收计有二千二百一十三通。[3]

《天一阁碑目》为乾隆五十二年钱大昕应张芑堂之约，赴天一阁参观而作，其《天一阁碑目序》云：

> 四明范侍郎天一阁藏书，名重海内久矣，其藏弆碑刻尤富，顾世无知之者。癸卯夏，予游天台，道出鄞，老友李汇川始为予言之，亟叩主人，启香厨而出之，浩如烟海，未遑竟读。今年予复至鄞，适海盐张芑堂以摹

---

[1] 马小能：《钱大昕的金石学成就》，河南师范大学 2007 年硕士学位论文。

[2] 郭洪卫：《〈潜研堂金石文跋尾〉研究》，西南大学 2008 年硕士学位论文。

[3] 马小能：《钱大昕的金石学成就》，河南师范大学 2007 年硕士学位论文。

石鼓文寓范氏，而侍郎之六世孙苇舟亦耽嗜法书，三人者晨夕过从，嗜好略相似，因言天一石刻之富，不减欧、赵，而未有目录传诸后世，岂非阙事。乃相约撰次之，拂尘袪蠹，手披目览几及十日。去其重复者，自三代讫宋、元，凡五百八十余通，以时代先后为次，并记撰书人姓名，俾后来有考。明碑亦有字画可喜者，以近，不著录，仿欧、赵之例也。[1]

除以上三本金石专著专门收集金石碑刻材料外，《十驾斋养新录》及《余录》也有六十多条笔记涉及金石材料；《潜研堂文集》收有与金石有关的各类杂记、序、跋约七十余篇；《廿二史考异》等考史著作中也散见一些金石材料，这些都是我们研究钱大昕金石成就的宝贵资料。

二、钱大昕金石文字学的内容

从对钱氏金石材料的内容分析来看，我们觉得，他主要是围绕四个方面来开展研究的：搜集、编目、释读、利用。前两者，前文已经论及，不再赘述。下面将重点讨论释读和利用两个方面：

（一）释读金石文献

金石文献具有很高的史料价值，但由于年代久远，要想获取其中的历史信息，就必须要对碑文、铭文进行辨识。这是金石收藏中最基本也是最重要的一环，辨识的结果将直接决定金石文献的历史价值。钱大昕有着很高的小学素养，精于文字音韵训诂之学。面对数百年前的金石材料，他也能正确辨识，为利用金石校补群书打下了基础。

1. 辨正俗体字

在历代碑刻中，除了石经之外，许多碑文都出自民间，包括墓志、寺庙题铭、山川名胜刻石等。因此，其中文字与官方使用的正体字是有出入的，最明显的就是俗体字多，书写不规范的情况很普遍。钱大昕通过考辩，对文字的形体进行了辨正。如：

《潜研堂金石文字跋尾》卷三《董洪达造像记》："此碑别体字其多，如斋作斋，老作尮，率作𡨍，徒作徒，次作冹，彼作佊，后作俊，标作橺，体作躰，渠作㳥，布作希，眇作眇，微作微，天作无，火作大，吉作吂，显作顕，曇作曇，业作業，遐迩作敪尔，蓝田作滥田之类。"

再如卷一《卫尉衡方碑》、《白石神君碑》；卷二《金刚般若经》石刻、《李

[1] ［清］钱大昕：《天一阁碑目序》，载《潜研堂文集》卷二十五，第395页。

仲琁修孔子庙碑》；卷三《邑主造石像碑》、《造丈八大像颂》碑；卷四《观音寺碣》、《孔子庙堂碑》；卷六《兖公之颂》；卷七《奉先寺记》、《岵台铭》；卷十三《崇教寺辟支佛塔记》；卷十四《仇公著墓志》；卷十五《似袈等题名》；卷十六《梅隐庵记》；卷十七《徐清叟题名》；卷十八《重修府学教养碑》等都记录了大量的民间俗字。[1]钱大昕对俗体字的研究，是一个很好的开端，后来清代赵之谦有《六朝别字记》，近代罗振玉有《碑别字》，显然都是受了钱大昕的影响。

在辨正俗体字的同时，钱大昕还能依据字书，考定文字流变的轨迹。如《潜研堂金石文字跋尾》卷一《校官碑》：有"亲臤宝智"、"师臤作朋"句，钱大昕引《说文》云："臤，坚也，古文以为贤字。"《公羊传》："郑伯坚卒。"《释文》："本作臤。"《疏》云："《穀梁》作贤。"最后认为"盖臤、贤本一字，古今文异尔。其碑'笾豆'作'虇'，为籀文之变"。按，"贤"，段玉裁释为"多财"，臤贤通假。

又如卷一《淳于长夏碑》："沇州本因沇水得名，今《尚书》沇州之沇作兖，与沇水异文，而《说文》无兖字，篆书家不知兖字所从，难以下笔，予谓古文从水者，或用立水，如江河之类，或用横水，如益、頮之类。沇本立水，或从横水作㳙，而隶变为兖尔。"《说文》有"沇"无"兖"，"兖"字最早见于东汉《礼器碑》阴。钱氏通过跋尾文字，清楚地展示出了从"沇"到"兖"的流变原因和过程。

又如卷二《严山纪功碑》碑文有"桼月己酉朔"句，钱大昕据此考证数字"柒"的来源：

> 《北史·上党王涣传》："初，术士言亡高者黑衣，文宣问左右曰：'何物最黑？'对曰：'莫过漆。'帝以涣第七，为当之。"此碑亦借桼为七，《王莽侯钲铭》亦云："重五十桼斤。"则两文相通久矣。《考工记》、《史记·货殖列传》桼字皆无水旁，惟"漆沮"之漆乃从水，然经典多通用。张参《五经文字》计字数皆用壹贰叁肆等字，而七作漆，今世俗通用柒，即漆之草书。真、草各自一家，不可变草作真，如尽为尽，兴为兴，皆草书减省，而俚俗用之。宋时闽中麻沙板本，往往有此等字，此亦六书之厄也。

《说文》收"桼、漆"两字，前者指油漆，后者指水名。今检十三经，《周礼·考工记》："参分其牙围而漆其二，椁其漆内而中诎之。"中华书局本《史记·货殖列传》："山东多鱼、盐、漆、丝、声色。"例中三"漆"均为"油漆"义而不用"桼"。与钱说不符，盖今本为后人所改，抑或钱氏所见之本与今本不同。"桼"、"七"古通用，扬雄《太玄·摛》："运诸桼政，系之泰始极焉。"范望注："桼政，日、月、五星也。"

---

[1] 因为不规范的俗体字太多的缘故，电脑字库无法显示，所以举例从略。

又《虞公温彦博碑》考证逮、逮、沓的使用情况时也是非常精当的：

> 《说文》"逮，行谨逮逮也；逮，及也。"率更往往借逮为逮，如《醴泉铭》"逮乎立年"，此碑"逮辅德愍报"皆是。《尔雅》："逮，沓也。"《方言》："沓，及也。"《礼记》"所以逮贱也。"《释文》云："本作沓。"《公羊传》"祖之所逮闻也。"《汉石经》亦作沓，是逮、沓二字古书通用。隶、楷相承，变沓为逮，遂与"逮逮"字相混尔。

钱大昕认为在汉以前，逮、沓义同音近，可以通用，后来因字体书写变异，沓写成了逮，字形与"行谨逮逮"偶合，但并不取"行谨逮逮"的音义，其说甚确。

又如《洛阳乡望父老等造像记》"谨于此堪敬造尊仪"，钱云：

> 《说文》："堪，地突也。"《金石录》载后魏《天柱山东堪石室铭》正用此义。读此刻知唐人犹识古训。今"佛堪"字多借用"龛"字，而堪之本义遂晦矣。

按，龛，《说文》释作"龙皃"。"佛龛"字本应作"堪"，今写作"龛"，为通假字。《说文》："堪，地突也。"《方言》卷十二："堪，载也。"《广雅·释诂二》："堪，载也。"又《释诂三》："堪、龛、受，盛也。"王念孙疏证："凡言堪受者，即是容盛之义。龛与堪声义亦同。"《慧琳音义》卷六十一"安龛"注引《考声》云："凿山壁为坎安佛像也。"《慧琳音义》卷六十一"为龛"注引《韵诠》云："龛，龙穴也。"龛、堪两字同为溪母覃韵字，故可通假。

钱大昕不仅考证了俗体字的正体来源，对字体讹变的源流轨迹进行了分析，而且还在《金石文字跋尾》、《唐石经考异》中以"下同"、"下放此"、"某多作某"等术语告知读者俗体字产生的几种类型：

有偏旁发生位移的，如《金石文字跋尾》卷三《张景晖造像记》中"晖—晕"；卷五《亳州冯本纪孝碑》："飚—猋、敦—衺"；卷七《李氏迁先茔记》："泉—泊"等。

有省写部分笔画的，如卷五《陶府君德政碑》中的"艺—艺"；卷六《御注道德经》中"戉—戈"等。

有添笔的，如"儒—儒"、"师—師"、"央—夬"、"舍—撍"等。

有偏旁置换的，如"鸥—鹢"、"抱—恒"等。

有的不是俗体字，但因为避讳，字体改易，难以辨认，如《香积寺主净业法师塔铭》中"葉—菜"。

2. 从音韵入手，训释碑刻

明声音是通经明史的重要途径之一，古人行文多用通假字，不明通假，自然文义难晓，碑文也不例外，钱氏经常在跋尾中指出碑文中的通假字。如：

《金石文字跋尾》卷一《竹邑侯相张寿碑》，碑文有"觊觊虎视，不折其节"，钱大昕引《说文》："眈，视近而志远也。觊，内视也。""觊与眈音同而义亦相近。先儒传《易》，皆作'虎视眈眈'，此《碑》乃作'觊觊'，是古人固通用矣。王辅嗣释'眈眈'，以为威而不猛。"觊为中古昌母字，眈为端母字，古音同部，故可通用。

卷一《泰山都尉孔庙碑》"天姿醇嘏"、"祗傅五教"，钱氏认为"醇嘏"即"纯嘏"，"祗傅"即"敬敷"，铭词以虔、豳二字叶阳唐庚青韵，吴才老《韵补》所未收。按，"纯嘏"语出《诗经·鲁颂·閟宫》："天锡公纯嘏，眉寿保鲁。"醇为通假字。虔、豳分别为中古仙韵、真韵字，二字与阳唐庚青韵相押，则可证上古仙、真两部可通。上文在论述二徐私改谐声时，钱大昕也说过：

> "虔"取"文"声，读若"矜"，徐云："文非声，未详。"按，古人"真、文、先、仙"诸韵互相出入。高彪诗："文武将坠，乃俾俊臣。整我皇纲，董此不虔。"此古人读"虔"如"矜"之证，而徐亦未之知也。

此又添一"真"、"文"、"先"、仙"诸韵互相出入的明证。

卷二《中岳嵩阳寺碑》："碑书'驯兽'为'巡兽'，'汪洋'为'汪庠'，此古字之通用者。"

卷三《敬史君显俊碑碑阴》有"默曹"、"苌社令"等官职，钱大昕引《隋书·百官志》中有"墨曹"无"默曹"，是借"默"为"墨"。其云"苌社令者，借'苌'为'长'也"。

卷三《宋文彪等造澧水石桥碑》有云"斜眺衡彰"、"却瞻瀛竭"，钱氏以为碑以"彰"为"漳"、以"竭"为"碣"，古人偏旁相同之字多可代用。

卷三《章仇氏造像碑》有章仇卝娘名，钱大昕引瞿中溶说"卝"即"五"字。又《敬史君碑》"尤圆鸾施田仵拾亩"，钱说是借"仵拾"为"五十"，卝、仵同音，故亦可借用。

卷六《麓山寺碑》有"刺史夏侯公讳祥"，钱云："《梁书》、《南史》俱作'详'。古书祥、详二文恒通用。"

卷九《琅琊王夫人墓铭》有"忽染膏荒之疾"文，钱云："借'荒'为'肓'也。"

对于碑文中的连绵词，钱大昕也能不拘于字形，因声求义，不限形体。如《金石文字跋尾》卷一《司隶校尉杨孟文石门颂》有"高祖受命，兴于汉中，建定帝位，以汉诋焉"句，钱认为"诋"为"氏"，是仿陶唐氏、有虞氏之例，洪文惠读诋为抵，是"失其义矣"。"枪砀"犹言"枪唐"，古文"唐"为"喝"，碑又变为"砀"，其义一也。"股朐"疑即"股肱"字，"垓鬲"义与"阂隔"同。欧阳修《集古录跋尾》卷三有《后汉司隶杨君碑》，文字不全，多有简省，文尾云："独诋字未详"。钱氏引文，洪适《隶释》作："高祖受命，兴于汉中。道由子午，出散入秦。建定帝位，以汉诋焉。后以子午，途路涩难。更随围谷，复通堂光……"[1] 钱氏抄录，文句亦有简省。翁方纲《两汉金石记》云："'以汉诋焉'，洪谓'诋'是'抵'字。愚按：此'诋'字下无点，与'诋'不同，当是'氏'字，犹《费汛碑》以'妷'为'氏'也。《潜研堂金石文跋尾》云……"依文意，当以钱说为是。

（二）利用金石文献

从青年时期开始，钱大昕就开始对金石文字材料进行考释，其成就不仅超过了宋代的欧阳修、赵明诚等人，就是在清代，也是首屈一指的。他继承了《集古录》、《金石录》等金石文献以题跋形式发论考证史实的传统，在其跋尾及目录中，大量运用已有的考释成果，对四部经典进行了校释和补证。他说："竹帛之文，久而易坏，手抄板刻，展转失真；独金石铭勒，出于千百载以前，犹见古人真面目，其文其事，信而有征，故可宝也。"[2] 又说："盖尝论书契以还，风移俗易，后人恒有不及见古人之叹。文籍传写，久而踳讹，唯吉金乐石，流转人间，虽千百年之后，犹能辨其点画而审其异同，金石之寿，实大有助于经史焉。"[3] 他将金石材料与传世文献进行互证，考证上古声类，纠正今本十二经之误，补订史部文献中的缺讹。

1. 对音韵学的补证

钱大昕善于引用古代碑刻，论证古代的声类情况。如：

> 古读蕃如卞。《汉书·成帝纪》引《书》"于蕃时雍"，于蕃即于变也。《孔宙碑》又云"于卞时雍"，卞、变、蕃皆同音。

> 古音逢如蓬……后世声韵之学行，妄生分别，以"鼓逢逢"读重唇入东韵，"相逢"字读轻唇入锺韵，又别造一逢字，转为薄江切。训人姓改"逢蒙"、"逢丑父"之逢为逢以实之，则真大谬矣。洪氏《隶释》引司马相如云："乌获、逢蒙之巧。"王褒云 ："逢门子，弯乌号。"《艺文志》亦作逢门，即逢蒙也。《古今人表》有逢于何数人，阳朔中有太仆逢信，《左传》有

[1] ［宋］洪适：《司隶校尉杨孟文石门颂》，载《隶释、隶续》，中华书局1985年版，第49页。

[2] ［清］钱大昕：《关中金石记》，载《潜研堂文集》卷二十五，第396页。

[3] ［清］钱大昕：《山左金石志序》，载《潜研堂文集》卷二十五，第397页。

逢伯陵、逢丑父矣，汉有逢萌，《庄子》"羿、逢蒙不能眣睨"，《淮南子》"重以逢蒙门子之巧"皆作逢迎之"逢"。石刻有《汉故博士赵傅逢府君神道逢童子碑》，其篆文皆从夆。《魏元丕碑》有逢牧，《孔宙碑》阴有逢祈，《逢盛碑》阴有逢信，亦不书作逢。[1]

钱大昕引用石刻《汉故博士赵傅逢府君神道逢童子碑》、《魏元丕碑》、《孔宙碑》、《逢盛碑》论证了"古无轻唇"。另外，"舌音类隔之说不可信"条："古读枨如棠……后汉《王政碑》'有羔羊之节，无申棠之欲'，则申枨、申棠一人耳。"论"古人多舌音"时引《峄山碑》"动从童"，都起到了很关键的作用。

以音为切入点，借助金石材料，对少数民族音译词进行考证、校勘也是钱大昕的一大特色。钱氏通晓蒙古语，又擅长音韵，时人称其"习蒙古语，故考核金、元诸史及外藩地名，非他儒之所易及者"[2]。所以他能在考辩少数民族音译词时，尤为得心应手。如：

> 昆山顾氏谓今之回回即唐之回纥者，非也。其谓元之畏兀即回鹘之转声则是也。元时畏兀儿亦称畏吾儿，赵子昂撰《赵国文定公碑》云："回鹘北庭人，今所谓畏吾儿也。"欧阳原功撰《高昌偰氏家传》云："伟兀者，回鹘之转声也。其地本在哈剌和林，今之和宁路也。后徙居北庭，北庭者，今之别失八里城也，会高昌国微，乃并取高昌而有之。高昌者，今哈剌和绰也。今伟兀称高昌地，则高昌人则回鹘也。"伟兀亦畏兀之异文，而回鹘即回纥，赵欧二公言之悉矣。回回与回鹘声虽相近而实非一种，《元史·太祖纪》："汪罕走河西、回鹘、回回三国。"《世祖纪》："定拟军官格例，以河西回回、畏吾儿等依各官品充万户府达鲁花赤。"《文宗纪》："各道廉访司官，用蒙古二人，畏兀、河西、回回、汉人各一人。"《薛塔剌海传》："从征回回、河西、钦察、畏兀儿诸国。"《明史·哈密传》云："其地种落杂居，一曰回回、一曰畏兀儿、一曰哈剌灰，其头目不相统属。"又云："哈密故有回回、畏兀儿、哈剌灰三种。"则回回与回鹘故区以别矣。惟阿合马本回回人，而《元史·奸臣传》以为回纥，此或转写之讹。今据南村所载色目三十一种，有畏吾兀，又有回回，则顾氏谓回回即回纥，其不足据明矣。[3]

钱大昕通过家传、碑文和《元史》资料进行综合考辨，认为回回、回纥、畏吾儿（又写作畏兀儿、畏兀、回鹘、伟兀）三者是不同的民族。"畏吾儿"虽写法各异，

---

[1] ［清］钱大昕：《古无轻唇音》，载《十驾斋养新录》卷五，第125页。

[2] ［清］昭梿：《钱辛楣之博》，载《啸亭杂录》，中华书局1980年版，第222页。

[3] ［清］钱大昕：《跋南村辍耕录》，载《潜研堂文集》卷三十，第517页。

但译无定字，当以音为准。

再如《金石文字跋尾》卷七《王忠嗣碑》云："吐蕃者，南凉秃发利鹿孤之后，音转为吐蕃，《碑》称吐蕃为秃发。"

又如卷九《窣堵波塔铭》云：

> 释元应《一切经音义》云："宝塔，诸经论中或作'薮斗波'，或作'塔婆'，或云'兜婆'，或言'偷婆'，或言'苏偷婆'或言'脂帝浮都'，亦言'支提孚图'，皆讹略也。正言'窣覩波'。此译云'庙'，或云'方坟'，此义翻也。"案：元应以"窣覩波"为正，此又作"堵"，译音无定字也。"窣覩波"与"塔"即非二物，此题云"窣堵波塔"，重复无当，盖唐人不知梵义者为之耳。予尝谓古无"塔"字，唯葛洪《字苑》有之，云："佛堂也，音它合反。"见《一切经音义》。据元应所述诸文，斗也，兜也，帝也，覩也，皆与"塔"声相近。释教初入中国，"塔婆"字本当为"荅"，后人增加土旁，而稚川承之，其音为"他合切"者，又即"偷婆"之转声也。

"译音无定字"，是钱大昕的一个重要观点，正是基于这种认识，他才知道"薮斗波"、"塔婆"、"兜波"、"偷婆"、"苏偷婆"、"脂帝浮都"、"支提浮图"、"窣覩波"、"窣堵波"，尽管书写形式各异，但其意都是指塔，《说文》无塔字，徐铉新附才有。郑知同《说文新附考》引钮树玉说"塔"起于释氏，初借剎字当之，剎之俗字作𠛽，𠛽又讹为剎。郑氏还有另一说："塔字初亦止借鞳，齐梁间乃有塔字，葛洪始收之。剎与塔一也，音有轻重耳。"[1] 王玉树《说文拈字》云："塔字诸书所无，惟见葛洪《字苑》，是晋以前尚无此字也。"[2] 钱说塔初当为荅。荅，《说文》云："小未也。"鞳，《说文》无，《玉篇》释作"兵器"。《广韵》释作"钟声"。古代佛经翻译，非出于一家，译无定字的现象是有可能的，以上各家考定文字不同，都是出于拟音，实无定字。

2. 对儒家经典的考校

将儒家经典刻于石，在汉代就有《熹平石经》，魏有《三体石经》，唐有《开成石经》，五代有《蜀石经》、《二体石经》，南宋有《御书石经》，清有《清石经》。唐《开成石经》至今保存完好，"后唐雕版实依之，句度钞写，为近世版本之祖，乃阅宋元明未有过而问者，顾氏炎武始一读之，然误以王尧惠等补字为正本，又惑于装潢者所颠倒舛错，且剜取亦多未备"[3]。对于传世经书的错讹，钱大昕"于

---

[1] ［清］郑珍、郑知同：《说文新附考》，《续修四库全书》本，第 336 页。

[2] 转引自《汉语大字典》第一卷，湖北辞书出版社 2001 年版，第 460 页。

[3] ［清］孙毓修：《唐石经考异跋》，载《唐石经考异》卷末。

癸巳岁取石本校勘再三，乃知此经自开成初刻以后，几经后人之手，乾符修改，一也；后梁补阙，二也；北宋人旁注，三也。若明人补刻阙字，则别为一石，不与本文相淆，而世俗装潢者欲经文完具，乃取明刻翦割联缀之，遂不复别识。顾氏所举石经之失，大半出于明刻，而援为口实，不知其装潢本所误也"[1]。钱大昕将《开成石经》与传世十二经对照，写成了《唐石经考异》。其书"斥旁添字之谬误，辨磨改字之异同，又据石本以正版本，皆精审不苟发前人所未发"[2]。书成后，并未刊行，有袁又恺手写本传世，后经臧镛堂、顾千里、瞿木夫等人校勘行世。该书主要从以下五个方面对十二经进行对比研究：

（1）详列各版本异同，不加按断。

《唐石经考异》以各经文章节为序，依次列出有异文的石经原句，每句之下，详列传世各本异同，如：

> 《匏有苦叶》："济盈而不濡轨"，岳本、今本轨作軏。

> 《定之方中》："终然允臧"，今本然作焉，山井鼎云：宋版作然，岳本作然。

钱氏只是详列异同，未定是非，在没有确切把握的情况下不冒然下结论，是钱大昕一贯的求实作风，详列异文，给后人留下了进一步考证和研究的空间，也留下了珍贵的版本信息。

（2）指出版本异文的原因。

对于有的版本异义，钱氏明确加以判断，分析彼此异文的原因：

有因避讳而有异义的，如：石经《雄雉》："泄泄其羽。"钱大昕云："本泄字，石刻作泄，避太宗讳。"石经《十亩之间》："桑者泄泄兮。"钱大昕云："泄作泄，避讳。"《毛诗》中有多处涉及泄字避讳的，钱大昕都一一指出。

有的指出今本的俗体字，如《仪礼·士冠礼》："宾苔拜。"钱氏云："经文苔字并从艹，今本从竹，俗。"按，《左传·宣公二年》："既合而来奔。"杜预注："合犹苔也。"《玉篇·艹部》："苔，当也。"故钱说为是。

有因字体形近而误的，如《仪礼·燕礼》："洗象觯，升实之。"钱云："今本实作宾，误。"又《仪礼·大射礼》："大史于于侯之东北。"钱云："今本史作夫，误。宋本亦作史。"又《仪礼·聘礼》："士帅没其竟。"钱大昕云："毛本帅作师，误。"又《礼记·少仪》："赗马与其币。"钱云："毛本币作弊。"

有彼此是古今字的，如《仪礼·士冠礼》中"至于庙门揖入"，钱注："今本庙作廟。"

[1] ［清］钱大昕：《国子学石经》，载《潜研堂金石文字跋尾》卷九，第220页。

[2] ［清］孙毓修：《唐石经考异跋》，载《唐石经考异》卷末。

段注："见《礼经》十七篇。凡十七篇皆作庿，注皆作廟。"按，廟，《说文》："尊先祖皃也，从广朝声。庿，古文。"《春秋》"昔成公逊于陈"，钱注："逊本作孙，后人加辵旁。按，诸卷孙字皆无辵旁，后人妄添之。"

有的是通假字关系的，如《春秋》中"四方其顺之"，钱注："今本顺作训，盖后人依诗文改之，据正义云：'四方诸国皆顺从之'，是古本作顺也。岳本亦作顺。大昕按，古书训与顺多通用……"又《春秋》中"告知饥渴"，钱注："毛本饥作饑，误。岳本亦作饥。"按，《说文》："饥，饿也。饑，谷不熟为饑。"两字文献多通用。又《礼记·少仪》"其以乘壶酒束脩一犬"，钱注："毛本脩作修，误。下执脩、束脩并同"。《礼记·礼运》"脩礼以打义"下钱注："毛本脩作修。"按，修，《说文》："饰也。""脩，脯也。"两字文献常通用。

（3）依石经改今本之误。

如《诗·大雅·桑柔》："谅曰不可。"钱云："岳本、今本作凉。郑训凉为信，则当从言旁，日本本亦作谅。"按，谅，《说文》训为信，凉训为薄，故依郑笺为谅。

又如《诗·鲁颂·駉》钱云："今本、日本本駉下有'之什'二字，误。岳本与石刻同。"

又钱大昕据至顺二年《加封孔子父母及夫人并官氏诏》碑刻补《元史》之漏略，而且证明了《孔子家语》以来称孔子夫人为亓官氏的说法是错误的，《汉韩勑礼器碑》与《加封孔子父母及夫人并官氏诏》一样，也作"并官"。

（4）指出石经磨改之迹。

如《周礼·春官·都宗人》中"掌都祭祀之礼"。钱注："今本祭作宗，误。""凡以神士者"钱云："今本士作仕，误。《序官》本作士，石刻亦先误，后改。"又如《周礼·夏官·大司马》中"乡家载物"。钱云："今本家作遂，石刻亦先作遂，后改。"

像这样指出石经磨改痕迹的地方很多，磨改经文，不但为我们提供了版本依据，而且为我们正确训释经文，提供了参考。

（5）指出石经之误。

石经由于文字载体特殊，虽然可以历经千年而不朽，但由于在版本的选择、刊刻、校对等环节存在着诸多的人为因素，因此，石经出现讹误，也是在情理之中的。钱大昕依据今存世的各类文献，对石经中的错误进行了校勘，如《周礼·秋官·司仪》中"王国五积三问"，钱注："今本王作主，石刻误。"按，《周礼·秋官·司仪》："凡诸公相为宾，主国五积，三问，皆三辞拜受，皆旅摈。再劳，三辞，三揖，登，拜受，拜送。"郑玄注："谓相朝也。"贾公彦疏："云'相朝'，则是两公自相朝，故下经云诸侯、诸伯、诸子、诸男相为宾客，以礼相待，并是两诸侯相朝之事也。"按句意，当是诸侯之间相互朝见之礼，负责迎接招待的自然为"主国"，作"王"误。

又如《仪礼·乡饮酒礼》中"遂拜执觯兴盥洗"，钱注："今本无盥字，疏云：'俗本有盥字，误。'则今本胜于石刻。谛审石刻，亦似先无而后添。"

又如《春秋廿八》中"定八年，子姑使涚伐子"，钱注："伐字当作代，石刻误。此卷似后人重刻。"顾炎武亦云："石经代作伐，误。"按，依据句意，当是"代替"的意思，钱、顾校勘无误。

再如《礼记·檀弓上》中"举者出户出户"钱注："上户字今本作尸，石刻误。岳本与石刻同。"按，《礼记·檀弓上》："叔孙武叔之母死，既小敛，举者出户，出户袒。"郑玄注："尸出户，乃变服，失哀节。"笔者以为，第一个户字作尸，亦通，故存疑。

3. 对史部文献的考校和补充

钱大昕以精于史学而著名，在考校史籍的过程中，他善于利用金石文献来补充史料的不足，考校史实的真伪。他说："窃谓史家所当讨论者有三端：曰舆地，曰官制，曰氏族。"[1]通过对金石文献中的舆地、官制、氏族的考察，他发现了诸多有价值的史料信息。

（1）对史料的补充。

在传统的正史中，由于多方面的原因，一些史事没能载入其中，钱氏能够从金石文字与传世史书的对比中找出其漏收，发现石刻文字的史料价值。如：《敦煌大守裴岑纪功碑》记载，永和二年八月，敦煌太守裴岑率兵三千人，诛杀呼衍王全师，自是以后，边境安定。钱大昕通过查找《后汉书》、《通典》，发现传统史书中只有班勇等人击打呼延王的记载，却不见裴岑的名字。他认为这是因为"其时朝多秕政，妨功害能者从，而边郡之文簿壅于上闻故也"[2]。乾隆朝西域平定后，《纪功碑》移入当地的关壮缪庙，钱大昕认为裴岑当年勇击呼延王，意义重大，当载入正史。

据翁方纲《两汉金石记》记载，《敦煌大守裴岑纪功碑》明代尚无人发现，乾隆初年，处士牛真谷摹揭数张赠予武虚谷李铁桥等人，后《山左金石记》、《山左金石志》方录此碑。但毕沅[3]与翁方纲[4]均略于论述，不如钱大昕考证细致。

又如，《秦王告少林寺教》云："其云'上柱国德广郡开国公安远'者，李安远也。《新旧书》本传俱作'广德郡公'，误。少林寺以柏谷坞归唐，安远奉秦王教往宣谕，盖在征王世充时。裴漼碑称：'寺西北五十里有柏谷墅……王世充僭号，署曰辕州，乘其地险，以立峰戍。太宗文皇帝军次广武，僧志操、惠玚、昙宗等审灵眷之所往，

---

[1] ［清］钱大昕：《二十四史同姓名录序》，载《潜研堂文集》卷二十四。

[2] ［清］钱大昕：《敦煌大守裴岑纪功碑》，载《潜研堂金石文跋尾》卷一。

[3] ［清］毕沅：《关中金石记》，丛书集成初编本，卷一，第2页。

[4] ［清］翁方纲：《两汉金石记》，乾隆五十四年南昌使院本，卷十四，第2页。

辨讴歌之有属，率众以拒伪师，抗表以明大顺，执充侄仁则以归本朝。太宗嘉其义烈，频降玺书宣慰。既奉优教，兼承宠锡，赐地四十顷，水碾一具。'裴所称优教者，即指此刻。其述寺僧翻城颠末，亦可裨史家之阙。"[1]

少林僧众助唐王讨王世充，史书语焉不详，《新唐书·太宗本纪》云"七月讨王世充，败之于北邙。四年二月，窦建德率兵十万，以援世充，太宗败建德于虎牢，执之，世充乃降。六月凯旋"。并没有提及少林僧人与唐王一事，更没有提及王世充侄子王仁则。李安远前往少林寺宣旨一事，《旧唐书》失载，仅云：

> 李安远者，夏州朔方人也。隋云州刺史彻子也。家富于财，少从博徒不逞，晚始折节读书，敬慕士友。袭父爵城阳公。与王珪友善。大业初，珪坐叔颇当配流，安远为之营护，免。后为正平令。及义兵攻绛郡，安远与通守陈叔达婴城自守。城陷，高祖与安远有旧，驰至其宅抚慰之，引与同食。拜右翊卫统军，封正平县公。武德元年，授右武卫大将军。从太宗征伐，特蒙恩泽，累战功，改封广德郡公。又使于吐谷浑，与敦和好，于是吐谷浑主伏允请与中国互市，安远之功也。后隐太子建成潜引以为党援，安远固拒之，由是太宗益加亲信。贞观初，历潞州都督、怀州刺史。历任颇有声绩，然伤于严急，时论少之。七年卒，追赠凉州都督，谥曰密。十三年，追封为遂安郡公。

钱氏通过碑志校正了李安远的封号当为"德广"而非"广德"，补充了李安远个人的史实材料，更是证实了少林僧兵与唐王故事的真实性。顾炎武《日知录》卷二十九"少林僧兵"条云：

> 少林寺中有唐太宗为秦王时《赐寺僧教》，其辞曰："王世充叨窃非据，敢违天常。法师等并能深悟几变，早识妙因，擒彼凶孽，廓兹净土。闻以欣尚，不可思议。今东都危急，旦夕殄除。并宜勉终茂功，以垂令范。"是时立功十有三人，裴催《少林寺碑》所称志操、惠场、昙宗等，惟昙宗拜大将军，余不受官，赐地四十顷，此少林僧兵所起。

钱大昕和顾炎武的考证都证明，在王世充投降之前，少林寺僧志操、惠场、昙宗等十三人，率众攻入洛阳，挟世充侄王仁则以归，李世民嘉其义烈，敕书慰劳一事为事实。1980年，少林寺在修葺寺舍时，得《秦王告少林寺教碑》，碑额有"大唐太宗文武圣皇帝龙潜教书碑"十四字，碑文为李世民颁的"告柏谷坞少林寺上座书"。碑上第三行有李世民亲笔草签的"世民"二字，碑文为八分隶书，其文曰：

---

[1] ［清］钱大昕：《秦王告少林寺教》，载《潜研堂金石文跋尾》卷四。

太尉、尚书令、陕东道、益州道行台、雍州牧、左右武侯大将军、使持节、凉州总管、上柱国、秦王李世民告柏谷坞少林寺上座、寺主以下徒众、军民首领、士庶等：

比者，天下丧乱，万方乏主。世界倾沦，三乘道绝。遂使阎浮荡覆，戎马载驰，神州糜沸，群魔竞起。我国家膺图受箓，护持正谛。驭泻飞轮，光临大宝。故能德通黎首，化阐缁林。既沐来苏之恩，俱承彼岸之惠。王世充叨窃非据，敢逆天常，窥觎法界，肆行悖业。今仁风远扇，慧炬照临，开八正之途，复九寓之迹。法师等并能深悟机变，早识妙因，克建嘉猷，同归福地。擒彼凶孽，廓兹净土。奉顺输忠之效，方著阙廷；证果修真之道，更宏像观。间以欣尚，不可思议。供养优赏，理殊恒数。今东都危急，旦夕殄除。并宜勉终茂功，以垂令范。各安旧业，永保休佑。故遣上柱国、广德郡开国公安远往彼，指宣所怀。可令一二首领立功者，来此相见，不复多悉。四月卅日。

按照当时的礼仪，皇帝下旨为"诏"，诸王下旨为"教"，故称《秦王告少林寺教碑》。该碑确实是一件非常珍贵的碑刻材料，不仅弥补了史书记载中的空白，证实钱说不误，更为重要的是，它对于我们今天研究少林文化，有着重要的实用价值。

再如《齐州刺史高湛墓志》[1]，钱大昕分析《魏书》和《北史》之所以不载高湛事，有可能是避北齐武成帝（高湛）的名讳而故意不书的。《淮安定公赵芬碑》[2]可补《隋书》之缺。《彭王傅徐浩碑》[3]可补《旧唐书》之缺[4]。又《光禄少卿姚彝碑》[5]，钱氏据碑文补《宰相世系表》之不备。

（2）对官制的研究。

官制是维系中国古代封建社会正常运行的一整套官僚管理体系，不同的朝代，官制既有沿袭，又有创新，同一朝代，由于政事的更迭，相同的官职称号可能又有不同的含义。因此，正确认识历代的官制，是理解历朝政治的一把钥匙。钱大昕精于史事，他对各史的《百官志》、《职官志》以及人物列传中涉及的官制问题，都有详细的考订。结合金石材料来考证官制，是钱大昕的一大特色：

如《易州兴国寺太子诞圣邑碑》落款为：

---

[1]　［清］钱大昕：《齐州刺史高湛墓志》，载《潜研堂金石文跋尾》卷三。

[2]　［清］钱大昕：《淮安定公赵芬碑》，载《潜研堂金石文跋尾》卷三。

[3]　［清］钱大昕：《彭王傅徐浩碑》，载《潜研堂金石文跋尾》卷八。

[4]　［河南府司录、集贤殿学士，《旧唐书》已载，钱说误。太子校书、集贤殿待诏、巩县尉、右拾遗则史书漏收。

[5]　［清］钱大昕：《光禄少卿姚彝碑》，载《潜研堂金石文跋尾》卷五。

都维那右监门卫大将军、知易州军州事、沿边巡检安抚屯田劝农等使耶律迁，朝散大夫、尚书左司郎中、通判军州事、赐紫鱼鱼袋、武骑尉杨举直，朝散大夫、尚书比部郎中、知易县事、飞骑尉、借紫刘琚，妻李氏，儒林郎、试大理司直、守司户参军、借绯靳佑臣，承务郎、试太子校书郎、守司候参军、云骑尉李师仲，承务郎、试太子校书郎、守易县主传、兼知县尉宋公绚，将仕郎守国子直讲官学黄温仁，儒林郎、守太子校书郎、云骑尉、知律刘咏，军事判官、文林郎、试太子校书郎鲁去华，都孔目官、文林郎、试太子校书郎、武骑尉周师安，左都押衙李照，右都押衙王文信，知客石恩，副知张存，知衙韩安，安抚押司官杨师言，印官韩仁诠，前行育拱温，后行刘世宣，州司呈押田溧，书表冯诠，印官何闰，前行孙世卿，前行石惠，司候司典曹福，本典王恩。[1]

辽代官制分南、北两院，《辽史·百官志》云："北面治宫帐、部族、属国之政，南面治汉人州县、租赋、军马之事。因俗而治，得其宜矣。"《辽史》称辽的地方官制一如唐代，"节度、观察、防御、团练、刺史，咸在方州，如唐制也。凡唐官可考见者，列具于篇；无征者不书"。而此碑文中有知军州事、通判军州事、知县事，这些官职与《辽史》所载不合，非唐代官职，而是宋代的官名。按宋例，州官设有判某州事、权知某州军州事、通判、签书判官厅公事、推官、判官、诸曹官。军有知某军事。县设知县、县丞、主簿、尉。钱大昕由此推知辽代官制"史皆失书"，是"杂采唐宋之名，志以为大略采用唐制者，犹为甚核"。《辽史》成于元代，质量很差，钱大昕曾说"自古史家之患，在于不博，而《辽史》尤其牵率之甚者。予在京师久，往往见辽时石刻，文物制度，颇多可采"[2]。他在考订《白川州佛顶尊胜陀罗尼石幢记》的题名后指出，"《辽史》志百官，于南面尤略"，其署衔"有散官、有检校官、有宪官、有试秩、有勋、有爵、有赐、有食邑，皆史所未详"，特别是"商税曲务都监、同监曲务及曲务判官之设，《百官》、《食货》两志俱遗之，所宜特书以补正史之缺漏也"。

（3）对舆地的考校。

我国自古以来就地域广阔，各地的地理区划由于政权更迭、自然灾害、战乱等原因，常常会出现频繁的变更，这给后人读史、写史带来了不少的麻烦，不明舆地，就会误读史实，张冠李戴，因此，正确掌握历史所发生的地理位置，是读史的关键。

钱大昕拥有丰富的历史文献知识，当时的洪亮吉、徐仲圃等人都经常向他请教、

---

[1]　[清]钱大昕：《易州兴国寺太子诞圣邑碑》，载《潜研堂金石文跋尾》卷十七。

[2]　[清]钱大昕：《记琉璃厂李公墓志》，载《潜研堂文集》卷十八。

切磋舆地问题。他认为"读史而不谙舆地，譬犹瞽之无相也"[1]。他熟悉古今地理的变迁，"自黄帝画野分州，至秦更为郡县，而舆地一变，郡县之名多因山川都邑。至南北朝侨置州郡，而舆地又一变，由是名实混淆，观听眩瞀"[2]。他著有《地名考异》一书，对古今地名的变迁，行政区划的变革做了规律性的概括和总结。对《水经注》和胡三省的《资治通鉴注》也多有校正，其中对胡注中的地理问题校勘尤为精彩，"梅磵以地理名，而疏踳处殊不少"，"胡氏注援引详赡，最有功于是书，亦不能无千虑之失，因摘其尤甚者辩而正之，得百有四十余条"。除此之外，钱大昕考订地理问题用力最勤、成就最为突出的，当推历代正史《地理志》(或作《郡国志》、《州郡志》、《地形志》、《职方考》等)。据统计，钱大昕对正史《地理志》中地名错误、不当、衍脱之处所作订误及释疑共有八百九十五条[3]，其中就有很多是采用金石材料来考订的，如《齐州刺史高湛墓志》条，诏书中屡提高湛任职南荆州，"按《魏书·地形志》有荆州、北荆州，无所谓南荆州者。而考《通鉴》所载，是时东魏尚有东荆州、西荆州，亦皆《志》所未载。盖其时干戈抢攘，侨置州名甚多，史家不能详也。"[4]政权更替和战争纷起导致的地名混乱，由此可见。

如《廿二史考异》卷十《桓帝纪》："延熹元年，分中山置博陵郡。"《孔彪碑阴》云故吏有"博陵安平六人、博陵安国三人、博陵高阳一人、博陵南深泽二人"，钱氏指出："安国、蠡吾故属中山；安平、南深泽、高阳故属河间。然则博陵一郡，兼得中山、安平、河间之地，不独分中山也。"由此可见史书在舆地记载方面的失误。

又如《廿二史考异》卷十一《琅邪王京传》据《孔庙碑阴》校定华县在东汉初时尚存，直到永平二年并入琅邪。

再如《鄂公尉迟敬德碑》载"贞观四年授襄、均、邓、浙、唐五州都督"，石刻本"均"作"鄀"，钱大昕考证后认为"敬德除都督在贞观四年，其时有鄀州无均州也"[5]。所以，《文苑英华》所载碑文全文是有讹误的，当以石刻为准。

（4）对氏族的考校。

氏族是指家族谱系，在古老的中华文化中，宗法观念由来已久，反映封建宗法等级关系的谱学在传统文化中受到了相当大的重视，对于传统的谱系之学，钱氏说："予唯谱系之学，史学也。《周官》小史'奠系世，辨昭穆'。汉初有《世本》一书，班史入之春秋家，亦史之流别也。裴松之之注三国史，刘孝标之注《世说》，李善

[1]　[清]钱大昕：《东晋南北朝舆地表序》，载《潜研堂文集》卷二十四。

[2]　[清]钱大昕：《东晋疆域志序》，载《潜研堂文集》卷二十四。

[3]　张涛、邓声国：《钱大昕评传》，南京大学出版社2006年版，第79页。

[4]　[清]钱大昕：《齐州刺史高湛墓志》，载《潜研堂金石文跋尾》卷三。

[5]　[清]钱大昕：《鄂公尉迟敬德碑》，载《潜研堂金石文跋尾》卷四。

之注《文选》，往往采取谱牒。魏晋六朝之世，仕宦尚门阀，百家之谱悉上吏部，故谱学尤重。欧公修《唐书》，立《宰相世系表》，固史家之创例，亦由其时制谱者，皆通达古今、明习掌故之彦，直而不污，信而有征，故一家之书与国史相表里焉。"[1] 谱牒不仅信而有征，可与正史相参照，更可以成就人伦教化，"古之治天下者，风俗淳美，非假条教号令，以强其所不能也，使人毋失其孝弟之心而已。人之一身，上之为祖父，又上之则为高曾，人之逮事高曾者，百不得一矣。思高曾而不见，见同出于高曾者而亲之，犹亲其高曾也，此先王制服之义也。泊乎五世而亲尽，则又有宗法以联之，大宗百世而不绝，则宗人之相亲，亦久远而无极。以四海之大，人人各亲其亲，而风俗犹有不淳者，吾未之闻也。……盖谱之作，犹有古人收族之遗意，谱存，则长幼亲疏之属，皆将观于谱，而油然生孝弟之心"[2]。考证谱系，其实并无奥妙，只是要"就一代有名之家，辨其支派昭穆，使不相混而已矣"[3]。若谱系混乱，就会导致史文体例不一，人物讹混，世系错乱。"作史者不明此义，于是有一人而两传，若唐之杨朝晟，宋之程师孟，元之速不台、完者都、石抹也先、重喜者矣；有非其族而强合之，若《宋纪》以余晦为玠子者矣；有认昆弟为祖孙，若《元史》以李伯温为毂子者矣。至于耶律、移剌本一也，而或二之；回回、回鹘本二也，而或一之。氏族之不讲，触处皆成窒碍。"[4] 在《潜研堂文集》、《廿二史考异》、《元史氏族表》中，钱氏多次运用金石资料以正谱系。

钱氏精通氏族，能详言各时代氏族流派，特别是对元代氏族的考证，成就斐然。《元史》因史臣不懂修史之例，加之时间仓促，最为陋劣，以至出现了一人两传、一人两名的情况，据此，钱氏根据新发现的碑刻，纠正了史书中的错误，如：

《元史·阿剌罕传》："阿剌罕……行次庆元，卒于军中。子拜降袭，累迁江浙行中书省平章政事，仍领本军万户。拜降卒，弟也速迭儿袭。"钱大昕据虞集《曹南王世德碑》中"进封曹南王，谥忠宣"考定《元史》失收阿剌罕官职。又许有壬《曹南王神道祠堂》碑刻云阿剌罕"子男二人，长也速迭儿，山东、河北、蒙古军大都督，集贤大学士。次脱欢，中书平章政事、江南行台御史大夫，无所谓拜降者"。可见《元史》说拜降是阿剌罕的儿子是错误的，《曹南王世德碑》也说"阿剌罕既殁，子也速迭儿幼。拜降，也速迭儿之兄也，袭世职为万户总其军"。由此可知"拜降乃阿剌罕昆弟之子，非其子矣，史以拜降为阿剌罕子，误"[5]。

[1]〔清〕钱大昕：《吴兴闵氏家乘序》，载《潜研堂文集》卷二十六。

[2]〔清〕钱大昕：《周氏族谱序》，载《潜研堂文集》卷二十六。

[3]〔清〕钱大昕：《二十四史同姓名录序》，载《潜研堂文集》卷二十四。

[4]〔清〕钱大昕：《二十四史同姓名录序》，载《潜研堂文集》卷二十四。

[5]〔清〕钱大昕：《阿剌罕传》，载《廿二史考异》卷九十五。

又如《元史·阿鲁浑萨理传》载阿鲁浑萨理"子三人：长岳柱；次久著，终翰林侍读学士；次买住，蚤卒"。《元史》云岳柱子四人：长普达、次安僧、次仁寿。实际只列出了三人，钱大昕据赵孟頫《赵国文定公碑》考证出岳柱尚有一子苔里麻，《元史》失收。又据程钜夫《林国武宣公碑》订补出了完者都十四个子女的名字，填补了《元史》的空白。

总之，运用金石材料对史部文献进行进行考释、校补，是钱氏考史研究中常用到的方法之一，他在对金石进行甄别后，不仅补充了正史的疏漏，而且对史书中的官制、舆地、氏族、礼法等进行了校补，纠正了前人的许多误说。他的研究结论，直到今天，依然被学术界所采用，成为不刊之论。

三、钱大昕金石文字学的特色

乾隆、嘉庆、道光时期，是清代金石文字学的全盛时期，做为这一时期一位重要的金石文字学家，钱大昕无疑是其中最为出色者之一。这首先归功于他数十年如一日的潜心积累，他所搜集到的金石材料的数量，远超前人。欧阳修《集古录》收跋文四百余篇，赵明诚《金石录》收五百二十跋，洪适《隶释》、《隶续》共有三百九十八跋，钱氏的好友王昶《金石萃编》有一千五百余跋，钱大昕有拓片二千余通，计有跋文八百六十余篇。他把全部的金石积累全部都用到了四部文献的考证与校释之中，正如张舜徽先生所说："同时学者如王昶、武亿、孙星衍、翁方纲、梁玉绳，都是对金石文字很感兴趣的。但是他们所做的工作，或举列其目录，或探究其义例，或讲鉴别，或论书势，和考证书本知识的关系不多。只有钱氏搜罗金石，专为证经考史之用。由于他对史部群书，都很精熟，自能旁通广涉，取之左右逢源，这是他人所不易办到的。"[1] 钱大昕以金石考校典籍，具有以下几个方面的特色：

（一）考校范围广

其考校范围，经部有十三经和《说文》、《方言》、《释名》等小学专书。史部涉及正史、别史、野史、目录。子部旁及道经、佛典。集部则据碑刻补唐宋人别集、总集之漏误。

（二）考校方法全面、系统

钱大昕善于交代碑刻文献的历史背景，让读者能通过具体的历史背景去了解碑文所载的内容。如《三藏无畏不空法师塔记》，先介绍"无畏"一名的由来，再介

---

[1]　张舜徽：《清儒学记》，华中师范大学出版社 2005 年版，第 185 页。

绍碑文的内容，然后对碑文的真伪进行考辨。[1]《灵峰院千佛洞碑》先说明碑文所在的具体地理位置，再对洞内的景观布置进行描述，然后简述佛像的雕刻缘由。[2]《元峰真人康泰真碑》开头便交代碑在塔子沟长寿山，接着对泰真的生平进行了介绍。这样的背景交代，既为读者解读碑文提供了方便，又为后世再度索考原刻提供了线索。

钱大昕能从文字音韵训诂入手，正确释读金石文字。石刻碑文，因年代久远，且多来自山川田野，书写之人，层次不一，因而出现了大量的不规范的俗体字，钱大昕能够对碑刻中的俗体字进行一一识别。对于碑文中化用的典故、少数民族人名的翻译，他都能进行正确的释读，体现出了其广博的学术视野。

钱大昕继承了欧阳修以来以金石文字与传世典籍互证的优良传统。既能用金石考校典籍，又能用传世文献和其他材料鉴定石刻的真伪。他用金石材料补充了正史的疏漏，用开成石经校勘传世十二经。同时，他也能通过考证，发现碑刻拓本的真伪。他通过唐李华的《东都圣善寺无畏三藏碑》和严郢的《三藏不空和尚碑》来鉴定《三藏无畏不空法师塔记》有四处值得怀疑，故而认定其为后人妄托无疑。[3]他又从书法的角度分析《淮源桐柏庙碑文》，认为该碑"分隶颇有法度"，但"少汉人淳古之气"，因而只能是元代吴炳摹刻而非汉代原刻。[4]又如他从碑文句意不通，"隋—随"书写之异，认为《左屯卫大将军姚辩墓志》是"后人据搨本钩摹入石"[5]。

钱大昕能从实践中总结金石括例。不同朝代、不同类型的碑刻文献，无论是书写风格、行文内容，还是碑体的制作款式，都有所区别。早在宋代，《隶续》就以文字描述和摹图的方式对石刻的款式，文例、图例进行了总结，是后代括例之学的滥觞。之后，元代潘昂霄的《金石例》将历代碑志文分为碑碣、墓志、墓表、墓图、神道碑、家庙碑、先庙碑、先茔碑、先德碑、昭先碑、葬志、殡志、权厝志、归祔志、墓版、坎记、诔、墓铭、行状、僧碑二十类，对石刻文献的起源、制度、格式、写作等问题进行了归纳。明清以来，金石括例之学渐兴，王行的《墓铭举例》、黄宗羲的《金石要例》、梁玉绳的《志铭广例》、郭麐的《金石例补》等都是其中较有代表性的著作。钱大昕非常注意向宋儒学习，他在《隶续·序》中说："今黄君论娄氏短于音训，可谓先得我心也"[6]，可见他对前人金石文献的关注。钱大昕在自己的跋文中，往往以随文条记的方式，总结了一些碑刻的体例特征，如《泽州开元

[1]　[清]钱大昕：《三藏无畏不空法师塔记》，载《潜研堂金石文跋尾》卷六。

[2]　[清]钱大昕：《灵峰院千佛洞碑》，载《潜研堂金石文跋尾》卷十八。

[3]　[清]钱大昕：《三藏无畏不空法师塔记》，载《潜研堂金石文跋尾》卷六。

[4]　[清]钱大昕：《淮源桐柏庙碑文》，载《潜研堂金石文跋尾》卷一。

[5]　[清]钱大昕：《左屯卫大将军姚辩墓志》，载《潜研堂金石文跋尾》卷三。

[6]　[清]钱大昕：《隶续·序》，载《隶续》，中华书局1985年版，第292页。

寺神钟记》条云："此铭镌于钟上，字画亦秀整，不失唐人规矩。宋以后钟款，多隐起作阳文，非古制也。"[1]《尊胜陀罗尼经》跋文云："唐石幢多不列书人姓名，此幢亦然。"[2] 钱氏研读金石注重括例，对后代金石括例之学也有一定的影响。道光十二年，李瑶在卢见曾《金石三例》基础上纂成《金石四例》，光绪十一年，朱记荣编成《金石全例》，收入著作十种，专论金石之例。

（三）借金石文字，评点史事

钱大昕将金石用之于文献考证，但并非为了考证而考证，他继承了清初顾炎武等人的经世致用的思想，将历史考据服务于现实。在他的金石跋文中，他常借金石来发论，对历史中的人、事、物进行评点，借此警醒时人。在《李澹华岳题名》跋文中，钱氏对唐玄宗时的官制腐败提出了批评："杨国忠以度支郎中兼领十五余使，及至宰相，领四十余使，使名之滥如此。古人论省官不如省事，良有以也。"[3] 对于防民之口，文过饰非的官吏，钱大昕奋笔直言："身为长吏，正当采舆论以鉴己得失，若之何恶也？政而无失，何恤乎人言？若其有失，安能禁人之议。尧设谤木而圣，周任卫巫而亡。人主尚不可监谤，区区令长，而恶人之多言，可乎？"[4]

钱大昕认为治史者要有强烈的社会责任感，要"主于善恶必书，但使纪事悉从其实，则万世之下，是非自不能掩，奚庸别为褒贬之词"[5]？只有"不虚美，不隐恶为良"[6]，才能真正地做到"表古人以为今人之鉴，裨知贵贱止乎一时，贤否著乎万世。失德者虽贵必黜，修善者虽贱尤荣"[7]。正是基于这样的认识，他在编纂《续通志》时，提倡同仁们直书不隐，"用心正则笔正，愿砥砺夫同官"[8]。其言行合一的作风，赢得了世人的交口赞誉。

（四）不迷信、不盲从

钱大昕重视金石文字在考证经史中的关键性作用，他说金石"信而有征，故可宝也"[9]，"金石之寿，实大有助于经史焉"[10]，但他不迷信金石文字，能在纷繁复

---

[1]　［清］钱大昕：《泽州开元寺神钟记》，载《潜研堂金石文跋尾》卷十。

[2]　［清］钱大昕：《尊胜陀罗尼经》，载《潜研堂金石文跋尾》卷十。

[3]　［清］钱大昕：《李澹华岳题名》，载《潜研堂金石文跋尾》卷六。

[4]　［清］钱大昕：《嘉定县学记》，载《潜研堂金石文跋尾》卷十六。

[5]　［清］钱大昕：《续通志列传总序》，载《潜研堂文集》卷十八。

[6]　［清］钱大昕：《史记志疑序》，载《潜研堂文集》卷二十四。

[7]　［清］钱大昕：《古今人表》，载《廿二史考异》卷六。

[8]　［清］钱大昕：《翰林院谢赐淳化阁帖折》，载《潜研堂文集》卷一。

[9]　［清］钱大昕：《关中金石记序》，载《潜研堂文集》卷二十五。

[10]　［清］钱大昕：《山左金石志序》，载《潜研堂文集》卷二十五。

杂的金石文献中考究其真伪，分析其事实真相，然后才用之于考史。金石资料，尤其是墓志等石刻，往往出于碑主后人或友朋之手，称美而不称恶，是人之常情，但过于溢美而隐恶，就失去了碑刻应有的文献史料价值。钱大昕有感于《元史》之不察，竟将家乘中的溢美之辞写入正史，"列传附载子孙，必其人名位显贵，或才德可称，否则似家乘之文，非国史矣"[1]。

宋代以来，学者们对金石文字的研究，取得了一定的成果，对于前人研究的结论，钱大昕一方面能够积极采纳吸收，另一方面能够指出其中的错误，他说："学问乃千秋事，订讹规过，非以訾毁前人，实以嘉惠后学。"[2] 所以，他在《金石文跋尾》中多次对顾炎武的说法提出了质疑并给出了自己的观点。对于一些一时难以考证出结果的金石碑刻，钱大昕没有妄下结论，强为之说，而是采用阙如的方式，体现了一个学者严谨的学术态度。

总之，钱大昕的金石文字之学继承了宋代金石学考论经史的优良传统，他在广泛涉猎、多方搜集的基础上，积累了数量众多的金石文字拓片，通过对拓片的释读，还原历史事实，与传世文献互勘，并且将考与论相结合，评点史事，经世致用。他在金石文字领域所取得的卓越成就，不论是在清代，还是在当代，都具有深远的影响，后世在编写《新元史》和校勘二十五史时，都采纳过钱大昕的考校成果。他采用的金石与经史互勘的方法，是王国维"二重证据法"的先河。

---

[1] ［清］钱大昕：《史天祥传》，载《廿二史考异》卷九十七。

[2] ［清］钱大昕：《答王西庄书》，载《潜研堂文集》卷三十五。

第三章　钱大昕的音韵训诂学（上）

有清一代，是音韵之学蓬勃发展的一个黄金时代，期间涌现出了诸如顾炎武、江永、戴震、段玉裁、王念孙等诸多音韵大家，钱大昕亦是其中之一。钱大昕音韵学研究成果，在《十驾斋养新录》和《潜研堂文集》中有较为集中的反映。通过对相关材料的梳理，我们认为，钱大昕的音韵观主要体现在以下几个方面：古今音异、古今方音不相远、一字两读不可取。对古声纽的研究，是钱大昕研究的重点之一，其基本结论有六：古无轻唇、古无舌上、古人多舌音、古影喻晓匣不甚区别、古无牙音、古无心审之别。

第一节　钱大昕的音韵观

钱大昕音韵观所关注的主要问题有：古今正音；古今方音；一字两读与圈发。

一、古今正音

世易时移，语音也在不断地发生着变化。对于古今语音差异的认识，早在汉代就有了，郑玄笺《毛诗》，屡提古音。如《豳风·东山》中"蜎蜎者蠋，烝在桑野"。毛传："烝，寘也。"郑笺："古者声寘、填、尘同也。""烝在栗薪"。郑玄笺："栗，析也……古者声栗、裂同也。"可见，在郑玄时代，语音就发生了很大的改变，但汉代去古未远，郑玄尚知古音。

（一）关于《颜氏家训·言辞篇》

魏晋六朝，战乱频仍，社会动荡，人口迁徙加剧。语言的各个要素都发生了很大的变化，语音也不例外。《颜氏家训·音辞篇》对当时的语音变化进行了描述，《十驾斋养新录》卷五"翻切古今不同"条部分引用了《音辞篇》并加以注解，从注文中我们不难看出钱大昕对古今音异的理解：

> 古今言语，时俗不同；著述之人，楚、夏各异。《苍颉训诂》反稗为逋卖（《广韵》："稗，傍卦切"，与逋异母）[1]。反娃为于乖（娃，于佳切，与乖异韵。乖在皆韵）。《战国策》音刿为免（当时高诱音，古无轻唇[2]）。《穆天子传》音谏为间（二字同韵又同母，未详）。《说文》音夏为棘（今分黠、职两韵），读皿为猛（皿，武永切；猛，莫杏切。同韵而异切）。《字林》音看为口甘反（寒、谈异韵），音伸为辛（古无心、审之别）。《韵集》以成、仍、宏、登合成两韵（今成在清韵，仍在蒸韵，宏在耕韵，登在登韵），为、奇、益、石分作四章（今为、奇同在支韵，益、石同在昔韵）。李登《声类》以系音羿（系，古诣，与羿异母，见疑）。刘昌宗《周官音》读乘若承（乘，食陵切，音同绳。承，署陵切，音同丞。此床禅之别。今江浙人读承如乘）。此例甚广，必须考校。前世反语，又多不切（颜氏以前世反语为不切，由于未审古音），徐仙民《毛诗音》反骤为在遘（《广韵》："骤，锄佑切"，在宥韵。依徐音当入侯韵），《左传音》切椽为徒缘（《广韵》："椽，直挛切。"古音直如特，与徒缘无二音也，今分澄定两母），不可依信，亦为众矣。今之学士，语亦不正；古独何人，必应随其讹僻乎（读此知古音失传坏于齐梁。颜氏习闻周沈绪言，故多是今非古）？《通俗文》曰："入室求曰搜"，反为兄侯。然则兄当音所荣反，今北俗通行此音，亦古语之不可用者。玙璠，鲁人宝玉，当音馀烦，江南皆音藩屏之藩（烦，附袁切。藩，甫恒切。此奉非异母）。岐山当音为奇，江南皆呼为神祇之祇（古书支与氏通，江南音不误。《广韵》祇、岐同组，正用江南音。是法言亦不尽用颜说）。江陵陷没，此音被于关中，不知二者何所承案。以吾浅学，未之前闻也。[3]

我们将上文整理如表 3-1 所示：

---

[1] 括号中文字为钱大昕按语，下同。

[2] 原本作"重唇"，当是笔误，今更为"古无轻唇"。

[3] ［清］钱大昕：《翻切古今不同》，载《十驾斋养新录》卷五，第114页。

表 3-1 钱注《颜氏家训·音辞篇》

	出处	音注	钱注	备注
稗	《苍颉训诂》	遁卖反	《广韵》："稗，傍卦切"，与遁异母。	遁为帮母字，《广韵》作傍卦切，则在并母，清浊有异。
娃	《苍颉训诂》	于乖反	娃，于佳切，与乖异韵。乖在皆韵。	娃，于佳切，佳韵，于乖切，则在皆韵。
刎	《战国策》	音免	当时高诱音，古无轻唇。	刎，《广韵》音武粉反，在吻韵。免，亡辨反，在狝韵。
谏	《穆天子传》	音间	二字同韵又同母，未详。	谏，《广韵》古晏反，在谏韵。间，古苋反，在襉韵。
夏	《说文》	音棘	今分黠、职两韵。	《广韵》夏音古黠反，在黠韵，棘音纪力反，在职韵。
皿	《说文》	音猛	皿，武永切；猛，莫杏切。同韵而异切。	同为梗韵，而猛为二等字，皿为三等字，音之洪细有别。
看	《字林》	口甘反	寒、谈异韵。	看，《广韵》音苦寒反，在寒韵。《字林》音口甘反，读入谈韵。
伸	《字林》	音辛	古无心、审之别。	伸，《广韵》音书邻反，审母三等字。辛，音息邻反，为心母三等字。
成、仍、宏、登	《韵集》	成、仍、宏、登合成两韵	今成在清韵，仍在蒸韵，宏在耕韵，登在登韵。	吕静《韵集》，成、仍为一类，宏、登为一类。
为、奇、益、石	《韵集》	为、奇、益、石分作四章	今为、奇同在支韵，益、石同在昔韵。	
羿	《声类》	音系	系，古诣，与羿异母，见疑。	系，胡计切，喉音，匣母；若古诣切，则牙音，见母。羿，五计切，牙音，疑母。
乘	刘昌宗《周官音》	音承	乘，食陵切，音同绳；承，署陵切，音同丞。此床禅之别。今江浙人读承如乘。	乘，床母。承，禅母。
骤	徐仙民《毛诗音》	在遘反	《广韵》："骤，锄佑切"，在宥韵。依徐音当入侯韵。	
椽	《左传音》	徒缘切	《广韵》："椽，直挛切。"古音直如特，与徒缘无二音也，今分澄定两母。	徒，定母。直，澄母。
搜	《通俗文》	入室求曰搜。反以兄侯。然则兄当音所荣反，今北俗通行此音，亦古语之不可用者。		搜，《广韵》音所鸠反，生母。兄，许荣反，晓母。颜氏以为当时北人读搜为兄侯反，非古语。
玛璠		当音餘烦，江南皆音藩屏之藩	烦，附袁切。藩，甫恒切。此奉非异母。	烦，奉母。藩，《广韵》甫烦切，非母。
岐		岐山当音为奇，江南皆呼为神祇之祇	古书支与氏通，江南音不误。《广韵》祇、岐同组，正用江南音。是法言亦不尽用颜说。	奇，《广韵》渠羁切。祇、岐，均音巨支切。

颜之推《音辞篇》透露出如下信息：

（1）古今语音有异，如稗、娃、刿、谏、夏、皿、看、伸、羿、乘等字。言下之意便是上述字在颜氏当时的读音与前世文献记录的读音存在着差异，换句话说就是以时音读前世反切，切不出原被注字。钱大昕以《广韵》作参照，对上述数字的古今读音进行了对比分析，指出了文字音变表现为声组的变化（如清浊的变化，发音部位或发音方法的变化等），韵的变化（包括韵部、等呼的变化等）。

（2）前世反语多不切，不可依信。对此，钱大昕认为颜氏所指的不切之音正是古音。《左传音》切椽为徒缘，反映了古音不分舌头、舌上。《战国策》音刿为兔，说明了高诱之时，尚无轻唇。《字林》音看为口甘反，暗示古无心审之别。颜氏提出的不谐之音，无意中成了钱大昕研究古音的有力佐证。

钱大昕与颜之推一样，都看到了古今语音的差异，但不同的是，颜氏是立足于今音，以今为是，以古音为非，看到的只是古今不一致的表面现象。钱大昕则认为这些差异较大，貌似不切的读音正是古音的体现。颜氏之所以有"不可依信"之说，是由于他不明古音的缘故。根据这些传世的音注和其他经籍异文等材料，钱大昕能够从辑录的材料中发现线索，总结古今语音流变的基本规律，这正是钱大昕的高明之处。

（二）关于《古今音异》

《十驾斋养新余录》卷上《古今音异》条也集中论述了钱大昕对古今语音变化的理解：

> 声音与时变易，未易更仆数，略举一二言之。古读富如备，《广韵》以富入宥韵。盖齐、梁以后之音，转重唇为轻唇也。宋元以来，读富如傅，南北无异音，不复知其在宥韵矣。古读不如丕，转音跗萼之跗。《春秋传》"三周华不注"、《诗》"鄂不韡韡"，郑笺亦用此义也。《广韵》两收于平声尤韵，入声物韵，一读如浮，一读如弗，已非三代、秦、汉之音矣。黄公绍《韵会》又收于入声屋韵，读不为卜，与《广韵》两音复不同。今南人多读不如钵，与弗亦有重唇、轻唇之别。唐、宋人应试诗赋，官韵有不字者，必押入尤韵。今人则押入物韵。
>
> 论古音四声者，以缉、合、盍、叶、怗、洽、狎、业、乏，为侵、覃、谈、盐、添、咸、衔、严、凡之入声。今以古音求之，亦有未甚协者。答，对也。《诗·雨无正》篇"谮言则答"，与退、遂、醉、谇为韵。盖在泰部，从盍声，古书多以盍、盖通用（《檀弓》以盖为盍）。今吴中方音读盖如敢，

声相近而讹，非三代、秦、汉之音（磕又入曷韵）。立，古位字。《春秋》
"公即位"，古文作立。位当从立得声。纳，内声。古书"出纳"字或作内，
内亦当从入声。《诗·小戎》以軜与合、邑韵。而内在队韵，讷在没韵，
貀在黠韵。介，甲也。古"甲胄"字或作介。篍，尔声。瘼、瘗，皆瘗声。
急与亟通。《易·井》九三汲与食、恻、福韵。埶即挚字，挚、埶皆执声。法，
去声。劫、怯亦去声。枼，世声。渫从枼。《井》渫（息列反。徐食列反）、
《礼》葱渫（以制反），渫、绁皆在薛韵。又从枼之字或入叶，或入薛。《易传》
多以业与德韵。贽，陟声，而在质部。屑部有葖字，与涅同音。邯郸之邯音寒。
邯，甘声。忝，天声。《三百篇》虽有吞字，然不以协韵，未可以隋、唐
之音遽切为为古音。侵部无入声。针、砧、枯皆俗字。即在职部。节在屑部。柳、
桺在桺部。柳又入质。圣、蛭又在质部。至在至部。室在质、屑二部。吉、佶、
姞在质部。黠、劼、秸在黠部。结、拮、袺、襭、颉、撷在屑部。乐在觉部，
又在铎部，又在效部。而药、铄、烁另为部。轹有历、洛、剌三音，分入三部。
轧、朅、讦、蠘皆在月部。没部有殁、呕、兀。曷部有怛、妲、頞、阏、嘈、
顸、簸。末部有钵、颣、斡、眊、捾。黠部有劼、唱、猰。鎋部有咀、
齧、鸞、劋。屑部有餮、诊、挈、**纻**、**秄**、咽。薛部有诫、蠘、蠛、**瑟**、揳、
准、焆、**唱**、鸞、劋。

　　缉非侵之入声。《诗》以辑与洽韵，缉与蛰韵。合非覃之入声。《诗》
以集与犹、答为韵[1]，答与退韵，纳、軜皆内声。罨、晋皆俗字。盍非谈
之入声。谵，章盍切，非古音。叶、帖为盐、添之入声。然、盐、兼、纤、
金诸字无入声。叶、爴、楫（楫当在缉韵）。涉亦无平声。唯占在盐部，而帖、
帖皆占声。厌有平上去入四音。寁，建声，而在感部。敛，念声，与涅相近。
洽、狎与咸、衔偏旁俱不相近。咸与覃，洽与合，皆一类也。甲与介声近，
介在怪韵。业与严偏旁无相从者。乏为凡之入声。泛，乏声。贬亦乏声，
而即在检部。齐、梁人制此韵以当轻唇之一，未必合于古音。

　　古音有入声，唯支、脂、之、微、齐、佳、皆、灰、咍、鱼、虞、模、萧、宵、
爻、豪、麻、尤、侯、幽。此外旦、泛、厌、奄、兼、占等字，偶有入声。[2]

古音研究的前提是必须要承认"古今音异"这个客观存在的事实。不承认这一
点，就会走向叶音说，以至于改字以协韵。从汉儒的注疏来看，汉人已经明显感知
到了古今语音有变。魏晋以后，叶音说盛行，尚无人真正地去探究古音。直至宋吴棫，

---

[1] 按：集，《广韵》缉韵字。"《诗》以集与犹、答为韵"句，依文意当紧承"缉非侵之入声，
《诗》以缉与洽韵，缉与蛰韵"句后，然今见各本均误将此句置于"合非覃之入声"句后，误。特此更正。

[2] ［清］钱大昕：《古今音异》，载《十驾斋养新余录》卷上，第569页。

才开始以古音通转之说，明确把古音当做一个有别于今音的独立的语音系统来看待，开创了古音研究的新纪元。钱大昕对吴棫取得的成就进行了充分的肯定，"古人依声寓义，唐宋久失其传，而才老独知之，可谓好学深思者矣"[1]。在古今音异的前提下，钱氏从多角度对古音进行了阐述，我们可以将前文《古今音异》的基本思想从音韵学的分期和古音自有其系统两个方面进行梳理。

1. 音韵学的分期

音韵学上习惯将汉语语音发展史分为上古音、中古音、近代音和现代音四个阶段，我们常以古音指代上古音，以今音指代中古音。依钱氏之说，三代秦汉之音为古音，魏晋齐梁以后属今音。古音的特征之一便是只有重唇没有轻唇，如读富如备，读不如丕。今音也有不同的分期，魏晋隋唐为一期，宋元以来为一期。如富入《广韵》宥韵，宋元以来，读富如傅，入遇韵。不入《广韵》之平声尤韵，入声物韵，到了《韵会》时则收入屋韵。

确定音韵的分期也是正确处理古、今音的重要前提之一。分期不对，就会导致研究范围的过大或过小，对古音的构建会产生深刻的影响。如吴棫考求古音时，旁证材料就比较芜杂，从先秦一直到宋代，所以他得出的结论就很难有说服力。杨慎曾明确指出，研究古音应当以周汉文献为依据，他说："大抵详于经典，而略于文集；详于周汉，而略于晋以下也，惟彼文人用韵，或苟以流便其辞，而于义于古本无当，如沈约之雌霓是已，又奚足以为据耶？"[2]钱大昕一直把古音的范围确定为三代至秦汉，但汉末的民间口语，已经发生了变化。如《十驾斋养新录》卷五《古今音》云：

> 古读"华"为"敷"，《诗》"有女同车"与"华、琚、都"为韵，"携手同车"与"狐、乌"为韵，"车"之读"居"又何疑焉？宏嗣生于汉季，稍染俗学，故于古音不甚了了。[3]

汉季俗学之音，显然不是古音，由此看来钱大昕对古音的界定是书面雅音。

钱大昕把古音的时间范围界定后，其研究古音所引证的基本以三代秦汉经籍、音注及异文材料为主。他虽说"未可以隋、唐之音遽仞为古音"，但《经典释文》、《广韵》中记录的前世古音，他也予以采纳，因此得出的结论才比较可信。

2. 古音自有其系统

钱大昕是从声和韵两个角度论述的：

（1）从声角度分两点论述古声。

[1] ［清］钱大昕：《跋吴棫韵补》，载《潜研堂文集》卷二十七，第451页。
[2] ［明］杨慎：《转注古音略》卷首自序，影印文渊阁《四库全书》本。
[3] ［清］钱大昕：《古今音》，载《潜研堂文集》卷五，第125页。

第一点是古重唇转化为轻唇的时期。

《十驾斋养新录》卷五"古无轻唇"：

> 延寿一人而小颜三易其音，要皆重唇非轻唇，则是汉人无轻唇之证也。
>
> 《字林》："穮，方遥反。""襮，方沃反。""邸，方代反。"吕忱魏人，其时初行反语，即反语可得"方"之正音。六朝以后转重唇为轻唇，后世不知有正音，乃强为类隔之说，谬矣。
>
> "窆、堋、封音相似。"是东京尚无轻唇音。
>
> 《颜氏家训》云："《战国策》音'刿'为'免'。"古音"刿、免"皆重唇，六朝人转"刿"为轻唇，故以为异。

钱大昕大致把齐梁之际看作是重唇音开始分化的时期，与现代学者研究的结论相比，稍微提前了些，但语音的变化不是激进式的突变，而是有一个过程，钱大昕记录的，就是这个进程中最早出现的一些语音变化。

第二点是音和切非古音。

钱云："谵，章盍切，非古音。"章盍切为盍韵开口一等字，但声纽为章纽，章纽为照三，故钱氏知其非古音。后来黄侃也采钱氏说，"盍韵有谵，章盍切，为照纽字，既在部末，又洪音韵不容照纽，故知其增加"[1]。

（2）从韵角度论述古韵。主要包括以下三点：

第一点是未可以《广韵》音系去束缚古音。

"缉、合、盍、叶、怗、洽、狎、业、乏，为侵、覃、谈、盐、添、咸、衔、严、凡之入声。"钱氏所云，显然是《广韵》的阳、入搭配系统。若以这个音韵系统去分析上古的韵文，就会发现"亦有未甚协者"。如"苔"本为《广韵》合韵字，但《诗·雨无正》云："戎成不退，饥成不遂。曾我暬御，惨惨日瘁。凡百君子，莫肯用讯[2]。听言则苔，谮言则退。"[3]在《广韵》中，苔为合韵；退为队韵；遂、瘁、谇为至韵，这五字若按今音来处理，显然不谐。但在《诗经》中，他们却能押韵。为什么呢？钱大昕此处用到了转音[4]，他当是依孔颖达疏训"苔"为"对"[5]，于是读"苔"为"对"，"对、退、遂、瘁、谇"古韵属物韵[6]，故能相押。何为转音？钱氏说："躬之义为身，即读躬如身，《诗》'无遏尔躬'，与天为韵，《易》'震不于其躬，于其邻'，

---

[1] 刘梦溪编校：《中国现代学术经典：黄侃、刘师培卷》，河北教育出版社1996年版，第316页。

[2] 讯，一本作谇。

[3] 钱氏引文误作"谮言则苔"，"醉"疑为"瘁"之误。

[4] 后文有专门的章节论述钱大昕的"正音"和"转音"。

[5] 孔疏云："苔犹对也。"

[6] 古音音韵地位依郭锡良《汉字古音手册》说。

躬与邻韵。"[1] 荅训为对，就是声随义转，即以转音相押，非以正音相押。

钱大昕的转音说主要是以双声为基础的，他认为双声可以通假，不同韵部的字因为双声关系即可相借而押韵，如钱氏例中提及的："急与亟通。《易·井》九三汲与食、恻、福韵。"按，《易·井》九三"井渫不食，为我心恻。可用汲，王明并受其福"。急从及声，汲也从及声。急与亟通，汲也可与亟通。亟与"食、恻、福"同为古职韵字，所以它们可以以转音押韵。以转音押韵的例子还有，如"《诗》以集与犹、咎为韵"，是因为集训为就，故读集为就[2]。"就、犹、咎"古同为幽韵字，故能相押。

第二点是求古韵，当考谐声字。

通过分析谐声字归纳古韵，是吴棫、项安世、吾丘衍、熊朋来、陈第、顾炎武等人考求古韵时采用的方法之一，钱大昕也不例外。他注重谐声字的归并与分化。"文字偏旁相谐谓之正音"[3]，因此声符相同的字古音多同部。即使是语音有古音到今音的分化，谐声字的分化也是成批次的、有规律的，如吉、佶、姞在质部。黠、劼、秸在黠部。结、拮、袺、襭、颉、撷在屑部。同为吉声，却在《广韵》中分属不同的韵部，但这种分部也不是毫无规律，声符相同的谐声字在小范围内也是相对集中的。

第三点是古有入声韵。

钱氏明确提出了古有入声韵，与中古不同的是，他将入声与阴声韵相配，这与顾炎武的结论一致，顾氏对钱大昕的影响，由此可见。

古今音异，是钱大昕对待古音的基本态度。在此基础上，钱大昕划定了古音的大致分期，并且能够借鉴前贤以谐声字归纳古音的方法，利用自己以双声假借为核心转音说，揭示了古韵文中的转音相押现象，提出了古重唇音开始分化的大致时期，为后人研究古音打下了坚实的基础。

二、古今方音

《潜研堂文集》卷三有《古今方音说》，我们以《广韵》音系为准，参照《经典释文》等音注材料，逐条分析其论说后再总结钱氏的基本思想：

> 古今之方音，不相远也。定母之仄声，北人读如端母。则《诗》"麟之定"、"定之方中"、"殿天子之邦"，其滥觞也。"断"有徒管、都管二切。"梼"有"倒"音，"钝"与"顿"通。"订"本徒鼎切，而今讹为丁定切。非端、

---

[1]　[清] 钱大昕：《答问十二》，载《潜研堂文集》卷十五，第228页。

[2]　"集训为就"说见于《潜研堂文集》卷十五《答问十二》，第228页。

[3]　[清] 钱大昕：《答问十二》，载《潜研堂文集》卷十五，第228页。

定之合乎？

《诗经·周南·麟之趾》："麟之定，振振公姓。"定，毛传："定，题也"，即指额头。《释文》音都佞反，端母。不读作定母是为了区别词义，《广韵》定母徒径切的意思是"安也"。

《诗经·鄘风·定之方中》："定之方中，作于楚宫。"毛传："定，营室也。方中，昏正四方。"《释文》音丁佞反，端母。特指星宿名。

《诗经·小雅·采菽》："乐只君子，殿天子之邦。"毛传："殿，镇也。"《释文》："殿，多见反。注同。镇，陟慎反，又音珍，本作填。"正义曰："军行在后曰殿，取其镇重之义，故云'殿，镇也'。"与"宫殿"堂练切有别。

《史记正义·论音例》："断，徒缓反，自去离也。刀断，端管反，以刀割令相去也。"贾昌朝《群经音辨·辨字音清浊》："断，绝也，都管切。既绝曰断，徒管切。"王观国《学林》卷四"断"字条下曰："《字书》曰：'都管切，截也'，与'短'字同音。一曰：'丁贯切，决也'，与'锻'字同音。一曰：'徒玩切，绝也'，与'段'字同音。"刘鉴《经史正音切韵指南·经史动静字音》："断，都管切，绝也。既绝曰断，徒管切。"《说文解字注》"断"下注："今人'断物'读上声，'物已断'读去声，引申之义为'决断'，读丁贯切。"周祖谟先生《四声别义释例》："断，绝也，都管切，上声端母。既绝曰断，徒管切，上声定母。"

《广韵》："梼，《春秋传》云：'梼杌。'杜预曰：'凶顽无俦匹之皃。'"徒刀切。又"《说文》曰：'断木也。'又音陶。都皓切"。倒，"仆也，都皓切"。倒悬，都导切。

《广韵》："钝，不利也，顽也。徒困切。"又"顿，《说文》云：'下首也。'都困切"。《晏子春秋·问上》："先君能以人之长续其短，以人之厚补其薄，是以辞令穷远而不逆，兵加于有罪而不顿。"张纯一校注："顿与钝通。"《史记·屈原贾生列传》："莫邪为顿兮，铅刀为铦。""顿"在以上两句中均作不锋利解，为通假字。

"订"读徒鼎切为评议义，读丁定切为逗遛义。

> 群母之仄声，北人读如见母。则《诗》"叔善射忌"、"良士瞿瞿"是也。
"卷"有"拳"音，"厥"有"橛"音，"其"有"基"音。非见、群之合乎？

《诗经·郑风·大叔于田》："叔善射忌，又良御忌。"《释文》："忌，注作己，同，音记。"忌，《广韵》："忌讳，又畏也，敬也，止也，憎恶也，亦姓。渠记切。"记，《广韵》："志也，《说文》：'踈也。'居吏切。"毛传云："忌，辞也。"故"忌"有"记"是由于文字通假。

《诗经·唐风·蟋蟀》："好乐无荒，良士瞿瞿。"《释文》："瞿，俱具反。"《广韵》："瞿，鹰隼视也。其俱切。""俱，皆也，具也。举朱切。"《说文》瞿下段注云："……或言瞿，或言瞿瞿，盖皆眲之假借，瞿行而眲废矣。"按，瞿瞿指良士惊警守礼之貌，与鹰隼审视万物意义关联，当为意义引申，故音变以别义。

"卷"作弯曲将是群母平声字，作书卷讲是见母去声字，作动词卷曲义是见母上声字。拳，《广韵》："屈手也。《广雅》云：'拳拳，忧也。'又拳拳，奉持之兒。又姓，卫大夫拳弥。巨员切。"为群母平声字。此举例不当，不符合"群母之仄声，北人读如见母"之例。

《广韵》："厥，其也，亦短也。《说文》曰：'发石也。'又姓，京兆人也，汉赐衡山王姜厥氏。居月切。"为见母月韵字。又作"突厥"义，为见母物韵。橛，群母月韵字。未见厥有橛音，当是举例不当。

其，作代词为群母之韵字，作助词或用于人名为见母之韵字。基，见母之韵。举例不当。

> 澄母之仄声，北人读如知母。古书"中"与"仲"通，"著"即"箸"字，又有张略、直略二切。非知、澄之合乎？

中有知东、知送二音。仲为澄母送韵字。《淮南子·天文训》："太阴在四仲，则岁星行三宿。"高诱注："仲，中也。四中，谓太阴在卯、酉、子、午四面之中也。"故"中"与"仲"通。

《说文》无"著"字，《荀子·彊国》："霸者之善箸焉，可以时託也。"王先谦集解："霸者其善明箸，以其所託不失時也。"又《王霸》篇："箸仁义。"杨倞注："箸，明也。"再如《劝学》篇："名曰蒙鸠。"王先谦集解："卢文弨曰：列子仲尼篇：'形物其箸。'以箸为著明也。"以上箸通著。著读张略切是"服文于身"义，知母字；直略切为依附义，澄母。著有两音是为了区别引申义。

> 并母之仄声，北人读如邦母。《春秋》"纪子帛"即"纪子伯"。《吴越春秋》"帛喜"即"伯嚭"。《尚书》"於变"或作"於卞"。"比"有必履、毗至二切。"背"有补妹、蒲昧二切。"败"有北迈、薄迈二切。非邦、并之合乎？

"帛、伯"声组同为帮组，可以通假。喜，晓母上声字；嚭，滂母上声字。

《尚书尧典》："百姓昭明，协和万邦。黎民於变时雍。"变，帮母去声；卞，并母去声。两字于义无涉，属于通假。

"比"作必履切是"并"的意思；毗至切是"近也，又阿党也"。

"背"作补妹切是"脊背"义；蒲昧切是"弃背"义。

"败"作北迈切是"破他"义；薄迈切是"自破"义。"比、背、败"有两读是为了区别引申义。

> 从母之仄声，北人读如精母。则《诗》"其车既载"，《礼》"虚坐尽后"
> 是也。"穧"有子计、在诣二切，"渐"有慈染、子廉二切，"践"读如"翦"，
> "曾"读如"层"。非精、从之合乎？

《诗经·小雅·正月》："其车既载，乃弃尔辅。"此载字陆氏未施音注，《广韵》载字有三音：精母上声字，"年也"。精母去声字，"年也，事也，则也，乘也，始也，盟辞也"。从母去声字，"运也"。钱氏以为此"载"字古注有读为精母者。

《礼记·曲礼上》："虚坐尽后。"《释文》："尽，津忍反。""尽"作"空、无"讲时是从母上声字；"虚坐尽后"中之"尽"当为"尽量"义，读精母上声。

"穧"读子计切是收获的意思，读在诣切是指收割后的禾束。

"渐"读子廉切的意思是"入也，渍也"；读慈染切的意思是"渐次也，进也，稍也"。

"践"作踩踏讲时读作从母上声字。"翦"为精母上声字，义为："截也，齐也，杀也，勤也。"《礼记·玉藻》："君子远庖厨，凡有血气之类，弗身践也。"郑注："践，当为翦，声之误也。翦，犹杀也。"《释文》："践音翦，子俴反。"《周礼·天官·甸师》："王之同姓有罪，则死刑焉。"郑玄注引郑司农云："不践其类也。"《释文》："践音翦。""践—翦"为通假字。

"曾"，精母、从母平声二读，"层"亦有精母、从母平声二读。两字均无仄声，钱氏举例失误。

> 定母之平声，北人读如透母。则《诗》"蚕月条桑"始之矣。"子之汤兮"，
> "汤"读如"荡"。"彻彼桑土"，"土"读如"杜"。佛书"国土"、"净土"
> 皆读"杜"音。"他"有"驼"音，"堕"有"妥"音。非透、定之合乎？

条，定母平声字。《诗经·豳风·七月》："蚕月条桑，取彼斧斨。"《释文》："条，徒彫反。"为定母平声。钱氏举例失误。

"汤"为透母字，有平去二读，另有书母一读。"荡"有定母上声、透母去声两读。《诗经·秦风·宛丘》："子之汤兮，宛丘之上兮。"毛传："汤，荡也。"笺云："子者，斥幽公也，游荡无所不为。"《释文》："汤，他郎反，旧他浪反。"汤为荡之通假字。此条钱氏举例失误。

依《广韵》，土作田土讲时，土、杜同音，均为定母上声字。"国土"、"净土"

佛书音杜，与韵书一致。杜，亦是定母上声字。《方言》卷三："杜，根也。"桑土即桑根，故读土为杜是为了指明文字通假，非有音读变化。

"他"，透母平声字。"驼"，定母平声字。《庄子·外物》："纪他闻之。"又《大宗师》："若狐不偕，务光、伯夷、叔齐、箕子、胥余、纪他、申徒狄。"《释文》均音徒何反。因为是人名，故读为定母。"他"亦为"佗"之俗字。《群经音辨》卷三云："佗，彼也。吐何切。"为透母。又"佗佗，美也。大何切。《诗》'委委佗佗'"。属定母。"他"有"驼"音是为了指出古人名和联绵词的专有读音。

"堕"，作毁坏讲是晓母平声；作坠落义时为定母上声。"妥"，透母上声字。此条举例失误。

> 并母之平声，北人读如滂母。《史记》"抱之山中"，"抱"即"抛"字。"番"有婆、潘二音。吴人呼髀为髈。非滂、并之合乎？

《史记·三代世表》："抱之山中，山者养之。"钱氏认为"抱"为"抛"的假借字，当作"抛弃"解。抱，并母上声字。抛，滂母字。《史记集解》音普茅反。《索隐》音普交反，又如字。普为滂母，两家均作"抛"解。但此例钱氏举例不当。

番，《广韵》有五个读音，作"兽足"解时为并母，与"婆"声同。作"数也，递也"。和地名番禺县解时为滂母，与"潘"声同。"婆"为并母，"潘"为滂母。钱氏举"番"有"婆"音不当。

> 髀，可读为并母、帮母的上声。髈，滂母上声字。此例不当。

从母之平声，北人读如清母。则古书"造次"、"从容"之类，又不一而足也。

造为造作义时是从母上声；作到达义时是清母去声。次，清母去声。《群经音辨》卷三："从，随也。在容切。从，籞其后也。才用切。从，南北也。则庸切。《诗》：'衡从其亩'。从容，缓也。七容切。《礼》：'从容中道'。从，放也。音纵。《礼》：'欲不可从'。从从，高大也。音崇。《礼》：'尔无从从尔'。又仕江、作孔二切。从容，击也。音舂。《礼》：'善待问如撞钟，待其从容，然后尽其声'。""造"举例不当。

通过对"古今方音不相远"条的考析后，我们至少可以得出以下两点结论：

（1）钱大昕准确概括了中古浊音到了近代全部浊化的基本规律。清代当时官方通语是北方话，而钱氏的母语是南方吴语。当时吴语区还保留有完整的浊音系统，他对比南北方音后发现，全浊声母在北方话中全部便变成了清音，他总结出了基本的规律："定母之仄声，北人读如端母；群母之仄声，北人读如见母；澄母之仄声，北人读如知母；並母之仄声，北人读如帮母；从母之仄声，北人读如精母；定母之平声，北人读如透母；並母之平声，北人读如滂母；从母之平声，北人读如清母。"这就是我们今天所说的"平声送气仄声不送气"的基本规律，也是我们见到的最早的关于浊音清化规律的描述，是钱大昕对于近代音研究的突出贡献之一。《广韵》有十个全浊声母，钱氏只说了並、定、从、澄四个，其余的没有论及，我们可以意推，这也是钱氏借鉴《说文》的"举一反三之例"而为之。[1]

（2）钱大昕在每一条浊音清化规律后面所举的例子其实并不是都能够论证他自己的观点。他所要表达的意思是，自上古、中古以来，浊音就在开始清化，或者说，存在清浊的对立。但他所举的例子，并不理想，情况复杂，有的甚至弄错了文字的音韵地位，根本无法论证自己在段首所立的观点，如"厥、其、曾、条、卷、汤、堕、抱、番、造"十字。其余用例大致可以分为以下三种类型：第一种是清浊音变以区别引申义，这类占用例字的多数。如殿、断、瞿、著、帛、喜、比、背、败、载、尽、穧、渐十三字。第二种是清浊音变指明通假字。如顿、忌、中、变、践、土六字。第三种是清浊音变以指明专有人名、物名。如定、梅、他、番四字。以上三类在音义类文献如《经典释文》、《群经音辨》中多见记载，文字通过声纽的变化来区别意义，是汉语词汇发展史上一种非常常用的方式。钱大昕把这些一字两读现象归结为方言，认为字有清浊变异始自方音，而且从先秦时期就开始了，由此而下直至清代。

实际上，钱氏论述了两个方面的问题：一是浊音清化。钱大昕在每段段首都有一句话，如"定母之仄声，北人读如端母"，就是浊音清化规律的概括。后面所举之例就是为了论证浊音清化规律的正确性，但钱氏用例不够严谨，未能充分说明自己的观点。二是每段的结语，如"非端、定之合乎"，是为了说明古今方音中都有一字两读的现象，或者说，有"端、定"两音兼存于一字者，而不是为了说明古音"端、定"二母合二为一。

三、一字两读

陈第云："时有古今，地有南北，字有更革，音有转移，亦势所必至。"[2] 中国地域辽阔，地形复杂。古代交通不便，因此南北各地，各有其方音。一字一义而各地读音不一，这就是最早的一字两读（或数读）。但我们这里讨论的一字两读，前贤也叫两声各义，四声别义，是指同一个字音节中一个或几个语音要素（声、韵、调）发生了改变，它的词汇意义也随着语音的改变而发生变化。由于是不改变字形而只是单纯改变语音要素来创造新词，所以今人又从构词法的角度把这种

---

[1]　[清] 钱大昕：《〈说文〉举一反三之例》，载《十驾斋养新录》卷四，第79页。

[2]　[明] 陈第：《毛诗古音考》，中华书局1988年版，第7页。

现象称之为音变构词。[1]

根据现有的文献考据结果，一字两读肇兴于两汉或更早。魏晋以后，经师们纷纷采用这种方式为经籍施注，因此出现了专门纂集经典音义的音义类专书，如《经典释文》、《群经音辨》、《经史动静字音》等。一直到清代，这类音义书都是指导文人士子读经正音的重要参考书。钱大昕也注意到了文献中的一字两读现象，在《十驾斋养新录》、《潜研堂文集》等著作中，辑录了一些一字两读的文献资料。其考求一字两读的方法值得我们学习借鉴，他对一字两读的态度也值得我们去思考。

（一）"一字两读"的发展

一字两读是社会生活与人类思维发展到一定程度的产物，黄侃先生说过："三者（形、音、义）之中，又以声为最先，义次之，形为最后。凡声之起，非以表情感，即以写物音，由是而义傅焉。"[2]人类最原始的交流是从声音开始的，文字的出现，是人类文明的产物。"仰则观象于天，俯则观法于地，视鸟兽之文，与地之宜，近取诸身，远取诸物"[3]，人们通过劳动创造了简单的早期文字。文字的出现，扩大了人们的交际范围，改变了人们的交流方式，促进了人类社会的进步。随着人类社会的发展，日常生活中需要表达的概念变得日渐复杂和精密，原有的文字数量显然不能够满足语言表达的需要，但一时又无法创造出更多的新字。于是，人们不得不采取一种权宜之计，在不增加文字绝对数量的前提下，对语音稍加变异，从而赋予该字新的词义。就这样，以一字两读而衍生新词的音变构词出现了，衍生词与原词语音相似，意义相关，所以，王宁先生说："语义的发展变化从本质上是依托于声音而不依托于字形的。"[4]

一字两读，自颜之推以来，多认为最早出自葛洪、徐邈等人，其实并非如此，根据周祖谟先生考证，在汉代诸儒为前代典籍所作的注疏中，这种现象就有了，如《吕氏春秋·季夏纪》"令渔师伐蛟取鼍"，高诱注："渔读若相语之语。"《季冬纪》"命渔师始渔"之"渔师"高注云："渔读如论语之语。"《淮南子·原道篇》"期年而渔者争处湍濑"高注："渔读若语。"周先生在选取了十九例予以详细论证之后认为："四声别义远自汉始，确乎信而有征。清人所称此乃六朝经师之所为，殆未深考。即诸儒之音观之，以杜子春之音《周礼》'傩读难问之难'为最早，而后

---

[1] 万献初：《汉语构词论》，湖北人民出版社 2004 年版，第 7 页。

[2] 黄侃：《黄侃论学杂著·声韵略说》，载《中国现代学术经典》丛书之黄侃、刘师培卷，河北教育出版社 1996 年版，第 257 页。

[3] ［汉］许慎：《说文解字序》，载《说文解字》，中华书局 1963 年影印清陈治昌刻本，第 314 页。

[4] 王宁：《训诂方法论》，中国社会科学出版社 1983 年版，第 79 页。

郑玄、高诱分别更广，郑玄与卢植同为马融之门人，而高诱又为卢植之弟子，二人师友之渊源既深，故解字说声，趣旨亦同。后儒继作，遂成风尚。迨夫晋世，葛洪徐邈，更趋精密矣。论其所始，不得不谓其昉自汉世也。"[1] 此说甚确。

两汉以后，以音变别义形成一字两读甚至一字数音的现象越来越普遍，乃至形成一股风尚。诸家音注文献，纷纷效仿，出现了颜之推所说的"音韵锋出"的局面。据《隋书·经籍志》和《经典释文》所征引的书目来看，汉魏六朝时期以音或音义等篇名而名世的文献就达几十家之多，但如今这些音义书有些已经亡佚，其中的一字两读资料通过《经典释文》得以流传下来。[2]

较早对一字两读这种现象予以关注的，当属颜之推。其《颜氏家训·音辞篇》说"好"、"恶"二字有异读起于葛洪、徐邈，但是一字两读"一论物体，一就人情，殊不通矣"。对于江南学士读《左传》有"自败、败他"之说，他也认为是当时的南方士人多此一举，妄为穿凿，可见颜之推对待"一字两读"的态度是，一方面承认这种现象的存在，但另一方面并不主张变读以别义。

作为汉魏六朝以来音义书之集大成者的《经典释文》，其中保存了大量的一字两读材料，是研究音变构词的重要文献。陆德明在其条例中说："夫质有精麤，谓之好恶（并如字），心有爱憎，称为好恶（上呼报反，下乌路反）；当体即云名誉（音预），论情则曰毁誉（音馀）；及夫自败（蒲迈反），败他（蒲败反）之殊，自坏（呼怪反），坏撤（音怪）之异，此等或近代始分，或古已分别，相仍积习，有自来矣。余承师说，皆辨析之。"可见，陆氏的态度还是比较谨慎的，他只是秉承师说，客观的保留了许多前人的音读。

唐宋以降，以音变别义的方式对文献作注疏依然不绝如缕。宋黄震在《黄氏日记》中说："伯声转而为霸，乃有之称也。正音为静字，转音为动字。"于是一字两读又有了动字、静字之分。之后贾昌朝《群经音辨》分列辨字同音异、辨字音清浊、辨彼此异音、辨字音疑混、辨词训得失五门，对一千一百余组同形异音异义词进行了辨析。此后，宋毛居正的《六经正误》和岳珂的《刊正九经三传沿革例》也相继引用了《经典释文》中的一字两读材料。元程端礼还将《群经音辨》卷六的全部例字收入《程氏家塾读书分年日程》，用于指导书生读书。刘鉴则在《群经音辨》第二、第三、第四门所收字的反切后加注四声及字性动静，写成《经史动静字音》，附于《经史正音切韵指南》之后。明袁子让《字学元元》和吕维祺《音韵日月灯》等也选取了一部分一字两读的字例进行分析。

入清以后，论及一字两读现象或专门辨析音变别义的著作如：顾炎武《音论》、

---

[1]　周祖谟：《问学集》（上），中华书局 1966 年版，第 91 页。

[2]　万献初：《汉语构词论》，湖北人民出版社 2004 年版，第 52 页。

王夫之《说文广义》、袁仁林《虚字说》、彭元瑞《韵字辨同》、段玉裁《六书音韵表》、王念孙《音义异同》、殷秉镛《兼韵音义》、孙同元《今韵三辨》、诸玉衡《韵辨一隅》、俞樾《古书疑义举例》、马建忠《马氏文通》杜蕙《歧疑韵辨》等。但清代的绝大多数学者如王夫之、顾炎武、袁仁林、袁枚、卢文弨、段玉裁、王筠、朱骏声等人都不赞成一字两读，在这样一个学术大背景下，钱大昕当然也不例外。

（二）钱大昕对"一字两读"的认识

钱大昕在《十驾斋养新录》卷四"长深高广"中提出了自己不赞成一字两读的观点：

> 长、深、高、广俱有去音，陆德明云："凡度长短曰长，直亮反；度浅深曰深，尸鸩反；度广狭曰广，光旷反；度高下曰高，古到反。相承用此音，或皆依字读。"（见《周礼释文》）又《周礼》前期之前，徐音昨见反，是前亦有去声也。此类皆出于六朝经师，强生分别，不合于古音。

《十驾斋养新录》卷五"一字两读"条引用颜之推和顾炎武说，现录全文如下：

> 《颜氏家训·音辞篇》："夫物体自有精麤，精麤谓之好恶，人心自有去取，去取谓之好恶（颜注：上呼号、下乌故反）。此音见于葛洪、徐邈，而河北学士读《尚书》云好（颜注：呼号反）生恶（颜注：于各反）杀，是为一论物体，一就人情，殊不通矣。"

> 又云："案诸字书，焉者鸟名，或云语辞，皆音于愆反。自葛洪《要用字苑》分焉字音训，若训何训安当音于愆反，'于焉逍遥'、'于焉嘉客'、'焉用佞'、'焉得仁'之类是也。若送句及助词当音矣愆反，'故称龙焉'、'故称血焉'、'有民人焉'、'有社稷焉'、'托始焉尔'、'晋郑焉依'之类是也。江南至今行此分别，昭然易晓。而河北混同一音，虽依古读，不可行于今也。"

> 又云："江南学士读《左传》，口相传述，自为凡例，军自败曰败，打破人军曰败（颜注：补败反）。诸记传未见补败反，徐仙民读《左传》唯一处有此音，又不言自败、败人之别，此为穿凿耳。"（钱注：《广韵》十七夬部"败"有薄迈、补迈二切，以自破、破他为别，此之推指为穿凿者。）

> 依颜氏所说，是一字两读起于葛洪，而江左学士转相增益，其时河北诸儒犹未深信，逮陆法言《切韵》行，遂并为一谈，牢不可破矣。

> 顾宁人云："先儒两声各义之说不尽然。余考恶字，如《楚辞·离骚》有曰'理弱而媒拙兮，恐导言之不固。时溷浊而疾贤兮，好蔽美而称恶。闺中既遂远兮，哲文又不寤。怀朕情而不发兮，余焉能忍与终古。'又曰：

'何所独无芳草兮，尔何怀乎故宇？时幽昧以眩曜兮，孰云察余之美恶？'赵幽王友歌'我妃既妒兮，诬我以恶。谗女乱国兮，上曾不寤。'此皆美恶之恶而读去声。汉刘歆《遂初赋》'何叔子之好直兮，为蟊邪之所恶。赖祁奚之一言兮，几不免乎徂落。'魏丁仪《厉志赋》'嗟世俗之参差，子将未审乎好恶。咸随情而与议兮，固真伪以纷错。'此皆爱恶之恶而读入声，乃知去入分别，不过分言轻重之间，而非有此疆尔界之分也。"

予谓顾氏之说辨矣。读《颜氏家训》乃知好恶两读出于葛洪《字苑》，汉魏以前本无此分别也。陆氏《经典释文》于《孝经》"爱亲者不敢恶于人"，"行满天下无怨恶"并云："恶，乌路反，旧如字。""示之以好恶而民知禁"云："好，如字，又呼报反。恶，如字，又乌路反。"元朗本笃信《字苑》者，而于此处兼存两读，可见人之好恶，物之好恶，义本相因，分之无可分也。又如予训我，为平声；训与，为上声，《广韵》分入鱼、语两韵。然《诗》"四月维夏，六月徂暑。先祖匪人，胡宁忍予"，"将恐将惧，维予与女。将安将乐，女转弃予"。"讯予不顾，颠倒思予。"《楚词》"帝子降兮北渚，目眇眇兮愁予"皆读上声，未尝读平声也。（魏鹤山云《诗》与《骚》中予字，只作与音读，无作如音者。）

魏华父云："《易·观卦·彖、象》为观示之观，六爻为观瞻之观。窃意未有四声反切之前，安知不皆为平声乎？于是闻、见、视、听、高、深、先、后、远、近、上、下之等皆有二字，且考诸义则二字固可一，而参诸《易》、《诗》以后、东汉以前，则凡有韵之语，亦与孙炎、沈约以后必限以四声、拘以音切，亦不可同日语。"（见《观亭记跋》）

另外，《潜研堂文集》卷十五《答问十二》中也有一条论及一字两读：

问：古人一字两读，出于转音，是固然矣；又有一音而平侧异读，如"观瞻"、"观示"有平去之分，"好恶"、"美恶"有去入之别，以至先、后、上、下、高、深、远、近、见、闻、视、听之等，并以动静区为两音。不审古人制字之始，已有之乎？

曰：昔仓颉制字，黄帝正名，各指所之，有条不紊。许氏《说文》，分别部居，以形定声，不闻于声中更有轻重异读。《易·观卦》六爻"童观"、"阚观"、"观我生""观国之光"、"观其生"，皆从卦名取义。人之观我，与我之观人，义本相因。而魏晋以后，经师强立两音，千余年来，遵守不易。唯魏华父著论非之，谓"未有四声反切之前，安知不皆为平声？"此可谓先觉者矣。《离骚》"好蔽美而称恶"与"固、悟、古"为韵。"孰云察余之美恶"与"宇"为韵，是美恶之"恶"亦读去声。《左传·隐三年》"周郑交恶"，陆德明无音，是相恶之"恶"，亦读入声。《孝经》"爱亲者不敢恶于人"，"行满天下无怨恶"，陆德明并云："恶，乌路反。旧如字。"又"示之以好恶，而民知禁"，陆云："好，如字，又呼报反。恶，如字，又乌路反。"盖"好"、"恶"之有两读，始于葛洪《字苑》（《颜氏家训》言之），汉魏诸儒，本无区别。陆氏生于陈隋之世，习闻此说，而亦不能坚守，且称为旧，则今之分别，非古音之旧审矣。予我之"予"，赐予之"予"，今人分平上两音，而《诗三百篇》、《楚词》皆读上声。当直之"当"、允当之"当"，今人分平去两音，而孔子赞《易》皆读平声。汉儒言读若者，正其义不必易其音。如郑康成注《礼记》"仁者人也"："读如相人偶之人。"自古讫今，未闻"人"有别音。可见虚实动静之分，皆六朝俗师妄生分别，古人固未之有也。颜之推讥江南学士读《左传》，口相传述，自为凡例，军自败曰败，打破人军曰败（补败反），此为穿凿。而《广韵》十七央部，"败"有"薄迈"、"补败"二切，以自破、破它为别，即用江南学士穿凿之例。盖自韵书兴而声音益戾于古，自谓密于审音，而龃龉而不安者益多矣。

很显然，钱大昕的态度和他以前的清儒是一致的，极力反对一字两读，认为这种语言现象是出自六朝导师，不合于古音。那么，是什么原因导致钱大昕如此反对一字两读呢？从他的言论中，我们梳理出了两点理由：一是先秦韵文押韵可以证明一字两读界限不明确，无须强分。二是两词意义相关，不必异音。钱大昕先后引用了颜之推、陆德明、顾炎武和魏华父的相关材料，认为东汉以前没有一字两读的情况，是魏晋经师强生分别而为之。

笔者认为，钱大昕等人的观点是站不住脚的。

顾氏所引诗赋押韵并不能证明古无一字两读现象。顾氏认为，按中古韵书，恶字作"不好的"讲应读作入声；作动词"讨厌，不喜欢"讲，当读作去声，但《楚辞》中"恶"与"固、寤"韵，义为"美恶"之"恶"却读作去声。对于这种情况，有以下三种解释：

（1）古本音与汉魏以后的训诂音是有区别的。清人致力于古韵的研究，数代人通过考古、审音等方式，基本确立了古本音的面貌。清人所讨论的先秦文献中的押韵，是仅限于古音系统内部的读音，而一字两读中有的采用的是汉魏以后的训诂音。古本音与汉魏以后的训诂音是有区别的，用古本音中普遍适用的语音规律来规范汉魏以后的训诂音，显然是不恰当的。

（2）古人文质，行文时不刻意追求声律词藻的华靡，只求意达而已。所以有时出于表意的需要，声调不同的字相互之间也可以相押。《诗经》中这样的例子很多，如"故"为上古上声字，在《唐风·羔裘》中却与平声字"祛、居"相押。"御、夜、暮"属上古入声字，在《召南·鹊巢》中，"居"与"御"协；《唐风·葛生》中"居"与"夜"协；《唐风·蟋蟀》中"除、居、瞿"与"暮"协，是平入通押。[1]《楚辞·离骚》中"固、恶、寤、古"相押，王力先生即解释为鱼铎通韵[2]。另如《易林·咸之颐》"华言风语"之"语"作名词，却与去声"误、事、故"相押。《淮南子·兵略篇》"故鼓鸣旗麾"之"麾"作动词，却与"波、为、陂"平声字相押。但这样异调通押毕竟不是通例，只是出于句意表达需要，觉得该字更能契合作者的写作意图，至于平仄上虽有差异，但不至于特别明显。一字两读的两个音之间，一般来讲，主要元音是相同或相近的，区别在于韵尾和声调，有时声母也有区别，在听感上也算比较和谐的了。再者，古无韵书，歌赋唱和，全凭作者的语言感知，没有严格的声律羁绊，个别声调的不谐和，只能算是例外情况，并不影响"一字两读"这种语言事实。我们还能以《史记》为例，说明这种例外的情形。如"难"字有平、去二声，作"发难"讲当读作去声。《史记·太史公自序》"楚人发难，项氏遂难，汉乃扶义征伐，八年之间，天下三嬗"。"难、乱、嬗"押去声韵。《史记·项羽本纪》"天下初发难时"正义："难，乃惮反。"是为去声。但《史记·太史公自序》："天下之端，自涉发难。""难"与平声"端"韵。[3]由此可知，"发难"作去声押韵是通例，而与平声相押乃是个案，不能以个案而否定通例的存在，钱大昕所引顾氏说即误于此。

（3）对诗文语境中的同一词语的不同理解，也会形成读音上的差异。以顾氏引赵幽王友歌为例，顾炎武把句中的"恶"字理解为形容词，作"不好的"讲，与"寤"韵。其实，此句中的"恶"字又何尝不能作动词讲呢？"诬我以恶"完全可以解释为"因为我不喜欢她而冤枉我。"《汉书·高五王传》：

> 赵幽王友，十一年立为淮阳王。赵隐王如意死，孝惠元年，徙友王赵，凡立十四年。友以诸吕女为后，不爱，爱它姬。诸吕女怒去，谗之于太后曰："王曰：'吕氏安得王？太后百岁后，吾必击之。'"太后怒，以故召赵王。赵王至，置邸不见，令卫围守之，不得食。其群臣或窃馈之，辄捕论之。赵王饿，乃歌曰："诸吕用事兮，刘氏微；迫胁王侯兮，彊授我妃。我妃既妒兮，诬我以恶；谗女乱国兮，上曾不寤。我无忠臣兮，何故弃国？自快中野兮，苍天与直！于嗟不可悔兮，宁早自贼！为王饿死兮，谁者怜之？

---

[1]　王力：《诗经韵读》，上海古籍出版社 1980 年版，第 28 页。

[2]　王力：《楚辞韵读》，上海古籍出版社 1980 年版，第 8 页。

[3]　孙玉文：《汉语变调构词研究》，北京大学出版社 2000 年版，第 334 页。

吕氏绝理兮，託天报仇！"遂幽死。以民礼葬之长安。

正是赵王不喜欢诸吕女在先，诸吕女才会因为不被喜欢而向太后进谗言陷害赵王。"恶"是作形容词还是作动词，理解的不同，也是造成语音界定不一的原因。

（三）清人否定"一字两读"现象的原因

从颜之推到清代前、中期，几乎所有的学者都对"一字两读"现象持否定态度，究其原因，大致有两点：

1. 清代的学术风气使然

崇儒尊经是中国学术传统中的一个核心思想，儒家文化在汉代的勃兴之后，曾几度沉浮，皮锡瑞说："经学盛于汉，汉亡而经学衰。"[1] 魏晋南北朝时期，说经者有"南学"、"北学"之分，"北尊实诂、南尚空谈"[2]，以经学为代表的儒家学术出于分裂时期。隋唐统一后，经学统一，"初唐诸疏，除《三礼》外，率尊南派"[3]。且以《五经正义》等为代表的注疏体式，亦多集成，少开创。"宋、元、明三朝之经学，元不及宋，明又不及元。"[4]《困学纪闻》云："自汉儒至于庆历间，谈经者守训故而不凿。《七经小传》出而稍尚新奇矣。至《三经义》行，视汉儒之学若土梗。"[5] 之后，疑辨之风兴起，以致"不信注疏，驯至疑经；疑经不已，遂至改经、删经、移易经文以就己说"[6]。但在理学思想弥漫的宋代，以小学为基础的传统考据学依然在延续，以吴棫、郑庠、郑樵等为代表的古文献学家，在与义理之学的对抗中，扛起了宋代实学的大旗，是清代朴学的先锋。在元代，由于是异族统治，儒学地位低下，故元人多株守宋人之说，"于注疏所得甚浅。如熊朋来《五经说》，于古义古音多有抵牾，是元不及宋也。明人又株守元人之书，于宋儒亦少研究"[7]。明代更有"心学"，束书不观，游谈无根，科举是用"八股取士"，顾炎武谓其害甚于焚书。

清代的学术思想是建立在对前代学术积极反思的基础之上的，梁启超《中国近三百年学术史》说清代学术的核心是"厌倦主观的冥想而倾向于客观的考察"，"排斥理论，提倡实践"。他们对于六朝注疏、初唐诸疏乃至宋人四疏，都极不满意，因此，"他们发愤另著新疏，旧注好的便疏旧注，不好的便连注一齐改造。自邵二

---

[1] ［清］皮锡瑞著，周予同注释：《经学历史》，中华书局 1959 年版，第 141 页。

[2] ［清］梁启超著，朱维铮校注：《梁启超论清学史二种》，复旦大学出版社 1985 年版，第 316 页。

[3] ［清］梁启超著，朱维铮校注：《梁启超论清学史二种》，复旦大学出版社 1985 年版，第 316 页。

[4] ［清］皮锡瑞著，周予同注释：《经学历史》，中华书局 1959 年版，第 283 页。

[5] ［宋］王应麟：《困学纪闻》，上海古籍出版社 2008 年版，第 1074 页。

[6] ［清］皮锡瑞著，周予同注释：《经学历史》，中华书局 1959 年版，第 264 页。

[7] ［清］皮锡瑞著，周予同注释：《经学历史》，中华书局 1959 年版，第 283 页。

云起到孙仲容止，作新者十余家。十三经中，有新疏者已得其十"。对于六朝经学，清人从来就没有过好感，因为"六朝经学，本分南北两派，北尊实诂，南尚空谈；初唐诸疏，除三礼外，率宗南派，大为清儒所不喜"[1]。所以，当颜之推提出"一字两读"发轫于葛洪、徐邈时，清人没有几个赞成。在他们的心目中，多数人仍然是把东汉以前的语音当做古音，光复儒学，当然是要以汉代为正宗。他们的学术思想中，有着浓浓的尚古情结，一切以古为正，后出为俗。显然，他们看待"一字两读"问题，是戴着有色眼镜来看的，有着明显的学术偏见。

钱大昕自然也不例外，对清代经学的开山鼻祖顾炎武，他十分尊崇，在他的文集中，多处流露出自己对顾氏的赞美之情，因而在学术思想上，尤其是在小学思想上，钱大昕向他吸收借鉴了很多，我们可以把《音学五书》与钱大昕的小学条目对比，一一对应者很多，但也有钱氏不囿于顾氏成说者，后文将逐一论述。在"一字两读"问题上，钱氏一如顾氏，坚决反对。

其实，钱大昕也很矛盾：一方面，他有着很深的尚古情结，一切以汉为宗。当然，这也是当时许多学者的通病。在《十驾斋养新录》和《潜研堂文集》中，他多处批评二徐及郭璞昧于古音；某字非古音也；某字古本字也。另一方面，以他的学识，他的确也发现了汉代的异读，如《十驾斋养新录》卷四"伐"条：

> 《公羊传》"伐者为客"、"伐者为主"，何休曰："伐人者为客，读伐长言之，齐人语也。见伐者为主，读伐短言之，齐人语也。""长言"若今读平声，"短言"若今读入声。《广韵》平声不收"伐"字，盖古音失传者多矣。[2]

何休明言"伐"有"长言之"、"短言之"两读，他自己也说今《广韵》不收平声伐字是失收古音，既然承认了何休时就有一字两读，那为何又要把始作俑者归结到葛洪、徐邈等人身上呢？显然，对魏晋学风的厌恶导致他把"天下之恶皆归焉"。

2. 传统语言学发展阶段的局限性

中华文化，重在写意传神。文字之始，象形会意者居多，"画成其物，随体诘屈"即是传神，"比类合谊，以见指㧑"即是写意。人们运用文字，完全是出于交际的需要，对词义的界定也是比较模糊，一个"军"字，既可作名词，又可作动词。词义的浑沦性使它可以融入不同的语境中，而生活在该语言文化背景中读者完全可以意会言传。古人不可能有现代语言学的观点，没有严格的字与词的区分，一个汉字

---

[1]　[清]梁启超：《中国近三百年学术史》，东方出版社1996年版，第217页。

[2]　[清]钱大昕：《伐》，载《十驾斋养新录》卷四，第95页。

就是一个词，一个词就是一个汉字，所以《尔雅》中就有很多二义同条的例子。虽然在人们的口语中，音变别义早已存在，但是人们对于发生在自己身边的语言现象早已习以为常，见怪不怪，甚至无人觉得要刻意去记录这类东西。六朝以来，人们与梵文的接触日渐增多，在与梵文的对比中，人们发现了汉语的四声，文人遂把声律之学运用到了诗歌创作之中，诗歌的性质也由上古质朴的民间歌谣变为文人笔头的雅好。讲求声律，使文人不得不格外留心起自己身边的语言，加之当时反切已经盛行，人们可以精确地标示汉字的声、韵、调。于是，在经师们的注疏中，开始记录了音变别义这种语言现象。显然，音变别义在肇兴之初，是来源于民间口语的[1]，六朝经师只是忠实地记录和传承了这种语言规律，不可能有谁能自己一个人制订一套语言语言规则，然后能在社会上广泛推行。当然，我们也不排除后世文人在已有的音变别义的基础上，采用类化的方式，陆续编订了许多"一字两读"，为之推波助澜。所以，周法高在《语音区别词类说》一文中说："根据记载上和现代语中所保留的用语音上的差异（特别是声调）来区别词类或相近意义的现象，我们可以推知这种区别可能是自上古遗留下来的。不过好些读音上的区别（尤其是汉以后书本上的读音），却是后来依据相似的规律而创造的。"[2]

周氏在文中又说："我们现在要问：那些语音上的差异（特别是声调方面）来区别词类或相近意义的现象，是不是后起的呢？我觉得有两点须先弄清楚。第一，某字的读音最先见于记载的时期和它存在于语言中的时期并不见得一致。它可能在见诸记载以前早已存在于口语中，也可能虽见于记载而只是书本上的读法，在口语里并不存在。根据此点，那些讨论一字两读起于葛洪、徐邈，抑或起于后汉的人，只能证明其最早出现于记载的时期，而不能断定其在语言中使用的时期。第二，某些字读法上的区别发生是后起的，并不能证明所有属于这类型的读音上的区别都是后起的，可能某些字读音的区别发生很早，而某些字则是后来依着这类型而创造的。"[3]那么，究竟有多少别读是后起的，人为编制别读的成分究竟有多少，起于何时？这些问题，都有待我们进一步去探索。

钱大昕虽是学术通才，对语言的发展也有很多辩证的观点，但是，由于时代的局限性，他不可能跳出那个时代的学术圈，站在另一个更高的高度审视语言的发展

---

[1] 在今天的鄂东南方言中，仍有许多词语是依靠音变以区别词义的，如汪国胜的《湖北大冶方言人称代词的变调》就记录了部分代词的音变现象，见《中国语文》2003 年第 6 期。

[2] 周法高：《中国语法札记》，载《"国立中央研究院"历史语言研究所集刊》第二十四本，台湾 1953 年版，第 211 页。

[3] 周法高：《中国语法札记》，载《"国立中央研究院"历史语言研究所集刊》第二十四本，台湾 1953 年版，第 209 页。

变化。出于对古音古语的崇敬，在如何对待"一字两读"这个问题上，他思想较为保守，因此也就不可能以现代的词汇理论来看待汉字音义之间的关系。

一字两读是汉语词汇由单音节向双音节发展过程中的一个重要的别义手段。上古之时，汉字数量有限，在社会急剧发展而汉字又不够用的情况下，一字两读不失为一种便捷而又经济的构词方式。这种现象从目前的文献考证来看，最早当源自汉代经师注经。因为当时尚无反切，经师们只能采用"读若"、"读如"等术语，提供具体的语言环境，告诉学子们该字当作何音。显然，一种语言现象的流行，不是哪几个文人能够独自发明的，它必须有一定的民间的、社会的语言基础，因为语言本身就是社会约定俗成的产物。所以，我们可以大胆推测，在文献之外的口语中，一字两读现象甚至早于汉代，经师们只是把这种语言现象收录进了注疏之中。魏晋六朝，训诂家好尚一字两读或多读，陆德明作《经典释文》总其成，汇聚了众家音义材料。此后直至清代，学者承《释文》绪余，仍多撰有此类音义著作。

在双音节词已经比较发达的时期，一字两读仍然大行其道，这一方面说明中华语言在发展过程中具有强烈的凝聚力和浓厚的历史继承性，另一方面当然也不排除后世儒生刻意制造一字两读，以示风雅。当然，这样做显然需要一定的社会文化基础，没有社会群体的支持和响应，制造出来的"一字两读"也是无法传播开来的。

四、一字两读与圈发

一字两读往往涉及汉字声、韵、调诸要素的变化。字义的变化，往往通过声调体现出来。为了精确地告知读者汉字的音义，古人采取了圈发的方式，《十驾斋养新录》卷五"四声圈点"条云：

> 张守节《史记正义》发字例云："古书字少，假借盖多，字或数音，观义点发，皆依平上去入，若发平声，每从寅起（寅、申、巳、亥当四维之位，平起寅，则上在巳，去在申，入在亥也），又一字三四音者，同声异唤，一处共发，恐难辩别，故略举四十二字，如字初音者皆为正字，不须点发。"盖自齐梁人分别四声，而读经史者因有点发之例，观守节所言，知唐初已盛行之矣。宋以来改点为圈，如相台岳氏刊《五经》，于一字异音皆加圈识之。

张守节是唐代人，钱大昕以张氏《史记正义》为证，说明了一字两读的起始及兴盛年代，并将当时大家都熟悉的圈发与一字两读联系起来，进一步考溯了汉字音变的具体标记方式。钱大昕所说的"四声圈点"，就是圈发，圈发又称圈破、发圈、点发、发，是我国古代使用的一种特殊的注音符号，它采用在汉字的四角标圈或点的方式来注明汉字的声调。钱大昕虽不赞成一字两读，但他又据张守节之说，认为圈发当始自齐梁人的点发之例，盛于唐初。但"每从寅起"是从哪里起，为什么要从"寅"起，"寅"是何方？钱大昕没有去考究，本文打算对其做更进一步阐发。

借助某些符号对文本进行标识，早在甲骨文中就出现了，贞人们利用横线或竖线来分别不同条的卜辞。在"侯马盟书"中，开始有不规则的点号，表示句意的停顿或完结。在睡虎地秦简中，黑点号被用来划分章节，表示停顿。两汉以后，这些圈号和点号得到了广泛的应用，标识功能也进一步加强，可以用于灭字、乙字、标示篇名等等，大小形制也有了变化，出现了●、⊙、◎等不同形状的符号。

用圈点这一方式来标示声调起于何时呢？清末缪楷《经馀随笔》卷一云："四声起于齐梁，近世塾师以朱圈记字之四角以别四声，亦起于齐梁。"[1]汉魏以来，出现了众多的注音释义类专书，人们开始采用在汉字的四角画圈点的方法来为汉字标示声调，从而区别词性和词义。王夫之说："一字而发为数音，其原起于训诂之师，欲学者辨同字异指、为体为用之别，而恐其遗忘，乃以笔圈破，令作别音而记其义之殊。"[2]所以，圈或点是用来作标记用的，"发"指用破读来生发新音新义，如破平声新发去声等，也就是音变构词。[3]

今天所能见到的文献中，最早用"点发"一词的是颜师古，其《匡谬正俗》卷六"副"字条云："副，副贰之字，副字本为福，字从衣畐声，今俗呼一袭为一福衣，盖取其充备之意，非以覆蔽形体为名也。然而书史假借遂以副字代之，副本音普力反，义训剖劈，字或作疈。《诗》云：'不坼不副'，《周礼》有'疈辜'，并其正义也。后之学者不知有福字，翻以副贰为正体，副坼为假借，读《诗》'不坼不副'，乃以朱点发副字，已乖本旨。"[4]《诗》之"副坼"，颜师古认为用的是本义，当读作普力反，为职韵入声字，不必点发。而"副贰"义非本义，应该点发为去声（《广韵》敷救切，去声）。可惜的是，颜氏没有提及点发的具体位置。

唐李济翁在《资暇集》中谈"点书"时说："稷下有谚曰：'学识何如观点书'。书之难，不唯句读义理，兼在知字之正音借音。若某字，以朱发平声，即为其字，发上声变为某字，去入又改为某字。转平上去入易耳，知合发不发为难。不可尽条举之，今略推一隅。至如亡字、无字、毋字、母字，并是正音，非借音也。今见点书，每遇亡有字，必以朱发平声，其遇毋有亦然。是不知亡字、无字、毋字、母字，点画各有区分。亡字之亡，从一点一画一乚，观篆文当知矣。是以亡字正体，作亡

　　[1]　[清]缪楷：《经馀随笔》卷一，《丛书集成续编》本。
　　[2]　[清]王夫之：《船山遗书》第五卷，北京出版社1999年版，第2729页。
　　[3]　万献初：《〈附释文互注礼部韵略〉"互注"异音考析》，载《中国语文》2008年第1期。
　　[4]　[唐]颜师古：《匡谬正俗》，《万有文库》本，第62页。

失之亡，乚中有人。毋有字共画尽通也，父母字中有两点。刘伯庄《音义》云'凡非父母字之毋，皆呼为无字'是也，义见字书。其无无（上无下既），今多混书，陆德明已有论矣，学者幸以三隅反焉，可不起予乎？"[1] 李氏的所谓"点书"，即包含有点发的意思，其点发的主要目的是为了辨析字音，同时也兼辨形近字。

第一次较为具体讲到点发的是唐代的张守节，他在《史记正义·序》"发字例"中说："古书字少，假借盖多，字或数音，观义点发，皆依平上去入，若发平声，每从寅起。又一字三四音者，同声异唤，一处共发，恐难辨别，故略举四十二字，如字初音者，皆为正字，不须点发。"[2]

从张守节的论述中我们不难看出，词义发展、一字数音是点发的主要原因。其点发的原则是"观义点发"，不点发的，则念作该字的最常见的时音，即"如字"，点发的具体方式是"皆依平上去入，若发平声，每从寅起"。

"寅"当是指平声所标示的位置，究竟是哪个位置呢？张氏没有进一步解释，古文献中也没有专门的论述。这还得从古人的历法和空间观念说起，《淮南子·天文训》云："东方，木也……其日甲乙。南方，火也……其日丙丁。中央，土也……其日戊己。西方，金也……其日庚辛。北方，水也……其日壬癸。"又云："甲乙寅卯，木也；丙丁巳午，火也；戊己四季，土也；庚辛申酉，金也；壬癸亥子，水也。"[3] 按古人坐北朝南的方位习惯，可以图示如下（见图3-1、图3-2）。

另外，马王堆汉墓出土的《禹藏图》小图和双古堆出土的古式地盘背面，也有类似的图式（见图3-3、图3-4）。[4]

如图3-2所示，"寅"处当指汉字的左下角位置，为什么点发时先从寅开始而不从其他地支开始呢？这与古人的历法观念有关，夏历是以建寅为岁首，故《淮南子·天文训》说"正月建寅，月从左行十二辰……天维建元，常以寅始起，右徙一岁而移，十二岁而大周天，终而复始"[5]。南宋陈元靓《事林广记》壬集卷七《论命括例·十二生肖掌诀》也是将寅排在掌图的左下位（见图3-5）。[6]

由寅位点平声可知，上、去、入的位置应该是巳、申、亥，钱大昕说："寅、巳、申、亥，当四维之位，平起寅，则上在巳，去在申，入在亥也。"[7] 何为四维呢？《淮

[1]　[唐]李济翁：《资暇集》，影印文渊阁《四库全书》本，第148页。

[2]　[唐]张守节：《史记正义》，影印文渊阁《四库全书》本，第968页。

[3]　[东汉]高诱：《淮南子注》，上海书店1986年版，第37页。

[4]　李零：《中国方术考》，东方出版社2000年版，第133页。

[5]　[东汉]高诱：《淮南子注》，上海书店1986年版，第42页。

[6]　[日]平田昌司：《〈皇极经世声音唱和图〉与〈切韵指掌图〉》，载《东方学报》1984年第3期。今国内椿庄书院本《事林广记》无此图，疑平田先生所据底本为日本元禄翻刻本。

[7]　[清]钱大昕：《四声圈点》，载《十驾斋养新录》卷五，第90页。

南子·天文训》云："丑寅、辰巳、未申、戌亥为四钩（即图 3-4 中的 L 形曲线）。东北为报德之维也，西南为背阳之维，东南为常羊之维，西北为蹄通之维。"高诱注："四角为维也。"[1] 则可知东北、西南、东南、西北四个角落为四维之位（即图 3-4 中的 / 斜线），丑寅围成了东北角，辰巳围成了东南角，未申围成了西南角，戌亥围成了西北角，析言之，四维与四钩有别，统言之，四钩即四维也。故古人在韵书中论圈发的位置时，图示的都是正四维之位（见图 3-6），[2] 但读书人和刻书人在具体圈发时，却不是那么严格，往往是正四维之位和四钩之位都可以圈发，如北京图书馆编的《中国版刻图录》第二册中，宋刻宋元递修本《扬子法言注》的书影、明天启五年王氏方渚馆刻本《曲律》的书影、民国十八年故宫博物院图书馆影印的《故宫善本书影初编》中的元盱郡重刊宋廖氏世彩堂本《论语》、《孟子》的书影中都可以找到这样的例子。[3]《明代版本图录》中的《国语》九卷书影和《元史续编》书影也是如此。[4] 另外，椿庄书院本《事林广记》图示圈发的位置也在丑、巳、未、亥四处。[5]

依张氏所说，圈发当时用的是点号，故曰点发，但宋以后，文人多喜用圈，钱大昕云："宋以来改点为圈，如相台岳氏刊五经，于一字异音皆加圈识之。"[6]《相台书塾刊正九经三传沿革例》之"音释"条中多处提到圈发，如：

> 音有平上去入之殊，则随音圈发。
>
> 今所校者，于疑似处亦音之，间有注字不附音，亦一一圈发矣。又如"先、后"二字，指在先在后之定体，则先平声后上声，若当后而先之，当先而后之，则皆去声。又如"左、右"二字指定体而言，则"左、右"皆上声，指其用者而言，则皆去声，亦已随意圈发。
>
> 盖陆德明作《释文》时不甚检点，故后先倒置尔，今各随其义而加圈。
>
> 有字同音异随注义以为别者，如《诗大序》注谓："好逑也，好，呼报反"，《关雎》"君子好逑"则以如字为初音，呼报反为次音，盖《大序》郑注也，故注文好逑之好从呼报反，圈发为去声，若《诗》则先有毛传而后有郑笺，当以毛音为正，故《诗》文"好逑"从毛音。[7]

---

[1]　[东汉] 高诱：《淮南子注》，上海书店 1986 年版，第 39 页。

[2]　[清] 释法轮：《重增标射切韵要法全集一卷》，清刻本，第 3 页。

[3]　杨建忠、贾芹：《谈古书中的"点发"》，载《古汉语研究》2006 年第 3 期。

[4]　潘承弼、顾廷龙：《明代版本图录》，《民国丛书》本。

[5]　[宋] 陈元靓：《事林广记》，载《续修四库全书》本，第 366 页。

[6]　[清] 钱大昕：《四声圈点》，载《十驾斋养新录》卷五，第 90 页。

[7]　[宋] 岳珂：《相台书塾刊正九经三传沿革例》，载《粤雅堂丛书》本，第 7 页。

岳氏的圈发方式显然与唐人有所不同，唐人是"如字初音者皆为正字，不须点发"，只点所谓的"借音"，而岳氏是把"正音"、"借音"都圈发，圈发的原则是"随音圈发"。岳氏的这种做法在宋代是比较普遍的，陈骙《南宋馆阁录》卷三之"校雠式"："诸点发字本处注释有音者，即以朱抹出，仍点发。其无音而别经传子史音同有可参照者，亦行点发。或字有分明，如传记之传（柱恋切），为邮传之传（株恋切），又为传习之传（重缘切）；断绝之断（徒玩切），为断绝之断（都管切），又为决断之断（都玩切）；轻重之重（直陇切），为再重之重（储用切），又为重叠之重（传容切）；春夏之夏（亥驾切），为华夏之夏（亥雅切）；远近之近（巨谨切），为附近之近（巨靳切）之类，虽本处无音，亦便行点发。"[1] 陈骙所记录的点发之字，训诂学上通常叫做四声别义，实际上就是音变构词，宋代音义之学承《经典释文》之余绪，不但有如《孟子音义》之类的专书音义，也出现了象贾昌朝《群经音辨》之类的诸经音义，《群经音辨》集中而又系统地分类辨析了《经典释文》所录存的群经及其传注中的音变构词材料，为汉语单字音变构词的研究做了相对完备而又集中的材料搜集与疏理工作 [2]，因而经常为宋元以来的书院塾师们所称引，书中辨析的一千一百多组同形异音异义词，自然也是学子们读书时圈发的对象。

宋代的圈发还有一种特殊的方式，就是把有异读音的汉字置于一个大圆圈或八角方圈内，然后分韵排列，不同的音在不同的小韵中重复出现，因而谓之"互注"，如《附释文互注礼部韵略》东韵下"峒"字即写作Ⓜ，下有双行小字："峆峒，山名。释云：北戴斗极为峆峒。又徒弄切，见送字韵。"送韵下有Ⓜ："山穴。又徒红切，见东字韵。"[3] 全书共一千四百一十九个字头加了三千零四十八个圈，圈发的内容有同义异音、专名音变、用字假借等，但重点还是为了标示和辨析单字音变构词，其中变调构词一千零四十七次，仅去声变调就有七百七十九次，占变调总量的74.4%。[4]

宋人也有喜欢用点的，楼钥《攻媿集》卷五十二云："叔祖字元应……于六经句读点发，悉有定规，如'不'字本方久切，凡书之'不'字，皆点入声。'其'字皆点平声，惟'夜如何其'则不点，盖本是以箕字而借为其也。"[5] 缪楷云："据此则宋人仍有作点者，惟所言'不'字、'其'字两字之点与今塾师正相反，此则

---

[1]　［宋］陈骙：《南宋馆阁录》，影印文渊阁《四库全书》本，第 425 页。

[2]　万献初：《汉语构词论》，湖北人民出版社 2004 年版，第 125 页。

[3]　［宋］丁度等《附释文互注礼部韵略》，《四部丛刊续编》本。

[4]　万献初：《〈附释文互注礼部韵略〉"互注"异音考析》，载《中国语文》2008 年第 1 期。

[5]　［宋］楼钥《攻媿集·三家诗押韵序》，影印文渊阁《四库全书》本。

宋人犹为识字，今则世风日下，小学愈不明之过也。"[1]

元代详辨四声别义的有刘鉴的《经史动静字音》和程端礼的《程氏家塾读书分年日程》。《经史动静字音》卷首云："凡字之动者在诸经史当以朱笔圈之，静者不当圈也。"[2] 其用半圆圈发之字，几乎全为去声，可见去声变调构词在元代读书音中依然兴盛。《程氏家塾读书分年日程》除将贾书卷六全部例字收入卷三外，还多处论及圈发，如卷一"师授本日正书"条："预令其套端礼所参馆阁校勘法，黄勉斋、何北山、王鲁斋、张导江及诸先生所点抹四书例，及考王鲁斋《正始音》等书点定本，点定句读，圈发假借字音，令面读，子细正过。"[3] 这是教塾生通过点读圈发的方式来预习课文。卷二《批点经书凡例》述"勉斋批点四书例·发音例"云："并考许叔重《说文》及郑夹漈《六书略》，每字有两音者，先依夹漈所正叔重之误者，余方依叔重，先《正始音》，然后依本文音义，随四声圈发。其音义参陆氏《经典释文》、贾氏《群经音辨》，大抵依朱子为主。"[4] "批点韩文凡例"提到了圈发的位置和颜色："假借字，先考始音，随四声，红侧圈。"[5] "所用点子"条还介绍了怎样制作圈发的专用工具："以果斋史先生法，取黑角牙刷柄，一头作点，一头作圈，至妙。凡金竹木及白角，并刚燥不受朱，不可用也。（自注：造法：先削成光圆，如所欲点大小，磨平圈子，先以锥子钻之，而后刮之，如所欲。）。"[6] 另外，刘鉴在《经史正音切韵指南》中，还列有"五音分辔之图"（见图 3-7）和"平仄指掌图"（见图 3-8），明确标识了圈发的位置。[7]

明代张位的《问奇集》和《发音录》都是音义体的专书，《问奇集》卷下"假借圈发字音"[8] 及《发音录》卷首均说："古人字多借用，常有一字而数音者皆旁侧点发，依平上去入四声为用。"[9] 张氏还将馆阁讲读中的一些有异读音的字附于文后，细考之，这些字绝大部分都是采用变调的方式来构成新词。另据李荣先生考证，晚明刻的通俗小说《三言》，也用圈发的方式来区分多音字[10]，可见用圈发来标音已经是多么的普及了。

---

[1] ［清］缪楷：《经余随笔》，《丛书集成续编》本，第 40 页。

[2] ［元］刘鉴：《经史动静字音》，《芋园丛书》本，第 63 页。

[3] ［元］程端礼：《程氏家塾读书分年日程》，《丛书集成初编》本，卷一，第 3 页。

[4] ［元］程端礼：《程氏家塾读书分年日程》，《丛书集成初编》本，卷二，第 30 页。

[5] ［元］程端礼：《程氏家塾读书分年日程》，《丛书集成初编》本，卷二，第 34 页。

[6] ［元］程端礼：《程氏家塾读书分年日程》，《丛书集成初编》本，卷二，第 30 页。

[7] ［元］刘鉴：《经史正音切韵指南》，《四库全书》本，第 856—857 页。

[8] ［明］张位：《问奇集》，《续修四库全书》本，第 195 页。

[9] ［清］李元春辑：《青照堂丛书》，清道光十五年朝邑刘氏刻本。

[10] 李荣：《文字问题》，商务印书馆 1987 年版，第 61 页。

入清以后，在总结传统音义材料的基础上，出现了众多的"音义辨"、"韵辨"类著作，其目的是为了分辨同形异音异义词的区别，以便准确地理解经注中该类词语的意义，方便科举考试时选韵辨义之用。因此，学子们在读书时就格外重视这类同形异音异义词，随音圈发也是一如从前，一些韵书中还用图示的方式教人如何标调（见图3-9）。[1]

五四运动以后，老一辈的学者圈点古籍，仍然喜用圈发符号，如黄侃手批白文十三经，就是用半圈来标音，只是其标音的位置并不固定，四维及其周边也都有圈发。

解放后，《方言调查字表》和《汉语方音字汇》也都是用半圈的方式记声调，标记的位置也逐渐固定在汉字的正四角（见图3-10），阴调用半圈来表示，阳调则在半圈的下方加一短横以示区别（见图3-11）。

图 3-1

图 3-2

图 3-3

图 3-4

图 3-5

图 3-6

图 3-7

图 3-8

图 3-9

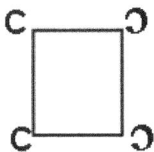

图 3-10

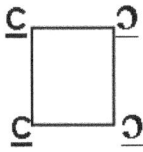

图 3-11

[1]　［清］赵培梓重编：《增补剔弊五方元音》，上海广益书局，民国间印行，第5页。

第二节　钱大昕的古声纽研究

钱大昕的古声纽研究结论有六条：古无轻唇；古无舌上；古人多舌音；古影喻晓匣不甚区别；古无牙音；古无心审之别。这六条结论，既有前贤经验的总结，也有钱大昕个人的独创。这些古声纽研究史上里程碑式的总结，为后人进一步探究古音打下了坚实的基础。

一、清以前的古声纽研究

在没有韵书和未发现四声之前，人们对语音的感受是不自觉的，是纯经验式的，更不会有人专门从事声纽研究。两汉时期，出现了《说文》、《尔雅》、《方言》、《释名》等小学著作，但对声类的感知，还只是停留在实际运用阶段，没有也不可能上升到理论的高度。学者们用双声、叠韵的方式为人为物取名；经籍训诂中采用音训的方式解释字词、疏通句意；或者在文献用字中，采用声同或声近的汉字进行替代，形成了文字的假借。

在先秦诗歌中，人们早已注意到了韵律的谐和。魏晋以后，随着四声的运用和韵书的出现，人们在诗歌写作或日常讽咏时更加讲究押韵。中国传统诗歌多以尾字为韵，而韵正好处于音节的末尾位置，其中的主要元音发音清晰响亮，韵尾辅音兼有收音归音的作用。因此，作为音节重要组成部分的韵，韵理所当然成了人们关注的重点。传统的音韵研究，就是从韵开始的。与此同时，作为辅音的声纽虽然没有像韵那样受到普遍的重视，但也引起了文人们的关注。《南史·谢庄传》云："王元谟问庄，何者为双声，何者为叠韵？答曰：'互护为双声，碌碡为叠韵。'"可见当时人们已经认识到了双声在诗歌创作中的特殊意义。但一直到宋末，上古声纽的研究还是空白，原因有两点：一是观念与传统的问题，古人诗文一直以韵为重，而声相对受到冷落；二是材料的问题，古韵研究有上古韵文、经籍异文、汉字谐声、声训异读等材料，而古声的考求，却要难得多。这种局面直到宋末元初才渐渐有了新的曙光，戴侗在《六书故》中以"因声求义"为先导，格外注重以声纽为纽带进行声训，该书虽是训诂著作，但较之汉代的音训，已经有了很大的进步。另外，宋人的疑辨思想也是启迪人们积极思考古音，揭示古声纽神秘面纱的重要动因之一。

明陈第拉开了古声纽研究的序幕，他在《毛诗古音考》中列举了众多的古读，如"服，音逼"、"田，音陈"、"辐，音逼"、"颠，音真"、"福，音偪"、"伏，音偪"、"蜀，音必"、"副，音闢"、"填，音真"等音注材料，都是所谓的轻重唇音、舌头与舌上音之间的"类隔"，这些不同于今音的音注给了钱大昕很大的启法。后来，钱大昕在辑录古声纽资料时，也是借鉴了陈第的做法，多以异文和音注为主。钱大昕对顾炎武历来都是崇敬有加的，但当他看了《毛诗古音考》后，才明白顾氏和陈第的古音思想是有渊源的，他不得不感叹："顾氏之说，出于陈第"[1]，陈第的古声说，对钱大昕的古声说的提出，具有积极的启发意义。

明末方以智在《通雅》中已经初步意识到了古舌头舌上、轻唇重唇之间的关系：

《通雅》卷一《疑始》"鮦误音绉"条："鮦从同，自音同，推因古人口齿同重相混。如種穜通用，衢衝鐘鍾皆是一声。"[2]

又《通雅》卷六《释诂》：

> ……俯伏，轻唇。匍匐，重唇。故古人之字通转。《檀弓》引《诗》"扶服救之"。《左传》宋公子城射张匄，折股，扶服而击之[3]。《汉书·传》："扶伏称臣。"《霍去病传》："扶伏叩头。"[4]

《通雅》卷五十《切韵声原》之"论古皆音和说"条：

> 详考经、传、《史》、《汉》、注、疏、沈、孙以至藏释，皆属音和，但于粗细不审，而舌齿常借，唇缝常溷尔。[5]

方以智提出了古音音和说，认为"舌齿常借，唇缝常溷"，"且以类隔门言之，谓以端母切知，知母切端，此不过孙愐字一切也，然四切已违其三矣。都江切椿，非古读都如端，则讹耳，考《说文》椿啄江切、《韵会》株江切，非确证乎？"[6]他虽然没有明确提出唇音和舌音在古音中各只有一类，但其观点已经逐渐明朗。另外《通雅》中有将近三十处提到喉牙音之间的互混问题[7]。这些都是钱大昕古声纽研究的先声。

钱大昕的古声纽研究当有借鉴过方以智的研究成果。《潜研堂文集》卷三十四《答袁简斋书》云："方密之谓古宰相无印，支俸皆借翰林院印，此特谓明之大学士耳。"考《通雅》卷二十三《官制》"学士，古史之遗而任遇殊矣"条下引《笔麈》云："……

[1]　[清]钱大昕：《答问十二》，载《潜研堂文集》卷十五，第231页。

[2]　[明]方以智：《疑始》，载《通雅》卷一，第4页，中国书店1990年影印浮山此藏轩姚文燮刻本。以下各版本同。

[3]　《左传》（昭二十一年）原文为："张匄抽殳而下，射之，折股。扶伏而击之，折轸。又射之，死。"《校勘记》云："扶伏，诸本同。《释文》云：'本或作匍匐，同。'"见《十三经注疏》，中华书局1980年版，第2098页。

[4]　[明]方以智：《释诂》，载《通雅》卷六，第76页。"扶伏称臣"当出自《汉书·匈奴传》。

[5]　[明]方以智：《切韵声原》，载《通雅》卷五十，第607页。

[6]　[明]方以智：《切韵声原》，载《通雅》卷五十，第607页。

[7]　周远富：《方以智〈通雅〉与上古声纽研究》，《语言研究》2002年第4期。

宰相以本学士而加官，故无印，止有文渊阁印，以封进御览。此外即支俸皆借翰林院印。"方以智按："智谓今时宰相，无其官，而有其权也。"[1] 此外，大昕侄子绎、侗著述之中亦多引方氏说，如《方言疏证》卷九："舟小而深者谓之木木鞏。"疏云："方密之《通雅》云：今皖江之太湖呼船小而深者谓之䑹艚。"由此确知钱氏及其族人均见过《通雅》，钱氏研究古纽之学得益于方氏当属无疑。

二、清代的古声纽研究

清代，是古音学研究的兴盛期，近三百年的时间里，涌现出了众多的音韵学家。但是，现代学者在谈到清代古声纽研究时，往往把钱大昕视为第一人，认为"古无轻唇"、"古无舌上"等都是钱大昕的发明。仔细考察清代音韵研究史，我们不难发现，钱大昕并不是第一人。在他之前，已有一部分学者在从事古韵研究的同时，也兼及了古声纽的研究，并且提出了自己的音韵主张。但由于种种原因，他们的古声纽思想没有得到进一步的阐发，因而没有造成像钱大昕那样的学术影响。钱大昕则不同，他出身于书香世家，青少年时期良好的家庭教育和博览群书为他的求学之路打下了坚实的基础。为官京城，使他有机会接触更多的学术文献，有条件与更多的大师进行学术交流，学术视野更为开阔。作为主考官和书院山长，又使得他培养了一大批有学术影响的继承人。所以，钱大昕古声纽成就的取得，是各方面机遇和条件综合的结果，是他在前人基础上的更进一步的深入和发挥。下面，我们将对钱以前的古声纽研究作一个简要的回顾，以期能够理清清代古声纽研究的基本线索，明确钱大昕在这个领域的历史贡献和学术地位。

顾炎武是清代音韵学研究的第一人，他在陈第等人的影响下，扛起了清代古音研究的大旗，他的《音学五书》虽以古韵研究为主，但其中也有不少有关声纽的论述，如：

> 冯，房戎切，古音凭。《春秋·庄二年》"宋公冯卒"，冯音皮冰反。《山海经》"冰夷"注"冰夷，冯夷也，《竹书》作冯夷，字或作冰也"。《说文》："冯，从马，仌声。"元吾衍《闲居录》曰："舜生诸冯及晋人有冯妇之类皆音皮冰反，古不音房戎反也。"[2]

> 《仪礼·乡射礼》："君国中射则皮树中"，今文皮为繁。《汉书》："御史大夫繁延寿"，繁音婆。按此则鄱番蕃繁四字皆得与皮通。以皮字音婆故也。[3]

---

[1] ［明］方以智：《官制》，载《通雅》卷二十三，第290页。

[2] ［清］顾炎武：《唐韵正》，载《音学五书》卷一，中华书局1982年版，第224页。下各版本同。

[3] ［清］顾炎武：《唐韵正》卷二，第247页。

兵，甫明切。古音必良切。[1]

明，武兵切。古音谟郎反。今以字母求之，似当作弥郎反。[2]

但顾炎武仅是零星地提到了这些例子，并未深入论证，也没有下结论，但作为清代上古声纽研究的开端，其启蒙意义是不可忽视的，故黄侃云："古声纽之说，萌芽于顾氏。"[3]

钱大昕对顾炎武在清代古音学上的开创性意义给予了积极地评价，他说："顾氏讲求古音，其识高出于毛奇龄辈万倍而大有功于艺林者也。"又说："顾亭林论古音分部最有伦理。"[4] 同时又对顾氏的"方音说"极不满意，提出了自己的"转音说"。钱大昕对顾氏的古音学了如指掌，所以他不可能对顾氏的古声说毫不知情，正是陈第、顾炎武以来的古声说的积极引导，钱大昕才有可能提出自己的古声说。

顾炎武的好友柴绍炳精于等韵门法，他认为古音皆音和，无"类隔"或"交互"，"夫古法无论，即字母初建，唇音止四，尚缺帮滂奉微，轻重略似，何为交互？说者从温首座增补之后更发斯论，譬则以汉律断周事也"[5]。他从古今音异的高度，阐述了在字母没有产生之前，唇音与唇音，齿音与齿音之间，都只是"清浊差次，本可无讹"[6]，后世所谓的"类隔"与"交互"，都是人们"自缚自解"[7] 的结果。柴绍炳能通过等韵分析的形式看到"类隔"等问题的症结，实属不易，但他却只谈到了"音和"，并未论及上古唇音和舌音的归并问题。

黄生在《字诂》和《义府》中，对唇音和舌音的关系也有较清楚的认识。如《义府》卷上"封"条云：

《檀弓》"县棺而封"，注：读为窆。按《周礼·冢人》作"窆"，陆彼验、补邓二反。（左传》（昭十二）作"堋"，陆北邓反，徐甫赠反。愚按补邓、北邓、甫赠并同音崩去声，"封、窆、堋"三字通用。若从彼验反，则"封、堋"字不可同一音矣。[8]

黄生认为"封、窆、堋"三字通用，则"补、北、甫"三个反切上字声纽相同，

---

[1]　［清］顾炎武：《唐韵正》卷五，第286页。

[2]　［清］顾炎武：《唐韵正》卷五，第280页。

[3]　黄侃：《文字声韵训诂笔记》，上海古籍出版社1983年版，第151页。

[4]　［清］钱大昕：《答问十二》，载《潜研堂文集》卷十五，第227页。

[5]　［清］柴绍炳：《正音切韵复古编·杂说·十三门法是非辨》，《续修四库全书》本，第381页。下版本同。

[6]　［清］柴绍炳：《正音切韵复古编·杂说·辨字母等韵得失》，第378页。

[7]　［清］柴绍炳：《正音切韵复古编·杂说·辨字母等韵得失》，第379页。

[8]　［清］黄生撰、黄承吉按：《字诂义府合按》，中华书局1984年版，第122页。

但他们究竟该读轻唇还是重唇，他没有明说。相比之下，钱大昕对于此条却举了更多的例证来论证：

> "封"又读如"窆"，《檀弓》"县棺而封"注："封当为窆，下棺也。"《春秋传》作"堋"。《周礼·乡师》"及窆，执斧以莅匠师"，郑司农云："窆谓葬下棺也。《春秋传》曰：'日中而堋'，《礼记》所谓'封'者。"《太仆》"窆亦如之"，郑司农云："窆谓葬下棺也。《春秋传》所谓'日中而堋'，《礼记》谓之'封'，皆葬下棺也，音相似，'窆'读如'庆封氾祭'之'氾'。"《左传》"日中而堋"，《释文》："堋，北邓反，下棺也。《礼》家作'窆'，彼验反，义同。"《说文》："堋，丧葬下土也，《礼》谓之'封'，《周官》谓之'窆'。"封，府容切；窆，方验切；堋，方邓切（徐邈音甫邓切），声皆相似，故可互转。后儒不通古音，乃有类隔之例，不知古音本无轻唇也。古人读"封"如"邦"，先郑云："窆、堋、封音相似。"是东京尚无轻唇音。[1]

钱大昕不但清楚地表明"古音本无轻唇"，而且依据先郑的音证，认为东汉时轻唇音尚未从重唇中分离出来。这与现代学者研究的结果是一致的，轻唇音的独立，大约是从唐开始，到了宋初就基本完成了。[2]

又如《义府》卷上"免"条云：

> 《礼记·檀弓》："檀弓免焉。"免者，免冠而以布缠其头也。旧音问。按，问当作谟忿切，始得其声（吾乡呼问如闷，正合古音）。如楚夫人邓曼之音万，亦当作莫饭切。《尔雅》之"孟诸"，《周礼》谓之"望诸"，"望"亦莫浪切（吾乡作此音），皆古音也。[3]

免、闷，《广韵》明母字。问，微母字。黄生用自己的方言证明古音微母当读作明母。其"望诸"即"孟诸"条，钱大昕曾说：

> 古读"望"如"茫"。《释名》："望，茫也，远视茫茫也。"《周礼·职方氏》："其泽薮曰望诸。"注："望诸，明都也。"疏："明都即宋之孟诸。"（古音孟如芒）

按：望，微母。茫、芒、孟，明母。

再如《字诂》中的"宓宓"条，黄生在列举十几条例证后指出："古'伏、宓'皆读如粥，故'宓、宓'皆以必为声。其'宓妃'、'宓贱'之借用宓者，音即随

[1]　[清]钱大昕：《古无轻唇音》，载《十驾斋养新录》卷五，第125页。

[2]　万献初：《音韵学要略》，武汉大学出版社2008年版，第91页。

[3]　[清]黄生撰、黄承吉按：《字诂义府合按》，中华书局1984年版，第103页。

之而转，但俗人仍读如密，则为大谬。苟欲刊谬正俗者，但当正其音，不当斥其误也。"[1] 黄生能够根据众多的文献材料指出前人单纯辨识汉字形体是不识古音之举，他认为"虑、伏、弼、宓"其实同音。

黄生能够利用自己的方言，证实"问"读作"闷"正合古音，言下之意是古音轻唇都应该读作重唇，遗憾的是，黄生虽明白此理，却未正式提出结论。对于舌头与舌上音，黄生认为两者可以互通，没有提出何为古音。

钱大昕为文谨慎，不喜欢掠人之美，其说与前人有偶合者，经常会在整理时予以删除，但钱氏用例与黄生说多有交叠之处。照理说，钱大昕曾协助编撰《音韵述微》一书，当朝人的音韵著作，钱氏不可能不知，此其一。《字诂》和《义府》都被收进了《四库全书》，钱氏门生邵晋涵及其弟钱大昭均曾参与过《四库全书》的编校，钱氏本人虽未参与《四库》的编纂，但他对《四库》所收书籍格外关注，其校勘成果还被纪昀采纳过。如此说来，说钱氏不知道黄生，恐怕难以令人信服。或许正是因为受黄生等人的启发，钱大昕才提出了"古无轻唇"和"古无舌上"的结论。从钱大昕的例证中，我们明显可以找到与黄生重合的地方，但钱氏用例要丰富得多。

熊士伯著有《等切元声》，他通过等韵分析的方式，说明古音泥娘二母应该合并：

> 尝疑《切法古直图》三十二字可诵，三十六字母中知非八母不可诵。盖精照上下相承……而泥娘音同，读却不顺。因疑《说文》"娘"注"烦扰也"。《玉篇》切汝阳，本读穰，与泥相承，不应填泥母字。怪切字家前此皆俱愦。惟方宓山云："娘读穰同日。读尝同审。"略通此义。今细求之，娘无读"尝"理，即谓读穰同日，不又重日母耶？齿之高呼与牙音同。有音不成字似日非日，其所以读娘同泥者，以二三等之端透定每无字，唯泥母有字，既添知彻澄矣。若再用娘母，虽上下相承，其于二三等有泥母字者，不俱碍耶？故用娘代泥，不拘读法顺否。[2]

李光地对舌头和舌上音的关系也有过研究，他说：

> 至于知彻澄娘之为舌音，今存者娘字耳。余三字则皆入齿音，不知自何时而变，惟闽广人则尚有之。考邵康节《经世》以知彻二字列于齿音之后，而以娘字暗对日字。则意其时已暑如今人音，但不知轻重齿之外当作如何取此声也。又数字，今人读之只是非奉一类，不与微字同类，在古音必当别。故风字为方冯切，丰字则敷冯切，则是非敷有两读，而风与丰为两音也。此类与世推移，皆有不可以时音概者。[3]

---

[1]　[清]黄生撰、黄承吉按：《字诂义府合按》，中华书局 1984 年版，第 20 页。

[2]　[清]熊士伯：《辨娘母同泥之故》，载《等切元声》卷二，《续修四库全书》本，第 231 页。

[3]　[清]李光地：《南北方音及古今字音之异》，载《榕村集》卷二十九，影印文渊阁《四库全书》本，第 24 页。

他在《音韵阐微·凡例》中也有过类似的表述：

> 知彻澄三母，古音与端透定相近，今音与照穿床相近。又泥母与娘母，非母与敷母，古音异读，今音同读。

李氏为福建人，他以闽方言为例，说明知端两组同属舌音，但并未说明古音舌上归入舌头。在《覆发阅王兰生所纂韵书札子》中明确提出了知母与端母在古音中同类："古今音不同……字母中知彻澄古读与端透定为类，今读与照穿床为类。敷字古音与非字异读，今亦读为一类。此等近代元明韵书多混而一之，似非存古之意。故音虽从时，而其部伍则仍其旧。"[1]

徐用锡在《字学音韵辨》（未刊）一书中，承其师李光地之说，提出了古音舌上读舌头说。刘赜曾在《声韵学表解》中抄录如下：

> 等韵舌音，端透定泥是矣。知彻澄娘不与照穿等同乎？曰：此古今异耳。今惟娘字尚有古音，然亦有顺知彻澄而读若穰者。知，古读若低，今读若支；彻，古读若铁，今读若赤折切；澄，古读若登之下平，今读若惩，故曰舌上音。自端透定泥为舌头，知彻澄娘为舌上；精清从心邪为轻齿，照穿床审禅为重齿；帮滂并明为重唇，非敷奉微为轻唇，皆分两类。今闽音尚于知彻澄娘一如古呼。不尔，岂舌音少四声，而齿音独多四声？斯亦不伦之甚矣。[2]

徐氏通过等韵分析、古今读若对比和闽方言例证，说明了舌上音古当读作舌头音，但对于唇音，他只说了今唇音分为轻重两类，未说古音只有重唇。

清人对古声组的认识到了李光地、徐用锡师生时，已经达到了一定的高度，尤其是他们能运用等韵的方法，结合方言来论证古音，使古声组的真实面貌变得逐渐明晰起来。但真正对古唇音、舌音的分化作出准确描述和论证的，当属钱大昕。钱氏的古声组研究成就，少不了李、徐二人的功劳。钱大昕的弟子任兆麟曾纂《声音表》，将非组合于帮组，并说："竹汀钱师云古无轻唇音。"又将知组并于端组，曰："《性理精义》云知彻澄娘等韵本为舌音……如《周易释文》'长'字注丁丈反，《诗》'池'字注唐何反，使不晓舌音变齿音之说，则不能通矣……今唯闽广尚是古音。"[3]《声音表》收入《有竹居集》，文集所收篇目为钱大昕所选。段玉裁在乾隆五十八年（1793）为《有竹居集》作序并称任氏为竹汀、西庄等人所重。钱氏不可能没有见过任氏的《声音表》，也不可能没有阅读过《性理精义》这样的官书。由此看来，钱大昕的古声组结论，的确是借鉴了李氏师生二人的研究成果。

仇廷模精于等韵，他对古唇音和舌音也有自己的见解，《古今韵表后编》云：

[1] ［清］李光地：《榕村集》，影印文渊阁《四库全书》本，第 26 页。

[2] 刘赜：《声韵学表解》，《国立武汉大学丛书》本，商务印书馆 1934 年版，第 97 页。

[3] 转引自李葆嘉：《清代上古声组研究史论》，北京广播学院出版社 2002 年版，第 139 页，下仿此。

惟论古法，有最不可解者，知类与端类回互。其在纬韵之具前经部者，及俗韵原依雅韵，尚有明音可以矫合（如知摛驰作低梯题读，朝超潮作习挑条读，椿幢作当唐读，嘲作刀读），已堪绝倒，其它一无明音可比者，更奈何矣。又非类与邦类回互，蔑却昭朗之牙音，凡此即起古人而问之，当亦无以解也。（夫敷扶无与逋铺蒲谟同；方芳房亡与邦滂旁茫同。）[1] 仇氏所说的"牙音"有别于常说的"见溪群疑"四母，而是指"非敷奉微"四个轻唇音。"回互"就是类隔，"知类与端类回互"就是说在古音之中，知类都读作端类。"非类与邦类回互，蔑却昭朗之牙音"，就是说古音中非类都读作了邦类，没有了所谓的轻唇音一说。

江永精于审音，他曾批评顾炎武"考古之功多，审音之功浅"[2]，在《音学辨微》实际审音的过程中，他提出了"三四等之重唇不可混也，照穿床审之二等三等不相假也，喻母三等四等亦必有别"的论断。[3] 江氏明知古今音有变化，但囿于保守的字母观，使他不能从古今语音分合的角度来论证古声纽，因此，他只能用"转"、"改"等术语来解释古今声纽的不同，如"不之为弗，帮非转也。勃之为艴，旁敷转也"又"陈改田者，舌上改入舌头"。江永虽未归纳上古声纽的基本情况，但对后来钱大昕提出"古无轻唇、古无舌上"有着直接的影响，也对陈澧分正齿为二、三等，分喻母为喻三、喻四有启发意义。江永去世后，钱大昕曾作《江先生永传》，高度赞扬了江氏的声韵与推步之学，并提及江永"殁后一年，诏修《音韵述微》，尚书秦文恭公请于朝，令江南督臣檄取先生所著韵书三种进呈，贮馆以备采择"。钱大昕参与了《音韵述微》的编修，因此，其古声说与江永还是有些渊源的。[4]

惠栋除精于经学之外，对古音也有一定的认识，其《周易述》解《系辞下》"犕（服）牛乘马"云："犕，古服字，孟喜作犕，今从之……《说文》：'犕，车絥也。'或作犕，古音通也。"显然，惠栋认为轻重唇古音能相通。钱大昕与惠栋亦师亦友，雍正五年（1727），惠栋的父亲奉命修镇江城，后因钱粮不足而致工程未竣，遂遭罢官。惠栋随其父迁居苏州城南，居葑门泮环巷。钱大昕在紫阳书院学习时，常常"谒先生于泮环巷宅，与论《易》义，更仆不倦，盖谬以予为可与道古者"[5]。因此其学业也有得益于惠氏者。钱大昕在写给王昶的信中，说惠栋的《周易述》"摧陷廓清，独明绝学，谈汉学者无出其右矣"[6]。还称赞惠栋"拟诸汉儒，当在何邵公、服子慎

[1]　［清］仇廷模：《古今韵表后编》，清刻本，第 10 页。

[2]　［清］江永：《古韵标准·例言》，中华书局 1982 年版，第 4 页上。

[3]　［清］江永：《四声切韵表·凡例》，粤雅堂丛书本，第 23 页。

[4]　［清］钱大昕：《江先生永传》，载《潜研堂文集》卷三十九，第 668 页。

[5]　［清］钱大昕：《古文尚书考序》，载《潜研堂文集》卷二十四，第 368 页。

[6]　［清］钱大昕：《潜研堂文集补编·与王德甫书一》，第 28 页。

之间，马融、赵岐辈不能及也"[1]。可见，钱氏之学亦得益于惠氏。

王霖苍有《韵法准说》一书，他用等韵分析的方法，将舌头、舌上归为一类，轻唇、重唇归为一类，又通过引用闽方言来论证韵图的正确性，他说："余仕闽中，留心闽语，凡知彻澄三母之字，闽人仍多作舌上音。可见古韵尤存，非尽从齿音矣。"对于轻重唇的分化，他从梅膺祚《字汇》出发，"质之经史诸注，多不相合"，他认为"顾野王作《玉篇》时，唇音未甚细分，每以轻唇音切重唇音之字，多用交互法"[2]。他对分化时间的考证，与钱大昕是一致的，也与现代学者研究的结果相合。王氏还善于从谐声偏旁与古书音注类隔中，分析出了今轻唇音古读重唇。但他并非强调所有的轻唇都读作重唇，而是说大部分轻唇在古音中读作重唇，古人两类唇音不辨，可以互通。

张民权云王霖苍生平不详[3]，各家也未详述。今检《大清畿辅先哲传》[4]，得王霖苍传记一则。

王霖苍为乾隆元年举人，出道比钱大昕要早，钱大昕是乾隆十七年才进京任职。张民权考定王氏《韵法准说》约成书于乾隆二十年之后，[5]钱大昕《十驾斋养新录自序》写于嘉庆四年，嘉庆八年开始刊印，嘉庆九年钱氏谢世前，尚在校阅《十驾斋养新录》。可见《韵法准说》当成书在前。

除此之外，潘咸的《音韵原流》、吴玉搢的《别雅》中也有涉及古声纽的论断，此处不再赘述。

通过对声纽研究历史的回顾，我们不难发现，清以前，人们一直偏重于对韵的关注，各类训诂材料中的声训，都是人们出于对语音的自然感知，还谈不上对古声纽的研究。从戴侗、陈第到方以智，他们对声纽的关注，让古声纽的研究逐渐纳入了学者们的学术范畴。清代的古声纽研究以顾炎武为开端，渐入佳境：柴绍炳、江永、王霖苍以等韵治古纽；黄生、李光地、徐用锡用方音证古声。在这些学者中，有很多并不是以治古纽而著称的，如顾炎武、柴绍炳、江永等，他们都是以治古韵而闻名。古韵研究的蓬勃兴起，使古韵的真实面目渐渐浮现，学者们通过学术交流，把古韵研究中的先进理念和科学方法也带进了古声纽的研究，使得清代的古纽研究也有了缓慢的发展，产生了一系列的成果，使人们不再执迷于"类隔"或"回互"之说。

钱大昕以前的古声纽研究成果不多，黄生、王霖苍等人，虽心知其理，却都流于细琐的考证，不善于总结。到了钱大昕，则能集其大成，提出了最终的结论。学

[1] ［清］钱大昕：《惠先生栋传》，载《潜研堂文集》卷三十九，第661页。

[2] 转引自张民权《清代前期古音学研究》（下），第365页。

[3] 张民权：《清代前期古音学研究》（下），第364页。

[4] ［清］徐世昌：《师儒传六》，载《大清畿辅先哲传》（上），北京古籍出版社，1993年版，第十五卷，第462页。

[5] 张民权：《清代前期古音学研究》（下），第364页。

界常常评价钱大昕是清代研究古纽的第一人，恐怕就是从其集大成和影响力这两个方面来说的。钱大昕的结论固然重要，但也不能忽视前贤们的贡献，他之前的这些学者的研究成果，无论是在材料上还是在方法上，都给予钱大昕莫大的启迪和帮助。钱大昕是一个善于兼综博采、虚心问学的学术通才，正是在前贤及时彦研究的基础上，钱大昕才总结出了那些经典的结论。

三、钱大昕的古声纽研究考索

钱大昕吸收前人的研究方法，丰富了自己的旁证材料，提出了自己的古声纽研究结论，在《十驾斋养新录》卷五和《潜研堂文集》卷十五中，集中论述了他的六个核心结论：古无轻唇、古无舌上、古人多舌音、古影喻晓匣不甚区别、古无牙音、古无心审之别。在这六个结论中，前两个被王力先生称之为不刊之论。

（一）古无轻唇

钱大昕在《十驾斋养新录》卷五中提出了"凡轻唇之音古读皆为重唇"的著名论断。轻唇即指中古的非敷奉微，重唇指中古的帮滂并明。钱大昕列举了二百零二则材料来证明中古的非系声纽是从上古的帮系声纽中分化出来的。这二百零二则材料，可以分为五大类，其中异文类材料占 43.5%，音注类材料占 35%，训诂类占 11.8%，方言类占 5.9%，音变类占 3.8%。[1]钱大昕的观点非常鲜明，落脚点是在"无"上。其引证的材料，从数量上讲，超过了以前的任何一位学者。

异文和音注材料占钱氏论据的一大半，如：

> 凡轻唇之音，古读皆为重唇。《诗》"凡民有丧，匍匐救之"，《檀弓》引《诗》作"扶服"，《家语》引作"扶伏"。又"诞实匍匐"，《释文》本亦作"扶服"。《左传》昭十二年"奉壶饮冰以蒲伏焉"，《释文》本又作"匍匐"，"蒲"本亦作"扶"。昭二十一年"扶伏而击之"，《释文》本或作"匍匐"，《史记·苏秦传》"嫂委蛇蒲服"《范雎传》"膝行蒲服"，《淮阴侯传》"俯出裤下蒲伏"，《汉书·霍光传》"中孺扶服叩头"，皆匍匐之异文也。

按中古音，匍、蒲都是重唇音，匐、扶、伏、服都是轻唇音。再如"布"与"敷"，"潘"与"播"，"汾"与"盆"，"罚"与"軷"，"匪"与"邲"等等，它们在中古音中都有轻重唇之别。钱大昕据此推断，上古必无轻唇只有重唇。实际上，这个推断还是存在问题的，因为异文和音注材料只能说明一个问题，那就是在古音中，

---

[1]　李葆嘉：《清代上古声纽研究史论》，第 80 页。

轻重唇是一类，是互通的，并不能说明谁有谁无。所以，符定一正好抓住了钱氏推理的漏洞，提出了"古有轻唇音"说。[1] 但是他最后又否定了自己的看法，认为轻唇音虽已存在，但只是重唇音中的音位变体。[2] 另外，从钱氏的推理过程来看，缺乏音理上的支撑。在举例的过程中，唯有语言材料的堆砌，却没有理论的阐述。我们不能苛求那时的钱大昕能拥有现代语言学的理论，但早在钱氏以前，李光地、仇廷模、王霖苍等人就用了等韵的方法来推知古无轻唇。钱大昕长于考古，此处却略于审音，才授人以柄。相信钱大昕本人对这些音理是心知肚明的，但囿于笔记体裁，未及展开论述。重视材料的积累，述而不作，这是钱氏读书时的一大习惯。

钱以前的人研究唇音，多以轻重唇本为一类，或主通用通转说。其实钱大昕的大部分材料的性质与前人差别不大，也是在论证两者本为一类，可以通用。要想证明上古轻重唇音不仅互通，而且只有重唇，没有轻唇，光有异文和音注材料是不够的，起关键性作用的有四个方面的材料：等韵分析、译音、方言、古名物词。这些材料，钱大昕也运用了一部分，相对于异文和音注材料来看，虽数量偏少，但作用巨大：

1. 等韵分析

从《广韵》反切上字系联的情况来看，《广韵》唇音字的反切上字的分为两组，但这两组与后代三十六字母中重唇音和轻唇音的两组是有区别的，见表 3-2：

表 3-2　《广韵》唇音字的反切上字分类表

反切上字	出现环境	三十六字母
博、普、蒲、莫类	一、二、四等韵	帮、滂、並、明
方、芳、符、武类	除下栏以外的三等韵，以及尤韵和东三韵的明母字	
	东三、锺、微、虞、废、文、元、阳、尤、凡十个三等韵（不包括尤韵和东三韵的明母字）	非、敷、奉、微

从音位学来看，《广韵》唇音字的反切上字虽然能大致分为两组，但这两组反切上字的出现环境完全是互补的，在每个韵母中，博类和方类、普类和芳类、蒲类和符类、莫类和武类都不会同时出现，《韵镜》中的韵图也反映了这类搭配，所以完全可以把这两组反切上字看成是同一音位的两个条件变体，这个音位就是帮滂並明。当然，还有其他证据支持这一结论。例如《玉篇》卷末所载沙门神珙《四声五音九弄反纽图》唇声只有"邦尨剥㮕北墨朋邈"一类。唐末守温三十字母中，也只列了一组唇音声母"不芳並明"。而到了宋人的三十六字母，轻重唇就明显分为两类了。

2. 译音材料

钱大昕引《一切经音义》："菩萨又作扶薛。"又说："释氏书多用'南无'字，

---

[1]　符定一：《联绵字典》，中华书局 1954 年版，第 97 页。

[2]　王健庵：《古无轻唇音之说不可信》，载《安徽大学学报》1983 年第 1 期。

读如'暴谟'。梵书入中国，绎译多在东晋时，音犹近古，沙门守其旧音不改，所谓'礼失而求诸野'也。"因为佛经传入中国时，汉语唇音尚未两类，因而当时的译音词很好地保留了重唇音的特点，如梵语 buddha 译为浮图或佛；yambu 译作剡浮、阎浮；brahman 译为婆罗门；bharya 译作婆利耶等。另外，汉字在两汉时就已经传入朝鲜，5 世纪前后，汉字已被用作朝鲜的文字，因此朝鲜的汉字借音借词，可作探寻古音之用。汉字传入日本的时代也很早，大约在三国时代传入日本的汉字，在日本的读音称作"吴音"，南北朝传入日本的称"汉音"，再后传入的称"唐音"（唐音很少）。吴音、汉音又有音读与训读之别。音读就是读汉字的原音（但有的据日本的语音系统做了适当改造）。由于时代比较确切，故汉字在日本的音读也是研究汉语古音的宝贵材料。[1]下面是汉语唇音字在朝鲜语、日语中的对音情况表[2]。见表 3-3 所示。

表 3-3　汉语唇音字在朝鲜语、日语中的对音情况表

音别　＼　轻重	重唇				轻唇			
	帮	滂	并	明	非	敷	奉	微
朝鲜音	p.ph	p.ph	p.ph	m	p.ph	p.ph	p.ph	m
日本吴音	h.f	h.f	b	m	h.f	h.f	b	m
日本汉音	h	h.f	h.f	b	h.f	h.f	h.f	b

在朝鲜音里，汉语轻唇字全被读作重唇。日本吴音中的奉微两母、汉音中的微母字也都读作重唇，这都是古无轻唇音的佐证。日本吴音的并奉两母字保留全浊的特点也反映了中古汉语音的特点。但是唇音字母在日本吴音、汉音中多数改读为 h.f，这是受日语音变支配的结果，不属于汉语音变范围。唇音声母字不论轻唇重唇都改读 h.f，恰是唇音不分轻重在日语音读中的折射反映，因为只有相同的情况（轻重唇不分），在相同的条件下（受日语音变支配），才会有相同的音变结果（都改读 h、f）。

3. 方　　言

钱大昕也引用了一些方言材料，但数量不多：

> 今人呼鲅鱼曰鲍鱼，此方音之存古者。

> "无"又转如"毛"。《后汉书·冯衍传》"饥者毛食"，《注》云："按衍《集》'毛'字作'无'。"《汉书·功臣侯表序》"靡有孑遗耗矣"，《注》："孟康曰：'耗音毛。'师古曰：'今俗语犹谓无为耗。'"大昕案：今江西、湖南方音读"无"如"冒"，即"毛"之去声。

> 今吴人呼蚊如门。

[1] 马智强：《古无轻唇音的材料论证和音理论证》，载《益阳师专学报》1996 年第 4 期。

[2] 马智强：《古无轻唇音的材料论证和音理论证》，载《益阳师专学报》1996 年第 4 期。

> 古音晚重唇，今吴音犹然。
>
> 吴音则亡、忘、望亦读重唇。[1]
>
> 今岭南人言文如门。[2]

中华自古以来就地域辽阔，地形复杂。上古时期，丛林密布，交通不便，先民们一生居于山隅而至老死不相往来的情形比比皆是。闭塞的自然环境形成了独立的语言孤岛，因而古音古语能够避免外界的同化而得以被保存下来，成了研究古音的活化石。钱大昕引用方言作例证，是一种科学的方法。所谓礼失而求诸野，方音往往就是古音的遗留。当然，一个点的方音并不能证明什么，只有多点的方音材料才能说明问题。在现代汉语方言中，至今仍有一些地区的方言只有重唇，没有轻唇。如厦门话有十七个声母：p、p'、b、m、t、t'、n、l、ts、ts'、s、k、k'、g、ŋ、h、θ。潮州话有十八个：p、p'、b、m、t、t'、n、l、ts、ts'、s、z、k、k'、g、ŋ、h、。福州话十五个：p、p'、m、t、t'、n、l、ts、ts'、s、k、k'、ŋ、x、θ。建瓯话十五个：p、p'、m、t、t'、n、l、ts、ts'、s、k、k'、ŋ、h、θ。[3] 见表3-4：

表3-4　南方方言唇音的文白异读表

字头	方言				
	厦门	福州	建瓯	潮州	梅县
发（出发）	h文 p白	x文 p白	x文 p白		
发（头发）	h	x文 x白	x文 p白		
伐	h文 h白	x文 p'白	x		
麸	h文 p'白	x文 p'白	x文 p'白	h文 p'白	f
扶	h文 p'白	x文 x白	x文 p'白	h	f文 p'白
浮	h文 p'白	p'	x文 ø白	p'	f文 p'白
斧	h文 p白	x文 p'白	x文 p白	p	p
腐		x文 p白	x		

---

[1] 以上五条见《十驾斋养新录》卷五"古无轻唇音"条，第125页。

[2] ［清］钱大昕：《声类》卷二，第58页。

[3] 孙鹤：《古无轻唇音补证》，载《鄂州大学学报》1998年第4期。另外，各地方言中均有文白异读，我们可以从其白读中，看到古重唇音的遗留，此表根据孙鹤《古无轻唇音补证》一文制作。

续表 3-4

方言	字头				
	厦门	福州	建瓯	潮州	梅县
辅			x 文 p' 白		f 文 p' 白
傅	h 文 p 白			h 文 p 白	
赴			x 文 p' 白		
父（父母）	h 文 p 白			h 文 p 白	
富	h 文 p 白	x 文 p 白		P	
妇	h 文 p 白	x 文 p 白	x 文 p 白	h 文 p 白	
缚	p 文 p 白	p	P 文 p 白	p	f 文 p 白
腹	h 文 p 白	x 文 p 白	x 文 p 白	h 文 p 白	f 文 p 白
覆	h 文 p' 白	x 文 p' 白	x 文 p' 白		f 文 p' 白
复（复原）		x 文 p 白			
飞	h 文 p 白	x 文 p 白		h 文 p 白	f 文 p 白
肥	h 文 p 白	p' 文 p 白	p	p	p'
匪		p'			
蔓				p	
帆	h 文 p' 白	x 文 p' 白	ø 文 p' 白	h 文 p' 白	
翻					f 文 p' 白
反	h 文 p 白	x 文 p 白	x 文 p 白	h 文 p 白	
范（姓）			p		
范（模范）	h 文 p 白				
贩	h 文 p' 白			h 文 p' 白	

续表 3-4

方言	字头				
	厦门	福州	建瓯	潮州	梅县
饭	h 文 p 白	x 文 p 白	p 文 p 白	h 文 p 白	
分（分开）	h 文 p 白	x 文 p 白	x 文 p 白	x 文 p 白	f 文 p 白
粪	h 文 p 白	p	p	p	p
坟				pʻ	f 文 pʻ白
粉					文 白
方	h 文 p 白			h 文 p 白	
芳	h 文 pʻ白		x 文 pʻ白	h 文 pʻ白	
防					p
房	p 文 p 白	p	p	p	f 文 pʻ白
纺	h 文 pʻ白	x 文 pʻ白	x 文 pʻ白	h 文 pʻ白	
放	h 文 p 白	x 文 p 白	x 文 p 白	h 文 p 白	f 文 p 白
	厦门	福州	建瓯	潮州	梅县

相对于中原地区而言，南方这些区域历史上属于南蛮之地，相对较为闭塞，因而其白读音很好地继承了传统古汉语中的重唇音。而文读音由于受通语的影响，逐步发生了改变，变成了不同于重唇的 h、x 等音。这说明了语言既有其传统保守的一面，又有一种向心力，在不断地朝通语发展，h、x 就是重唇发展到中途的见证。笔者所在的鄂东南地区，一般认为属于赣语区，方音存古现象较多，如孵念作抱，甫念作普，猪读如都，褚读如徒，箸读如赌，直读如特，穿衣念作 do55 衣等，也是钱氏古无轻唇、古无舌上的明证。但是目前没有哪一种汉语方言只有轻唇，没有重唇，这正说明了轻唇是后出的，在古音中，今读轻唇的都该是读作重唇。

4. 名物词多存古音

在古代，人们能识字读书者不多，民间口语因代代传承，所以忠实地保留了古音古语。人名、地名、动植物名等是老百姓日常口头交流必用到的常用词语，一般不会轻易改变。如山东费县，即春秋时期的鄪邑，"费"读 bì；广东番禺，"番"读 pān；夏代的关龙逄，"逄"念 páng；孟贲之"贲"念 bēn；阿房宫之"房"念 páng；吐蕃之"蕃"要念 bō；"万俟卨"读 mòqíxiè。蜗牛在本草书中又作"附蠃、蒲卢、仆累"等等。钱大昕也用到了这类资料，如：

> 苻即蒲字，《左传》："取人于萑苻之泽"，《释文》："苻音蒲。"《晋书》："蒲洪孙坚，背有草付字，改姓苻。"
>
> 古读文如门，《水经注·汉水篇》："文水即门水也。"（原注：今吴人呼蚊如门）《书》"岷嶓既艺"、"岷山之阳"、"岷山导江"，《史记·夏本纪》皆作汶山。
>
> 古音逄如蓬，《诗》"鼍鼓逄逄"，《释文》："逄，薄红反，徐仙民音丰。"亦读丰重唇也……《庄子·山木篇》"虽羿、蓬蒙不能眄睨"（钱注：今本蓬作逄，盖浅人妄改，兹据陆氏《释文》）即《孟子》之逄蒙也。[1]

这些都能说明今名物词中多有古音遗存，钱大昕纂《声类》卷三有《名号之异》一节，专录古人姓氏名号之异，其中就古无轻唇的例证。

（二）古无舌上

《十驾斋养新录》卷五"舌音类隔之说不可信"条云："古无舌头舌上之分，知彻澄三母，以今音读之，与照穿床无别也。求之古音，则与端透定无异……"他一共举了七十三例予以证明，其中异文类材料占 43.8%，音注类材料占 34.2%，古训类材料占 20.6%，方言类材料占 1.4%。[2] 与"古无轻唇"说一样，异文与音注材料虽多，但只能证明上古舌头舌上不分，关键性的译音材料只有一例，过于单薄：

> 《汉书·西域传》"无雷国北与捐毒接"，师古曰："捐毒即身毒、天毒也。"《张骞传》"吾贾人转市之身毒国"，邓展曰："毒音督。"李奇曰："一名天竺。"《后汉书·杜笃传》"摧天督"，注即"天竺国"，然则"竺笃毒督"四文同音。

同上面讨论"古无轻唇"的方法一样，考今之方言亦可以证"古无舌上"，今南方的吴语、湘语、闽语、粤语等方言中，多有舌上读成舌头的古音遗留。以闽语区仙游和厦门话中的舌上音为例，我们综合了下列字进行分析统计[3]，见表 3-5：

---

[1]　以上三条见《十驾斋养新录》卷五"古无轻唇音"条，第 125 页。

[2]　李葆嘉：《清代上古声组研究史论》，第 88 页。

[3]　据张启焕《古无舌上音今证》一文统计制作，《河南师大学报》（社会科学版）1983 年第 2 期。

表 3-5　闽语区舌上音的方言音读表

字头	仙游话声母	厦门话声母	备注
茶	t	t	表中所用为国际音标
猪	t	t	
除	t	t	
箸	t	t	
蛛	t	t	
住	t/ts	t	
知	t	t	
池驰	t	t	
智	t	t	
迟墀	t	t	
致致	t	t	
痔	t	t	
治	t	t	
耻	tʻ	tʻ	
追	t	t	
鎚槌	tʻ	tʻ	
坠	t	t	
朝	t	t	
超	tʻ	t	
潮	t	t	
朝（朝代）	t	t	
赵	t	t	
召	t	t	
抽	tʻ	tʻ	
绸	tʻ		
筹	t	t	
踌	t	t	
丑	tʻ	tʻ	
昼	t	t	

续表 3-5

字头	仙游话声母	厦门话声母	备注
宙	t	t	
赚	tʻ		
笤	t	t	
沾	t	t	
辄	t	t	
砧	t	t	
琛郴	tʻ	tʻ	
（沈）沉	t	t	
缠	t	t	
展	tʻ	t	
哲	t	t	
彻撤	t	t	
椽	t		
传	t	tʻ	
转	t	ts	
辍	t	t	
珍	tʻ	t	
尘	t	t	
镇	t	t	
阵	t	t	
姪秩	t	t	
卓	t	t	
啄	t	t	
徵	t	t	
澄	t	t	
直	t	t	
张	t	t	
长（长短）	t	t	
肠	t	t	

续表 3-5

字头	仙游话声母	厦门话声母	备注
丈	t	t	
帐	t	t	
着	t	t	
拆	t'	t'	
宅	t/ts	t'	
贞祯	ts	ts	
程	t'	t'	
郑	t	t	
掷	t	ts	
中忠	t	t	
虫	t'	t'	
仲	t	t	
竹筑	t	t	
	仙游话声母	厦门话声母	

从上表可以看出，普通话中的部分舌上音在闽语中仍然读作舌头音，很好地保留了上古音的语音特色。另外，今客家方言、潮州话中都有把舌上音读作舌头音的现象，今汉语普通话中的舌上音在现代苗语中也有读为舌头音的情形[1]。

高本汉、董同龢、李芳桂、潘悟云等都对汉字谐声系统进行过分析，虽各家拟音不一致，但对于古无舌上的结论，各家的意见是一致的。还有人采用计算机对《说文》中的谐声字进行统计分析后也证实古无舌上[2]，可见钱氏这条结论现在已成定论。

（三）古人多舌音

《十驾斋养新录》卷五云：

> 古人多舌音，后代多变为齿音，不独知彻澄三母为然也。如《诗》"重穋"字，《周礼》作"稑稑"，是"重"、"稑"同音。陆德明云："'禾'边作'重'是'重穋'之字；'禾'边作'童'是'稑蓻'之字，今人乱之已久。"予谓古人"重"、"童"同音。《峄山碑》"动"从"童"，《说文》"董

---

[1] 胡晓东：《汉语"古无舌上音"的苗语例证》，载《贵州民族学院学报》（哲学社会科学版）2010 年第 5 期。

[2] 张亚蓉：《〈说文解字〉的谐声关系与上古音研究》，苏州大学 2008 年博士学位论文。

从"童"，《左传》"予髪如此种种"，徐仙民作"董董"。古音不独"重穋"读为"穜"，即"种蓺"字亦读如"穜"也。后代读"重"为齿音，并从"重"之字亦改读齿音，此齐梁人强为分别耳，而元朗以为相乱，误矣（《易》"憧憧往来"徐仙民音"童"，京房本作"憧"）。

今人以舟、周属照母，輈、啁属知母，谓有齿舌之分，此不识古音者也……

至、致本同音，而今人强分为二……

古读支如鞮……

古读专如端……

彖本舌音，椽从彖声……

钱大昕所列举的例子中，除童、椽为澄母字外，其余主谐声字舟、周、至、支、专都是章组字。钱大昕所谓古人多舌音，后多变为齿音，并不是照组所有字在古音中都为舌音，而是专指照三、穿三、床三类字。钱氏之前，仅有江永提到"照穿床审之二等三等不相假"，尚未有人将《广韵》反切进行系联，钱大昕能够通过仅有的语言材料得出这样的结论，实属不易。钱大昕的这一发现，对后来的古声组研究影响不小：陈澧将《广韵》反切上字进行系联后将齿音归为两类：一类是庄初崇生；另一类是章昌船书禅。黄侃将照系二等字归入精系，照三归入端系。王力先生认为在上古语音系统里，照系三等接近端透定，二等接近精清从，形成舌音和齿音两大系统。周祖谟先生在《审母古音考》和《禅母古音考》二文中，也认为审、禅两母古读近于舌头音。之所以不说在古音中照三完全读作端系，是因为中古舌头音是出现在一、四等韵前，舌上音知组出现在二、三等韵前，互补的关系可以使他们在上古音中完全合并。但章组只出现在三等韵前，若章组与端组读音一致的话，则端组、章组、知组古音相同，知章同与三等韵相切，那么他们后世分化的原因又是什么呢？分化的机理不明，因而只能采取这种折中的方式，将章组的古音拟为近似于端组的读音。

（四）古影喻晓匣不甚区别说

钱大昕说："凡影母之字，引而长之，则为喻母。晓母之字，引长之稍浊则为匣母。匣母三四等字轻读亦有似喻母者。古人于此四母不甚区别，如'荣怀'与'枳椇'均为双声，今人则有匣喻之别矣。'噫嘻'、'於戏'、'於乎'、'呜呼'皆迭韵兼双声也。今则以'噫、於、呜'属影母；'嘻、戏、呼'属晓母，'乎'属匣母。又如'于、於'同声亦同义，今则以'于'属喻母，'於'属影母。此后来愈推愈密，而古书转多难通矣。"[1] 意思是说，在上古"影喻晓匣"四母的读音差

---

[1]　［清］钱大昕：《字母》，载《十驾斋养新录》卷五，第122页。

别在于长短、清浊之别，可以称之为双声。"荣怀"、"杌隉"等都是古双声字，荣为喻三，怀在匣母。但"杌隉"是疑母双声。"噫嘻"、"於戏"、"於乎"、"呜呼"都是双声叠韵。"影喻晓匣"之所以能构成双声，钱大昕在其转音说中提到："喉腭舌齿唇之声同位者皆可相转。"[1]"声同位"就是发音部位相同，发音部位相同就可音近而转。

至于"影喻晓匣"四组发生分化的时间，钱大昕考定当始于东晋：

> 颜之推《家训》云："字书'焉'者，鸟名，或云语辞，皆音于愆反。自葛洪《字苑》分'焉'字音训，若训'何'、训'安'，当音于愆反。若送句及助词，当音矣愆反。江南至今行此分别，而河北混同一音，虽依古读，不可行于今也。"据颜氏说，知古无影喻之分，葛洪强生分别，江南学者靡然从之，翻谓古读不可行于今，失之甚矣。[2]

钱大昕通过对古双声词语的考察，发现了影喻晓匣四母之间读音上的密切关系，对后世的古声研究极具启发意义：邹汉勋有喻母归匣说。李元把喉牙之间的这种关系也称为互通，他利用异文、假借以及谐声偏旁分析的方法提出了《晓匣二母互通》、《影喻二母互通》、《晓匣二母与影喻二母互通说》，为钱大昕提供了更多的旁证。之后，夏燮、章太炎等人都对牙喉音展开了研究，后文将另述。

（五）古无牙音

钱大昕认为上古语音有自然之音和非自然之音，喉舌齿唇为自然之音，"凡声皆始于喉，达于舌，经于齿，出于唇，天下之口相似，古今之口亦相似也"[3]。至于牙音、半舌、半齿，则为非自然之音，神珙《四声五音九弄反纽图》分声纽为喉、舌、齿、唇、牙五音，根据五音的例字，钱大昕认为喉牙"二声者，分之实无可分，吾是以知古无牙音也"[4]。钱氏举例如下：

> 翁从公声，扞从干声，镐从高声，浩从告声，嫌从兼声，酣从甘声，挟从夹声，见有现音，降有洪音，皋有浩音，茄有荷音，嚣有敖音，亢有杭音，感有憾音，甲有狎音，夏有贾音，然则牙音、喉音本非两类，字母家别而二之，非古音之正矣。自喉而舌而齿而唇，声音已无不备，增牙音

---

[1] ［清］钱大昕：《与段若膺书》，载《潜研堂文集》卷三十三，第 567 页。

[2] ［清］钱大昕：《答问十二》，载《潜研堂文集》卷十五，第 242 页。

[3] ［清］钱大昕：《答问十二》，载《潜研堂文集》卷十五，第 239 页。

[4] ［清］钱大昕：《答问十二》，载《潜研堂文集》卷十五，第 239 页。

而为五，又析出半齿，半舌而为七，皆非自然之音也。[1]

根据以上形声字的关联和汉字异读，钱氏认为在上古牙喉音本为一体，这些汉字在后世之所以有牙喉音之别，当是"字母家别而二之"。钱大昕还在其《声类》一书中，辑录了见晓相转的例子三例，见匣相转的十六例，见喻相转三例，溪匣相转五例，群匣相转一例，进一步证明喉牙音在上古的密切关系。

谐声字有声母上的关联，这一点是无法否认的，钱大昕能够通过分析谐声字看到喉牙音在上古的语音关联，其怀疑与创新精神值得敬佩。但问题是：①这些谐声字与主谐声字的出现是否处在同一个相对集中的时期，若是两者出现的年代相隔久远，则读音差异就会很大，"同一声符在不同时地造的谐声字声音不同，造字时有些谐声字与声符只是音近，并不完全同音"[2]。所以，对谐声字出现年代的甄别，就显得非常重要了。②谐声字的衍生规律并非单纯是以声为纲的，以韵为纲也未尝不可。

喉牙音上古是否本为一音，今天尚未有定论，但钱大昕的发现给了后人很多启发，如夏燮、邹汉勋等人都引用了大量的材料证明古喉牙音之间的密切关系。黄焯先生发现，喉音与其他声组都存在有通转关系，如喉音与舌音、齿音、唇音都可通转。钱大昕的开创之功不可没。

（六）古无心审之别

《颜氏家训·音辞篇》曰"《字林》音伸为辛"，钱云："古无心审之别。"[3]按：辛为《广韵》心母，伸为《广韵》书母。周祖谟先生曾在《审母古读考》中认为钱氏仅据《颜氏家训》引《字林》的孤证来证明"心审无别"是不对的，"不知其中尚有不读为心者也"。周先生在分析经籍异文和各类音训材料后认为审母三等字当分为两类：一类"古代均曾与舌音塞音一类字相通；另一类不可详考，其古音盖与心母相近。审母三等字古音当读近心母无疑，惟其正确音值是否即与心母相同，尚待研讨"。[4]

周先生认为钱氏是以孤证来推论"心审无别"，其实不然，在钱氏辑录的《声类》材料中，就有十九条可证明他自己的论点：

肆—失（心—书，5.1）[5] 涗—新（书—心，7.1） 涗—汛（书—心，7.1）

---

[1]　［清］钱大昕：《答问十二》，载《潜研堂文集》卷十五，第239页。

[2]　黄易青：《论"谐声"的鉴别及声符的历史音变》，载《古汉语研究》2005年第3期。

[3]　［清］钱大昕：《翻切古今不同》，载《十驾斋养新录》卷五，第114页。

[4]　周祖谟：《审母古音考》，《问学集》（上），中华书局，1966年版，第120页。

[5]　"肆"为被释词，《广韵》心母字。"失"为异文或音注，《广韵》书母字。数字5.1是指该条来自江苏古籍出版社《嘉定钱大昕全集》第一册《声类》卷一，第45页。后皆仿此。

雪—刷（心—生，7.1）蒐—索（生—心，10.1）狝—杀（心—生，10.1）

叟—缩（心—生，10.1）朔—苏（生—心，11.1）手—须（书—心，13.1）

滕—伸（心—书，14.1）甯—痟（生—心，14.1）信—申（心—书，15.1）

始—息（书—心，16.1）疏—索（生—心，17.1）脩—缩（心—生，18.1）

索—缩（心—生，23.1）掺—纤（生—心，24.1）娑—杀（心—生，30.1）

楈—芰（心—生，74.2）

钱大昕所引都是"心"与"生"、"心"与"书"相训的例子，在此之前，除江永隐约感觉到"照穿床审之二等三等不相假"之外，其余的人都只知道齿音为"照穿床审禅"，没有人将正齿音分为两类。面对浩瀚的历代语言材料，钱大昕凭着自己的深厚功底和学术直觉，能隐约感觉到"审"母与"心"母在古音中关系密切，从而提出了"心审无别"的观点，足见其学识不凡。但由于他自身的志趣所向及时代的限制，他没有作更深层次的阐发，但钱氏之后的李元、夏燮、邹汉勋、陈澧等人对正齿音两分的认识逐渐深刻，黄侃先生才在此基础上提出"照二归精"、"照三归端"的观点。所以钱大昕对正齿音的研究，具有积极的启发意义。

四、钱大昕的古声纽研究的价值

钱大昕的古声纽研究成就，包括：古无轻唇、古无舌上、古人多舌音、古影喻晓匣不甚区别、古无牙音、古无心审之别等六个方面。这六条经典结论，从其对古音学发展的意义来讲，可以概括为两点：一是承前；二是启后。

"古无轻唇"、"古无舌上"这两条结论，今人多视其为钱大昕的独创，其实不然。纵观古纽研究史，我们不难发现，钱氏之前，已有诸多前贤作出了卓越的贡献，正是他们极富创造性的研究，才使得钱大昕能在前人的基础上做出了更深入的研究。与前贤相比，钱大昕的论证材料更为丰富，超越了前人及时人中的任何一位。另外，他的结论也更为明确。以前的学者多注意到了两类唇音、两类舌音内部的通用，即使有如黄生、王霖苍等人能心知其理，却未能从理论上明确表明两类音在上古的分合。而钱氏则态度鲜明地提出了"古无轻唇"、"古无舌上"。不仅如此，钱大昕还能从语料的分析中大致勾勒出唇音分化的时间。《十驾斋养新录》"古无轻唇音"条有三处提到分化的时间："延寿一人而小颜三易其音，要皆重唇非轻唇，则是汉人无轻唇之证也。"又"六朝以后转重唇为轻唇，后世不知有正音，乃强为类隔之说，谬矣"又"是东京尚无轻唇音"。今人在此基础上的研究也表明，轻唇音的分化约是从隋唐开始的，至宋则已分化完成。

钱大昕这两个结论也有不尽完美的地方，他过于注重材料的举证，却忽视了审音与理论的论述环节，从而导致了论述不够细致，以至有人推导出了"古无重唇"的结论。尽管如此，钱氏以后，经过数代人的研究论证，这两条结论基本上成了定论。它对于我们研究上古声纽系统，对于上古文献中的异文、经籍假借等情形的处理，有着至关重要的意义。所以，我们说，钱大昕的这两条结论的意义在于承前，他集前说之大成而成己说，泽被后世。

后面的四条结论，意义主要在于启后。他对喉、牙音，对齿、舌音的研究，基本上都是探索式的。一方面，他依据仅有的部分材料，提出了自己的看法；另一方面，他又在《声类》等著作中注重收集这方面的材料来证明自己的观点。这四条结论，尽管不是很成熟，结论也不是很明晰，但钱大昕所做的，基本上是前无古人的研究。正是在他无声的倡议下，人们才逐步对喉、牙音，对齿、舌音有了关注，提出了"照二归精"、"照三归端"的论断。虽然目前学界对此还存在争议，但钱氏观点的开创意义是不言而喻的，尤其是对训诂学的研究，意义巨大。《声类》所收一千余条例证，其中绝大部分都是以声纽为联系的音转。清代训诂学中的因声求义，学者们多以韵转为宗，且名目繁多。钱氏之说，以声为准，间及古韵，因声求义，解释了训诂中的一些疑难问题。这样，清代训诂学中的因声求义，正是有了钱大昕的加入，才显得完美，声与韵的结合，才成就了清代因声求义训诂学的全璧。借助钱大昕的古声纽理论，文献中的许多语言现象都可以得到很好的解释，以下略举数例予以证明。

其中，一种是释否定词。中国古代诗词中多有"无"字，如：

拔蒲来，领郎镜湖边。郎心在何处，莫趁新莲去。拔得无心蒲，问郎看好无。（张祜《相和歌辞·拔蒲歌》）

莫将边地比京都，八月严霜草已枯。今日登高樽酒里，不知能有菊花无。（王缙《九日作》）

绿蚁新醅酒，红泥小火炉。晚来天欲雪，能饮一杯无。（白居易《问刘十九》）

病来知少客，谁可以为娱。日晏开门未，秋寒有酒无。自宜相慰问，何必待招呼。小疾无妨饮，还须挈一壶。（白居易《梦得卧病，携酒相寻，先以此寄》）

尚能齐近远，焉用论荣枯。但问寝与食，近日两何如。病后能吟否，春来曾醉无。（白居易《梦刘二十八，因诗问之》）

画松一似真松树，且待寻思记得无。曾在天台山上见，石桥南畔第三株。（景云《画松》）

日日悲伤未有图，懒将心事话凡夫。非同覆水应收得，只问仙郎有意无。

（王福娘《问榮诗》）

　　洞房昨夜停红烛，待晓堂前拜舅姑。妆罢低声问夫婿，画眉深浅入时无。（朱庆馀《近试上张籍水部》）[1]

　　古汉语里的否定副词很多，如"不"、"亡"、"未"、"无"、"非"、"匪"、"弗"、"毋"、"罔"、"勿"、"靡"、"蔑"等都是。从古无轻唇音的观点看，他们在上古都是重唇音，由于语音的变化，它们在后来发生了语音变化，分为了轻重两类。"不"、"靡"、"蔑"继续保持重唇音，"亡"、"未"、"无"、"非"、"匪"、"弗"、"毋"、"罔"、"勿"读为轻唇。但在以上诗句中，"无"是在作句末疑问语气词，相当于现代汉语北方方言的"不"，武汉方言的"冇"和普通话的"吗"。"画眉深浅入时无"就是说"我的眉毛画得好看吗？""秋寒有酒无"就是"秋天天气凉了，还有酒喝吗？"

　　"未"用在句末也是表示疑问，如"来日绮窗前，寒梅著花未"（王维《杂诗三首》），"未"即相对于今方言中的"没"，北方方言喜欢说："你吃了没？"

　　"否"也是，"廉颇老矣，尚能饭否？""否"即"吗"，表疑问。

　　另一种是明通假字。古人行文，本有其字而不用，借用它字谓之通假。通假为我们理解古文献，尤其是出土文献，带来了很大的困难。由于通假字一般是音同或音近字之间的互用，所以在训释这些通假字时，我们可以借鉴"古无轻唇"的理论去解释。如长沙马王堆出土的竹简医书《十问》有"方通于阴阳"一句，这里的"方"就要作"旁"解。《尔雅·释诂》："旁，方也。"马王堆竹简《合阴阳方》中有"据村（肘）房，抵夜（腋）旁"一句，"据村房"即"据肘旁"，"房"与"旁"古声同，就是缘着肘旁循行抚摩之意。又如在《五十二病方》中有"阴干之旁逢卵"一方，"旁逢卵"就是"房蜂卵"。《五十二病方》所载治癫瘕方中还有"三汋煮逢蘽"一方，汋为蒸或沸之意，逢即是蓬。《神农本草经》："蓬蘽，一名覆盆，味酸平，生平泽，安五藏，益精气。"[2] 逢与蓬古音同为重唇，故可通用。再如长沙马王堆出土的帛医书《五十二病方》中，有这样一则祝由方："啻右五兵，玺（尔）亡。不亡，泻刀为装。""啻"即是"帝"字，"右"即"有"字，都是古音通假。"帝有五兵"就是用威胁的言辞来驱赶鬼神。又《素问·生气通天论》："溃溃乎若坏都，汩汩乎不可止。"这里的"坏都"当为"坏渚"或"坏潴"。"都、渚、潴"以今音读之有别，而古音则同，都为舌头音，故可通假。此处形容肾与膀胱受损，有如积水之陂池坏了堤防一样，故水流汩汩然不可止矣。[3]

---

[1] 以上文本来自《全唐诗》，中华书局 1960 年版。

[2] 周一谋：《论古无轻唇音》，载《湖南中医学院学报》1985 年第 2 期。

[3] 周一谋：《论古无舌上音和正齿音》，载《湖南中医学院学报》1985 年第 4 期。

再如，周祖谟先生在校释银雀山汉墓的竹书和长沙马王堆汉墓的帛书时，就是充分运用到了轻重唇音之间的音同通假关系：

> 《周易·屯卦》班如（烦如）。《老子》甲本倍（负）。《经法》备（服）。
> 《经法》服（备）。
> 《周易》丰、《经法》配（肥）。
> 《战国纵横家书》滏（铺）。
> 《经法》播（番）。
> 《尉缭子》赴（卜）。
> 《周易》无妄（无孟）。《老子》乙本晚（免），妄（芒）。《老子》
> 甲本、《经法》侮（母）。
> 《老子》甲本没（沕）。[1]

还有，第三种联绵词的训释，我们也可以借鉴钱氏的理论。联绵词的特点是以音见义，不拘字形，写法多样。在训释中，若拘泥于字形，停留在字形表面，就会导致文意的误解，闹出笑话。如《庄子·逍遥游》："抟扶摇而上者九万里。"《尔雅》："扶摇谓之飙。"《说文·风部》："飙，扶摇风也。"显然，扶摇切飙音，是指龙卷风之类的暴风，扶作为反切上字就是重唇。又《声类》卷一：

> "密勿、蠠没，黾勉也。"《诗》："黾勉从事。"《汉书·刘向传》
> 引作"密勿"。《释诂》"蠠没"，郭云："犹黾勉也。"

勿本为中古微母字，根据汉代的异文，钱氏认为，"勿没勉"三字古均为重唇。这样的例子在《声类》中还有很多，不一一列举。

总之，钱大昕通过文献考证，总结出了自己的研究结论，同时又能将这些结论运用到训诂实践之中，为清代因声求义的训诂作出了极大的贡献。

五、钱大昕古声纽概貌

钱大昕虽力阐古声，却未总结出古声纽的具体数目。我们在综考钱氏以上观点后，用三十六字母将钱氏古声说拟定如下：

钱氏主张古音轻重唇合一，故唇音只有四个：邦滂並明（非敷奉微）。

钱氏考定古无舌上，故舌音有四个：端透定（知彻澄）。泥娘二母，钱氏未说，姑依钱坫《诗音表》将泥娘归入舌音。

---

[1] 周祖谟：《汉代竹书和帛书中的通假字与古音的考订》，载《周祖谟语言学论文集》，商务印书馆 2001 年版，第 130 页。括号前为今本文字，括号中为通假字。

齿音：因钱氏"古人多舌音"举例多三等字，故将照穿床禅归入舌头音，照二钱氏未说，阙如。

钱氏说"心审无别"，则审母归入心母。齿头音精清从心邪不变。

喉牙两音，钱氏认为本为一类，且古无牙音，则见溪群疑归为喉音。

影喻晓匣又不甚区别，则将影喻晓匣与见溪群疑合并为一类，定名为喉音。

来、日两母，钱大昕未有论及，《潜研堂文集》卷十五："自喉而舌而齿而唇，声音已无不备，增牙音而为五，又析出半齿半舌而为七，皆非自然之音也。"钱氏不赞成立半齿半舌之名，故暂将来母归舌音，又依钱坫《诗音表》将日母合于邪母。

依以上分析，兹列钱氏古声十七纽概貌如下表 3-6（括号中为后出之音）所示：

表 3-6　钱大昕古声十七纽表

唇音	舌音	齿音	喉音
邦滂并明 （非敷奉微）	端透定泥 （来） （知彻澄娘） （照穿床禅）	精清从心邪 （日） （审）	影喻晓匣 （见溪群疑）

黄侃曾说："古声类之说，萌芽于顾氏；钱氏更证明古无轻唇，古无舌上；本师章氏，证明娘、日归泥（黄注：案此理本于《切韵指掌图》、《切韵指南》，而兴化刘融斋亦能证明）。自陈兰甫作《切韵考》，划分照、穿、床、审、禅五母为九类，而后齿、舌之介明，齿、舌之本音明……因是求得古声类，搞数为十九。"[1] 我们根据黄侃在《黄侃论学杂著》中的论述[2]，将黄氏古音十九纽列为下表 3-7：

表 3-7　黄侃古音十九纽表

喉音	牙音	舌音	齿音	唇音
影（喻为）	见	端（知照）	精（庄）	邦（非）
晓	溪（群）	透（彻穿审）	清（初）	滂（敷）
匣	疑	定（澄神禅）	从（床）	并（奉）
		泥（娘日）	心（疏邪）	明（微）
		来		

通过与黄侃的古音十九纽相比较，钱大昕的古音构建已经初具规模，黄侃采陈澧正齿音两分法，将二等归入齿音，三等归入舌音，且单个声纽之间的对应更为细致。钱氏喉音一类，黄侃离析为二。钱氏未曾论及的娘日二母，黄侃采章太炎说，归入泥母。

---

[1]　黄侃：《黄侃论学杂著》，中华书局 1964 年版，第 399 页。

[2]　黄侃：《黄侃论学杂著》，中华书局 1964 年版，第 69-77 页。

至此，上古声组的研究，达到了一个新的高度，但我们不应该忘记钱大昕曾经作出的杰出的贡献。

六、钱大昕之后的古声纽研究

钱大昕之后，继续致力于古声纽研究者也不乏其人，如李元、夏燮、邹汉勋、陈澧等。李元与夏燮之说相似，李元主互通说，夏燮主合用说，但李元辑录的材料最多，钱氏之后，无出其右。邹汉勋与陈澧明言己说起于钱氏，但两人又略有不同。邹氏承认古音当有归并，但具体音值与钱氏不同。陈氏服膺于钱氏，他通过系联《广韵》反切上字，分三十六字母之喻照穿床审五母为两类，得声类四十，进一步证明了钱说的合理性。

（一）李元的互通说

李元生活的年代与钱大昕差不多同时，但由于李氏数十载一直为官西南一隅，与外界交流不多，甚至连钱大昕、段玉裁等人的著作都没有见过。[1] 他在顾炎武《音学五书》、毛奇龄《古今通韵》的基础上，潜心三十年，撰成《音切谱》二十卷[2]。其中卷十一到卷十七专论古声纽。与钱大昕强调古音归并说不同的是，李元力主互通说。他立足于中古音，力图阐述三十六字母在上古的互通关系，其书卷十七《互通》列二十八目，专论古音互通：

①见溪郡三母互通。②端透定三母互通。③知彻澄三母互通。④邦滂并三母互通。⑤非敷奉三母互通。⑥精清从三母互通。⑦照穿状三母互通。⑧心邪二母互通。⑨审禅二母互通。⑩晓匣二母互通。⑪影喻二母互通。⑫泥孃二母互通。⑬泥日二母互通。⑭泥孃日三母互通。⑮明微二母互通。⑯邪喻二母互通。⑰见溪郡三母与晓匣影喻四母互通。⑱端透定三母与知彻澄三母互通。⑲端透定三母与照穿状三母互通。⑳知彻澄三母与照穿状三母互通。㉑邦滂并三母与非敷奉三母互通。㉒精清从三母与照穿状三母互通。㉓心邪二母与审禅二母互通。㉔影晓二母互通。㉕影匣二母互通。㉖晓喻二母互通。㉗匣喻二母互通。㉘晓匣二母与影喻二母互通。[3]

---

[1] 李葆嘉：《清代上古声纽研究史论》，第177页。

[2] 李葆嘉：《清代上古声纽研究史论》，第177页。

[3] 李葆嘉对李元《音切谱》中各声母互通情况进行过统计，本文用到的数据即采李说，见李葆嘉《清代上古声纽研究史论》第八章。李元的唇音材料共又一百四十条，其中谐声三十九条，异文九十二条，音注九条。

钱大昕研究古纽有六个方面的结论，上文已列举。这六个方面，李元均有涉及。他用到的材料类型主要是经籍异文、谐声和音注，其中以前两者居多。其异文材料，多与钱大昕《养新录》和《声类》所列雷同，只有少数为其新发现，故不赘举。其超越钱氏之处便是善于运用大量的谐声材料，证明古音的互通，值得关注，现分说如下。

1. 唇　　音

钱大昕说古音轻唇当归入重唇，并没有说明轻重唇之间的一一对应关系。李元不说谁有谁无，只言互通。以唇音而言，李元不但有邦滂並三母内部的互通，也有邦非、滂敷、並奉、明微之间的对应互通，还有邦敷、邦奉、滂非、滂奉、並非、並敷、非敷之间的交错互通。其谐声材料有三十九例 。

邦滂并与非敷奉偏旁，多有相谐者。如：封（非）幫（邦）；非（非）悲（邦）；甫（非）補（邦）；分（非）邠（邦）；反（非）板（邦）；發（非）撥（邦）；丰（敷）邦（邦）；番（敷）播（邦）；乏（奉）砭（邦）；方（非）滂（滂）；贲（非）喷（滂）；否（非）嚭（滂）；樊（奉）攀（滂）；非（非）排（並）；孚（非）殍（並）；夆（敷）蓬（並）；凡（奉）芃（並）；奉（奉）菶（並）；馮（奉）憑（並）；又如：不（邦）否（非）；畐（邦）福（非）；包（邦）苞（奉）；巴（邦）肥（奉）；孛（並）綍（非）；犮（並）紱（非）；卜（邦）赴（敷）。故古音往往互切谓之类隔，亦谓之交互。

明微偏旁多有相谐者。如：矛（明）務（微）；母（明）毋（微）；每（明）侮（微）；免（明）晚（微）；蔑（明）襪（微）；門（明）問（微）。又如：微（微）黴（明）；文（微）旻（明）；亡（微）芒（明）；未（微）味（明）；萬（微）邁（明）；勿（微）昒（明）；曼（微）慢（明）。又如：汶蚊或作蟁蟁；鹉䳇通书鸔鴞；物故之物为没；美好之美为媺；步武，武即 字；恤勿，勿本没音；彭亡讹读平謨；甯母本音宁无；无与没、蔑之理通；勿与末、莫之文相近，此古音所由互切也。

与钱大昕相比，李元用例达到了一百四十条，94% 的例子全是异文（66%）和谐声（28%）。由于没有关键性的译音和方言材料，李元不仅强调轻重唇之间的互通，甚至提出了“古无邦母”之说。他说：“不字《玉篇》甫负、府牛二切，《广韵》甫鸠、甫九、甫救三切，而入声无之。自温公《切韵图》始从俗，为逋骨切。‘夫不’之‘不’与鵓同，‘华不注’之‘不’与踣同，是古无邦母之音。”按，“甫九”当为“方久”，今宋本《广韵》无此音。甫、府为轻唇，逋为重唇，仅以音注来判断古无邦母，似有孤证及武断之嫌。因为无论是从李氏上文列举的异文还是谐声来看，邦非都有互通之例，孰有孰无，关键还是需要其他材料的支撑。

2. 舌　音

李元有端知、透彻、定澄互通说；端彻、端澄、透澄、定知、定彻互通说。他说：

> 端透定与知彻澄多有相谐者，如：自（端）追（知）；亶（端）鱣（知）；丁（端）打（知）；蹇（知）懥（端）；叕（知）缀（端）；氐（端）蚔（澄）；登（端）橙（澄）；带（端）滞（澄）；重（澄）董（端）；多（端）哆（徹）；刀（端）颮（徹）；当（端）镋（徹）；彖（透）篆（澄）；奠（透）鄭（澄）；屯（定）窀（知）；台（定）笞（徹）；堂（定）瞠（徹）；童（定）撞（澄）；同（定）铜（澄）；定（定）綻（徹）；翟（定）濯（澄）。又如：兆（澄）挑（透）；雉（澄）薙（透）；卓（知）掉（定）。又如：涂（定）除（澄）；虪（透）篴（澄）；推（透）椎（澄）；珍（知）珍（定）；他（透）馳（澄）；託（透）秺（澄）；眈（端）沈（澄）；探（透）琛（徹）；待（定）持（澄）；跌（定）秩（澄）。

李氏仅是立足于舌头和舌上之间的互通，并未言及归并的问题。

3. 舌音与齿音

李元有端照、透穿互通说；有端穿、端状、透照、定照互通说，异文例有：

> 枕（照）为玷（端）；旃（照）为端（端）；止（照）为戴（端）；玷（端）为襜（穿）；敦（端）为揣（穿混）；神（状）为旦（端）；聑（透）为瞻（照）；特（定）为侧（照混）；提（定）为折（照）。

关于谐声，李元说：

> 端透定与照穿状偏旁，亦多相谐者。如：冬（端）终（照）；单（端）战（照）；亶（端）鹯（照）；丹（端）旃（照）；童（定）钟（照）；屯（定）肫（照）；多（端）哆（穿）。又如：者（照）都（端）；尚（照）端（端）；周（照）雕（端）；詹（照）担（端）；占（照）詀（端）；主（照）炷（透）；真（照）填（定）；专（照）团（定）；至（照）垤（定）；充（穿）统（透）；斥（穿）柝（透）。又如：惇（端）谆（照）；貂（端）昭（照）；的（端）酌（照）；祷（端）铸（照）；独（定）烛（照）。

从李氏所引之例来看，"尚—端"举例不当，二字均为端母。"枕旃止襜揣神聑侧折"和"终战鹯旃钟肫哆者周詹占主真专至充斥谆昭酌铸烛"都是属于照三组字，"揣侧"

两字为照二组字，不过他标注了"混"字。可见照三类字与舌头音关系密切。

音韵学史上一般认为江永应该是较早归纳《广韵》反切者，因为他提到"照穿床审之二等三等不相假"，不作系联，很难有此论见。之后有张惠言、张成荪父子运用"丝联绳引"法分析《广韵》反切。但从李元的举证来看，他应该也对《广韵》进行过系联。实际上，《音切谱》卷二云："上一字为反……下一字为切。"并且列有"反字表"和"切字表"，"反字表"将"知邦滂並明照穿审"八母反切上字分为了两类。照母上字为：之脂支章占徵珠旨止煮主○侧阻庄邹（混音）。穿母：充昌处尺赤叱○初楚创疮叉（混音）。审母：诗施商伤舒书始赏式失识○生山沙疏疎所数色（混音）。"反字表"后注云："侧阻庄邹四组别行，不与脂之等通，南方音亦混入精母。穿母之初楚创疮叉五母别行，不与昌尺等通，南方音亦混入清母。审母之生山沙色疏疎所数八组别行，不与施诗等通，南方音亦混入心母。状禅二母，方音多淆，北音更甚……""侧阻庄邹"、"初楚创疮叉"、"生山沙色疏疎所数"都是二等字，李元认为二等字在南方音中读作"精清心"。李氏所举南方方音之例，与他在文中列举的古音异文、谐声事实相符。实际上，他在互通的名义之下，已经倾向于将二等字归入精组了，只是没有明说罢了。同样，在"精清从三母与照穿状三母互通"条中，有二十一例异文，其中二等字与"精清心"互通十五例，三等字与"精清心"互通仅有六例：

> 稷（精）为侧（照混）；斩（照混）为践（精）；菑（照混）为菜（精）；
> 菑（照混）为栽（精）；缁（照混）为滋（精）；俎（照混）为作（精）；
> 爪（照混）为蚤（精）；斩（照混）为作（精）；戾（照混）为稷（精）；
> 扱（照混）为接（精）；篡（穿混）为窜（清）；插（穿混）为捷（从）；
> 截（从）为嵯（穿混）；丛（从）为崇（状）；巉（状）为屠（从）。（二等字）

> 旌（精）为甄（照混）；则（精）为咫（照）；斛（照）焉爵（精）；
> 周（照）为僬（精）；叱（穿）为猝（清）；禅（穿）为渐（从）。（三等字）

李元还说："《唐》、《广》诸韵反字，有侧、阻、庄邹四反，南音多读入精母，北音多读入照母；有初、楚、创、疮、叉五纽，南音多读入清母，北音多读入穿母。司马公、刘鉴、韩道昭并从北音。愚谱仍归照、穿，而注之曰混，示疑也。今考通钮互通之字，乃知古人之音，亦读入精清为多，若将数组改入精清，而其馀尽通知彻端透矣。是洪阳如真之删照穿状为有见也。然状母当分归从禅，不必入澄。"

通过以上谐声、异文和方音的分析，我们不难看出，李元虽然只说互通，未说归并，但他已经暗示方音存古，明显倾向于将"照穿状"一分为三：二等字归入齿头音，三等字一部分归入舌头音，一部分归入舌上音。他在"知彻澄三母与照穿状三母相通"条中也表达了同样的意思：

> 知彻澄属徵音，照穿状属商音，舌齿虽别，音相近似，或以伸舌缩舌别之，然自不妨同母。或以知彻澄与端透定偏旁相谐，而不知照穿状亦与端透定相谐，亦与知彻澄相谐。故照穿状三母，前辈多删之。

他列举的十九条异文，其中就有十七条是三等字，这更清楚地表明了李元对正齿音三分的认识。

钱大昕说古人多舌音，今人多齿音，但举例太少，论证不够。李元列举了一百八十二则异文及谐声材料，充分说明了舌音与齿音在上古确实关系密切，进一步丰富了钱说。

4. 喉　音

对于喉音四母之间的互通关系，李元运用谐声、异文和音切材料六十六条，证明晓匣互通、影喻互通、晓匣二母与影喻二母互通。钱大昕说："凡影母之字，引而长之，则为喻母。晓母之字，引长之稍浊则为匣母。匣母三四等字轻读亦有似喻母者。古人于此四母不甚区别。"但可惜钱氏举例太少，只说这四母古音可以构成双声，没有说归并。从李元列举的文献资料来看，古音中影喻晓匣四母确实关系密切，文字通假和谐声之例，早已有之：

异文：

> 决（影）为洋（喻）；翳（影）为弋（喻）；委（影）为傀（喻）；慰（影）为鬱（喻）；於（影）为于（喻）；汙（影）为雩（喻）；妖（影）为姚（喻）；郁（影）为鬱（喻）；舆（喻）为梌（影）；喻（喻）为依（影）。（影喻互通）

> 向（晓）为胖（匣）；骥（晓）为浑（匣）；献（晓）为效（匣）；徽（晓）为和（匣）；海（晓）为解（匣）；忽（晓）为滑（匣）；皇（匣）为兄（晓）；眩（匣）为眴（晓）；下（匣）为脅（晓）；挟（匣）为脅（晓）。（晓匣互通）

> 皇（匣）为王（喻）；環（匣）为鐶（喻）；互（匣）为牙（喻）；谓（喻）为惠（匣）；遹（喻）为沁（匣）。（匣喻互通）

另外还有匣喻互通的谐声例：云（喻）沄（匣）；王（喻）皇（匣）；彗（喻）慧（匣）；完（匣）院（喻）；盍（匣）饁（喻）。

以上匣喻互通之例中，也有例字不甚贴切者，如鐶为匣母，牙为疑母，彗为邪母。

除遴为喻母四等字之外，其余字均为三等，这是邹汉勋喻母古音归匣说以及曾运乾喻三归匣说的先声。

5. 喉牙音

钱大昕提出古无牙音的依据是谐声，李元牙喉互通除了用到八十五例谐声之外，也有三十二则异文：

谐声：

> 晓匣影喻与见溪郡偏旁，多有相谐者。如：共（见）烘（晓）；军（见）挥（晓）；斤（见）欣（晓）；君（见）焄（晓）；干（见）轩（晓）；高（见）蒿（晓）；句（见）鮈（晓）；敢（见）憨（晓）；贵（见）殨（晓）；工（见）红（匣）。古（见）胡（匣）；瓜（见）狐（匣）；圭（见）畦（匣）；艮（见）痕（匣）；鬼（见）槐（匣）；皋（见）嗥（匣）；交（见）效（匣）；戈（见）划（匣）；亢（见）杭（匣）；开（见）形（匣）；亘（见）恒（匣）；甘（见）酣（匣）；今（见）含（匣）；兼（见）嗛（匣）；解（见）蟹（匣）；戒（见）駴（匣）；昆（见）混（匣）；干（见）旱（匣）；告（见）浩（匣）；光（见）晃（匣）；同（见）炯（匣）；串（见）患（匣）；官（见）逭（匣）；角（见）确（匣）；骨（见）滑（匣）；吉（见）黠（匣）；各（见）貉（匣）；夾（见）挟（匣）；甲（见）狎（匣）；公（见）翁（影）；圭（见）娃（影）；敦（影）邀（影）；景（见）影（影）；甲（见）押（影）；羔（见）窯（喻）；监（见）鹽（喻）；谷（见）欲（喻）；欠（溪）枚（晓）；孔（溪）吼（晓）；氣（溪）饏（晓）；乞（溪）迄（晓）；咼（溪）祸（匣）；契（溪）楔（匣）；区（溪）欧（影）；夸（溪）胯（喻）；乔（郡）獢（晓）；及（郡）吸（晓）；可（溪）何（匣）；奇（郡）猗（影）。又如：奚（晓）鸡（见）；孝（晓）教（见）；亥（匣）荄（见）；臤（匣）坚（见）；黄（匣）广（见）；厷（匣）肱（见）；侯（匣）缑（见）；咸（匣）缄（见）；夏（匣）扰（见）；后（匣）诟（见）；害（匣）割（见）；会（匣）桧（见）；蒦（匣）榷（见）；咼（匣）蒈（见）；盍（匣）盖（见）；活（匣）阔（见）；合（匣）蛤（见）；亜（影）甄（见）；臣（喻）姬（见）；为（喻）妫（见）；匀（喻）钧（见）；尧（喻）浇（见）；異（喻）冀（见）；矞（喻）橘（见）；虚（晓）墟（溪）；灰（晓）恢（溪）；羊（喻）羌（溪）；胃（喻）喟（溪）；王（喻）狂（郡）；危（喻）跪（郡）；禹（喻）踽（郡）。

异文：

虧（见）为毁（晓）；劇（见）为沫（晓）；戲（晓）为陒（见）；绛（见）
为红（匣）；扃（见）为鉉（匣）；盥（见）为浣（匣）；耿（见）为邢（匣）；
贯（见）为宦（匣）；继（见）为係（匣）；皎（见）为皓（匣）；黄（匣）
为光（见）；邂（匣）为迦（见）；澄（匣）为溉（见）；睨（匣）为擘（见）；
泫（匣）为涓（见）；弯（影）为闗（见）；晏（影）为旰（见）；嗛（溪）
为慊（匣）；嫣（见）为羸（喻）；虧（见）为诡（喻）；沿（喻）为均（见）；
鸩（喻）为枭（见）；隙（溪）为爡（晓）；嘀（晓）为碓（溪）；弦（匣）
为汧（溪）；攜（匣）为挈（溪）；和（匣）为咼（溪）；偉（喻）为傀（溪）；
迥（匣）为夐（郡）。

牙喉互通共用到了一百一十七例，其中数量最多的是见匣互通，有五十七例，
几近一半，可见见匣关系密切。这与钱大昕的牙喉相转类似，《声类》中见匣相转
的十六例，见喻相转三例，溪匣相转五例，群匣相转仅一例。李元之说再一次证明
了钱说的合理性。

6. 心审两音

在上文讨论舌音与齿音的关系时，我们已经注意到了李元将审母反切上字分为
两类：诗施商伤舒书始赏式失识 O 生山沙疏疎所数色（混音）。其"混音"就是指
二等字。"反字表"后还说："审母之生山沙色疏疎所数八组别行，不与施诗等通，
南方音亦混入心母。"其列心邪生（审混）三母互通例有三十条：

心（心）为身（审）；躔（心）为姚（审混）；算（心）为数（审混）；
鲜（心）为羶（审）；先（心）为生（审混）；诉（心）为数（审混）；琐（心）
为沙（审混）；速（心）为数（审混）；燮（心）为湿（审）；靴（心）
为杀（审混）；飒（心）为率（审混）；掺（审混）为纤（心）；申（审）
为信（心）；申（审）为司（心）；施（审）为虒（心）；纚（审混）为斯（心）；
疎（审混）为胥（心）；首（审）为秀（心）；溲（审混）为滫（心）；搜（审
混）为苏（心）；缩（审混）为修（心）；适（审混）为席（心）；释（审）
为塞（心）；襚（邪）为税（审）；什（审）为寻（邪）；常（禅）为祥（邪）。

李元说："唐、广诸韵有生山沙色疏疎所数八组，南人多读入心母，北人多读
入审母。愚从韩道昭、刘鉴归审，而乃注之曰混。然通纽互通所载，则汉魏之音，
往往与南音合也。"[1] 可见他实际上把南方方音看成了古音，根据方音上推古音，则
正齿二等古音当为心母。此说较钱大昕更进了一步，钱氏只说"心审无别"，尚未

---

[1]　［清］李元：《互通》，载《音切谱》卷十七，第334页。

明示归属。不过钱大昕奠基之说在先，其真见卓识，令人敬佩[1]。

李元虽然多说互通，少言甚至不言归并，但是他引证的资料和钱大昕搜集的资料性质是一样的，完全符合古声组考证这个命题的要求。这些材料，是钱大昕古声组说的进一步深化和有益的补充，是我们研究古音的重要参考资料。虽然钱李二人志趣不一，甚至未曾谋面，但他们的材料却有着惊人的相似，我们完全可以结合方音、译音、等韵等资料，进一步加深对古声组的论证。

（二）夏燮的合用说

夏燮的古声组合用说借鉴了江永的方音说，他认为五方之音不齐，"有备舌头不备舌上，备舌上不备舌头者矣。以此推之，燕赵之音不备齿头，吴越之音不备重唇。审音者但明其出于舌唇齿而五方之不齐者可以齐矣"[2]。既然方音各异，则可用合用之说齐五方之音。他在《述均》卷八卷九中专论古声组的合用，其目为："喉牙合用证"；"舌头舌上半舌合用证"；"齿头正齿半齿合用证"；"重唇轻唇合用证"。

此五条，几乎都与钱大昕说相关。"重唇轻唇合用证"，夏氏用到异文、音注材料五十九则。"舌头舌上半舌合用证"，用例五十六则。但这些材料除了"合用"这个说法不同之外，内容几乎都与钱大昕和李元辑录的雷同，也同样可以作为旁证材料使用。

其"喉牙合用证"明确提出了"不必别出牙音"，与钱大昕观点一致。他的理由是：

> 声音之大限有四：喉也，舌也，齿也，唇也。然则古无牙音乎？曰：牙之与喉，犹舌头之与舌上，齿头之与正齿，重唇之与轻唇。何也？舌齿之分，分在前后；唇音之分，分在内外；喉音之分，分在深浅。唐人之所谓牙音，为喉之浅者，所谓喉音，为喉之深者。故喉音当分深浅二类，以与舌齿之前后，唇之内外相配，而不必别出牙音。牙喉二切之字共八母，此八母者，以影为最深，喻次之，（昔人谓喻深影浅，殊不然。）匣次之，晓次之，此一类与舌上、正齿、轻唇同。由是而浅之，疑自影喻出而浅于晓匣，更浅之为群，更浅之为溪，更浅之为见，此一类与舌头、齿头、重唇同。[3]

对声组进行分类，最早见于梁顾野王《玉篇》，其卷末所附的神珙《五音声论》分声组为喉、舌、牙、齿、唇五音。戴震《转语二十章序》中分声组为喉、吻、舌、齿、唇五类，后洪榜继之，《四声均和表》标示《广韵》也采戴氏分法，将喉、牙

---

[1] 李葆嘉认为钱大昕说早于李元说二十年，说见李葆嘉《清代上古声组研究史论》第177页。

[2] ［清］夏燮：《论方音》，载《述均》《续修四库全书》本，第61页。下此书版本仿此。

[3] ［清］夏燮：《论古等韵当分四大限》，载《述均》，第58页。

及部分轻唇音归为第一类喉音。[1]钱大昕与戴震交好，两人都持古无牙喉之分的观点。夏燮同为徽籍学者，又读过江永的《古韵标准》，可以说与戴震同出一源，他自己也说"《述韵》者，述顾、江、戴孔、段五先生言韵之书也"[2]。所以他主"喉牙合用"，是有其原因的。

对于舌音与齿音之间的关系，夏燮有"齿头正齿半齿合用证"，"舌齿出入证"两条，同李元类似，他把正齿音分为两类：一类与舌头音合用；另一类与齿头音合用。但李元只将照穿床分为两类，未能将床母二分。

与钱大昕和李元相比，夏燮所举例子数目较少，大部分与他们的雷同，新发现者不多，而且谐声资料较少。其说与李元相似，只强调合用，不言归并，但对齿音的分析较李元更为细致，进一步深化了钱大昕的古声组说。

（三）邹汉勋说

邹汉勋之古声组说本于钱氏，故其《五韵论》之观点多与钱大昕所说相合。

首先，他以四声八类析出二十组。"声者何？即喉声、舌声、齿声、唇声也。"四声中没有牙音，这与钱大昕、夏燮说一致。再将四声依次析为八小类，八小类再析为二十组。他研究的方法与钱大昕极为相似，钱大昕说："人有形即有声，声音在文字之先，而文字必假声音以成。综其要，无过叠韵、双声二端，而叠韵易晓，双声难知。"[3]"言字母不如言双声。"[4]邹氏说："如《诗·关雎》一篇，参差，双声也；窈窕，叠韵也。按，叠韵者，同韵也，有韵在，其事显。夫人知之双声，孙未然无专书，李左校《声类》或有其法，已久不传。沈隐侯《纽字图》亦佚，较叠韵小难。而唐代二僧为三十六字母，杂竺法方音以汩乱之。后之守者愈支离瞀惑以生门法，乌得不急急讲求？今姑以《三百篇》发凡起例。"[5]然后他汇纂《诗经》双声词标订成古音二十组，并以今组和乐工十字标目。

其次，其古音二十组也多据钱说并有所创新。《廿声卅论》中有两条明言己说

---

[1]　"喉"、"吻"、"舌"、"齿"、"唇"很有可能是戴震的命名而没有在戴氏著作中出现，以洪榜与戴氏之间亲密的关系，完全有可能闻之于侍坐之侧而记录下来。洪榜在《示儿切语》中说："戴氏东原辨音最精，取古所谓牙音、舌头、舌上、重唇、轻唇、齿头、正齿、喉音、半舌、半齿凡十类，今戴氏定为喉、吻、舌、齿、唇五类（洪注：《四声均和表》所用是其例也）。"说见《续修四库全书》第258册第629页《示儿切语》。今黄山书社1994年版《戴震全集》第三册《声类表》末第522页注4表虽未标明这五分法，实际上"见溪群影喻微"在第一类中，可与洪榜说对应。

[2]　[清]夏燮：《述均·叙》，第1页。

[3]　[清]钱大昕：《答问十二》，载《潜研堂文集》卷十五，第235页。

[4]　[清]钱大昕：《字母》，载《十驾斋养新录》卷五，第123页。

[5]　[清]邹汉勋：《二论双声宜讲求姑举三百篇为例》，载《五韵论》卷上《廿声卅论》条，《续修四库全书》本，第350页。下此书版本仿此。

源于钱氏大昕：

> 二十三论类隔知端六声本为三声本钱晓徵说。
> 二十四论照穿床审当析为照穿神审、甾初床所。
> 二十五论照之照属古读同端知本钱说。[1]

其本钱说，今仅存其目，原文已佚。上两条虽与钱大昕的主张一致，但就具体音值而言，他认为端知读正齿，透彻、定澄读舌头[2]。端知照古为一类，但音值为齿本[3]。他明确地将正齿音一分为二，而且有标目，比钱大昕、李元、夏燮都有了更大的进步。在此基础上，他进一步细分，将穿之穿属并透彻，审群并于晓之晓属，神本在禅。

对于钱大昕的"影喻晓匣不甚区别"说，邹氏以《诗经》双声为证，力主喻当并匣。至于唇音，他与钱大昕不同。《廿声卌论》之《二论双声宜讲求姑举三百篇为例》说："唇音不分轻重，总存四字，于四字之中，三位重一为轻。"[4]他以并奉、滂敷、明微为古音重唇，非邦为轻唇。[5]

邹汉勋在钱大昕的基础上，吸收借鉴了前人的研究成果，明确归纳出了古音二十组，是古声组研究史上的一次大总结。他依据《诗经》双声，分析谐声偏旁，并证以音注、异文，参以方言，研究方法全面，为后世的研究奠定了基础。故黄侃说："十九声之说略同于新化邹君，廿八部之说略同于武进刘君。予之韵学，全恃此二人及番禺陈君而成，不可匿其由来也。"[6]

（四）陈澧说

陈澧之学，多参江永、戴震、钱大昕之说，《切韵考外篇》卷三《后论》在阐述字母之学时，即有数处征引钱说，同时也表达了他对钱大昕古声组说的赞同：

> 《广韵》切语上字四十类，字母家分并为三十六，有得有失。明微二母，当分者也。切语上字不分者，乃古音之遗。今音则分别甚明，不必泥古也（陈注：粤音则不分，微读如眉，无读如谟，与古音同）。知彻澄三母字，古音读如端透定三母。非敷奉三母字，古音读如帮滂並三母。《养新录》考之最详确矣。《广韵》切语上字，此十二类虽分，然知彻澄三母字其切语

---

[1] ［清］邹汉勋：《二论双声宜讲求姑举三百篇为例》，载《五韵论》卷上《廿声卌论》条，第358页。

[2] 李葆嘉：《清代上古声组研究史论》，第227、231页。

[3] 李葆嘉：《清代上古声组研究史论》，第227、231页。

[4] ［清］邹汉勋：《二论双声宜讲求姑举三百篇为例》，载《五韵论》卷上《廿声卌论》条，第361页。

[5] 李葆嘉：《清代上古声组研究史论》，第227、234页。

[6] 黄侃：《古韵谱稿》扉页手题，载《黄季刚先生遗书》，（台湾）石门图书公司1980年版。

上字仍多用端透定三母字，非數奉三母字其切语上字仍多用帮滂竝三母字，乃古音之遗也。字母家分析之，不泥于古音也。[1] 对于钱大昕的"古无轻唇"、"古无舌上"，陈澧是赞成的，但没有阐明舌音与齿音在上古的关系。陈氏之前，江永、李元、夏燮、邹汉勋均有论及正齿音二分，陈澧也对《广韵》反切上字进行了系联，得《广韵》四十声类，将照穿床审喻五母反切上字分为两类，不过他没有将两类正齿音定标目。

纵观古声纽研究史，我们不难发现，清代以前，古声纽的研究尚处于初级起步阶段。他们的只言片语，严格来说还不能算作是一种研究，而是札记式的训诂条辩。之所以如此，是因为整个古音学的研究也是处于起步阶段，加之叶音说的影响，人们对古今语音的差异的认识还不够到位。另外，空疏学风的遗害也阻碍了古音考证的进程。入清后，受全社会朴学思想的影响，宗汉求古，立足《广韵》，上推古音成了音韵学家们普遍采用的一种方法。但钱氏以前的任何一位学者，没有一位是以古声纽研究而名家的，他们多在古韵研究之余，顺便提到了声纽。因此，他们对于古声纽的认识，是不全面、不具体、不细致的。即便如此，他们也把古韵研究的方法带进了声纽研究的领域，如借助方言、等韵、谐声、古音读、异文、双声、字母等材料来分析古声纽，这些都成了后世最常用的研究方法。钱大昕吸收借鉴了前人的材料和方法，鲜明地提出了自己对古声纽的看法，尤其是"古无轻唇"、"古无舌上"两条，证据充足，方法全面。其结论的提出，不仅对古声纽的研究有着重要的里程碑式的意义，更为重要的是，它作为钱氏小学思想中的一个重要基础理论，为他的"转音"说奠定了基础。钱氏的转音说是以声纽相同或相近为原则的双声假借。古今语音差异很大，正是有了钱氏的这些结论，原本以今音读之不谐的古韵文，因为声纽这根纽带而变得谐和，合韵问题因之迎刃而解。同时，也正是有了这些结论，古籍训诂中的诸多文字上的龃龉不和，因声为媒，涣然冰释。钱大昕古声纽说的价值，即在于此两点。

钱大昕之后的学者也认识到了古今语音的差异，他们借鉴了钱大昕的研究方法，辑录了大量的上古声纽资料，其数量远远超过了钱大昕。由于各家学术背景的不同，他们的结论也不一致，但他们运用的例证完全可以支持钱大昕的观点，丰富了钱氏的论证材料。李元与夏燮类似，他们持古音"互通"说和"合用"说，他们的材料充足，但识断不足，"通"与"合"，从训诂学的角度来说，无疑是有一定的价值的，但从音韵学的角度来看，这是一种比较模糊的中庸之举，没能像钱大昕那样清楚地

---

[1]　［清］陈澧：《后论》，载《切韵考》附《外篇》《丛书集成三编》本，卷三，第491页。

指出由古音到今音的分合关系。邹汉勋和陈澧均本之于钱说，他们的材料虽不多，但他们的研究方法较之李、夏有了更多的创新，研究的过程也更为细致，推理也较为严密，因此他们能够得出具体的声纽数目，这是学术发展逐渐成熟的标志。

到了近代，章太炎定古音二十一组，将舌头归舌上，轻唇归重唇，照二归精，影喻合一，无不本于钱氏。黄侃又综采钱大昕、邹汉勋、章太炎之说，更为古音十九组。由此可见钱大昕在古音研究史上的突出贡献和深远影响。

第四章　钱大昕的音韵训诂学（下）

钱大昕提出自己的"正音—转音"理论，其主要目的就是为了解决小学历史上的两个问题：①古韵文的押韵；②古文献中的训诂。二者是相互依托、相辅相成的。古文献中的转音训诂，为古韵文的押韵研究提供了旁证材料，古韵文研究的结果反过来又可以指导转音训诂。用转音说同时解决历史上遗留下来的两个问题，是钱大昕的突出贡献。

第一节　转音说与古音研究

钱大昕转音理论的提出，实质上是源自大昕对古今音异现象的进一步思考。先秦古语到汉末，语音已经有了变化。《潜研堂文集》卷十五云：

> 古今音之别，汉人已言之。刘熙《释名》云："古者曰车，声如居，所以居人也。今日车，声近舍。"韦昭辩之云："古皆音尺奢反，从汉以来始有居音。"此古今音殊之证也。但刘、韦皆言古音，而说正相反，实则刘是而韦非。盖宏嗣生于汉季，渐染俗音，因《诗》："王姬之车"、"君子之车"皆与华韵，遂疑车当读尺奢切，不知读华为呼瓜切亦非古音也。古读华如敷，《诗》"有女同车"与华、琚、都为韵，"携手同车"与狐、乌为韵，则车之读居断可识矣。自齐梁之世，周彦伦、沈休文辈分别四声，以制韵谱，其后沈重作《毛诗音》，于今韵有不合者谓之协句，如《燕燕》首章"远送于野"云："协句宜音时预反。"二章"远送于南"云："协句宜乃林反。"所云协句即古音也。陆德明《释文》创为"古人韵缓，不

烦改字"之说，于沈所云协句者，皆如字读，自谓通达无碍，而不知《三百篇》之音谐畅明白，未尝缓也。使沈重音尚存，较之吴才老叶韵，岂不简易而可信乎？协句亦谓之协韵，《邶风》："宁不我顾"，《释文》："徐音古，此亦协韵也，后放此。"陆元朗之时已有韵书，故于今韵不收者谓之协韵。协与叶同，颜师古注《汉书》又谓之合韵，合犹协也，是吴才老叶韵之所自出矣。叶韵实由古今异音而作，而吾谓言叶韵不如言古音。盖叶韵者，以今韵为宗，而强古人以合之，不知古人自有正音也。古人因文字而定声音，因声音而得诂训，其理一以贯之。汉魏以降，方俗递变，而声音与文字渐不相应，赖有《三百篇》及群经、传记、诸子、骚赋具在，学者读其文，可以得其最初之音，此顾氏讲求古音，其识高出于毛奇龄辈万倍，而大有功于艺林者也。[1]

韦昭"渐染俗音"，说明汉末时民间语音已经发生了改变，这种情况到了魏晋以后更为明显，人们以时音诵读上古诗歌或其他韵语时，就出现了音韵不谐的情况。于是有学者开始改读字音，以求谐和。《燕燕》二章"远送于南"，沈重云："协句，宜乃林反。"陆德明云："古人韵缓，不烦改字。"对于陆德明的古音"韵缓"说，钱氏并不赞成，他认为《诗经》等古韵文本来就"谐畅明白"，未曾韵缓，之所以有叶韵说，是因为当时"而昧者乃执隋唐之韵以读古经，有所龃龉，屡变其音以相从，谓之叶韵，不惟无当于今音，而古音亦滋茫昧矣"[2]。钱大昕认为沈重改时音以押韵是知古音的表现，沈云协句即是古音。后世所谓叶韵，其实质都是"以今韵为宗，而强古人以合之"，其与沈重改今音以就古音有着本质的不同。

隋唐之时，不仅只有陆德明、颜师古好改读以求诗韵和谐，其余诸多注家亦是如此。公孙罗的《文选音决》，首用"叶音"一语；李贤注《后汉书》，言"协韵"者四十一次；李善《文选注》亦有"协韵"三十一次；五臣注《文选》，用"协韵"或"叶韵"凡七十八次，这还不包括直接"取韵"者。[3]而唐明皇读《尚书》，于不协处，则径直改字。顾炎武《答李子德书》尝论之：

> 开元十三年敕曰："朕听政之暇，乙夜观书，每读《尚书·洪范》至'无偏无颇，遵王之义'，三复兹句，常有所疑，据其下文并皆协韵，惟颇一字实则不伦，又《周易·泰卦》中'无平不陂'《释文》云陂字亦有颇音，陂之与颇，训诂无别，其《尚书·洪范》无偏无颇字宜改为陂。"盖不知

[1] ［清］钱大昕：《答问十二》，载《潜研堂文集》卷十五，第226页。

[2] ［清］钱大昕：《六书音均表序》，载《说文解字注》附《六书音均表》卷首，第804页。

[3] 张民权：《清代前期古音学研究》（上），北京广播学院出版社2002年版，第6页。

古人之读义为我，而颇之未尝误也。[1]

唐明皇改"颇"为"陂"，是因为以今音读之不谐，因而改字以便押韵，可见当时改字或改读已是一种风气。

到了北宋，学者们对古音开始有了一些朦胧的认识，如徐铉《说文》言部"诉"字下注云："斤非声，盖古之字音多与今异，如皀亦音香，屮亦音门，乃亦音仍，他皆仿此，此古今失传，不可详究。"[2]徐锴《说文解字系传》卷三十六《祛妄》"路"下注曰："路，《说文》从足各声，臣锴以为古之音字或与今殊，盖亦不甚切，或多声字，可言各者。"[3]但他们并未做系统性的深入研究，直至南宋吴棫《诗补音》和《韵补》的出现，才标志着古音研究的正式开始。《韵补》的作法就是在《广韵》的韵目下，注古通某，古转声通某，古通某或转入某，虽未明说古韵的分部，但按其"通"和"转声"来看，古韵大致可以分为十三类[4]。吴棫考求古音的方法比较先进：首先，他重视文献考据，以实证考求古音，引书达五十家。其次是运用韵脚字系联法求古韵。再次是利用谐声字考求古音。最后是在列证据时用到了统计的方法。吴氏好友徐蕆在《韵补》序中说：

> 殊不知音韵之正，本诸字之谐声，有不可易者。如"霾"为亡皆切，而当为陵之切者，由其以"狸"得声；"浼"为每罪切，而当为美辨切者，由其以"免"得声；"有"为云九切，而贿、痏、洧、鲔皆以"有"得声，则当为羽轨切矣；"皮"为蒲縻切，而波、坡、颇、跛皆以"皮"得声，则当为蒲禾切矣；又如"服"之为房六切，其见于《诗》者凡十有六，皆当为蒲北切，而无与房六叶者；"友"之为云九切，其见于《诗》者凡十有一，皆当作羽轨切，而无与云九叶者。以是类推之，虽毋以它书为证可也。[5]

这段话虽是徐蕆所说，但却阐明了吴氏的学术观点，说明他开始重视《说文》中的谐声材料求古韵，对后世戴侗、赵宦光、钱大昕、段玉裁谐声研究影响很大。

但其历史局限性也是显而易见的，其取材芜杂，甚至误采伪书；时地观念不强，旁证材料引自先秦一直到宋代，显然不够科学；再就是其"通"的做法过于简单草率。"叶韵"说者只是改读个别字音以求和谐，而"通"则关涉到韵部相协。吴氏

---

[1]　[清]顾炎武：《音学五书》卷首，中华书局1982年版，第5页。唐明皇改字一事，见于宋敏求《唐大诏令集》卷八一《改〈尚书·洪范〉无颇为无陂敕》，商务印书馆1959年版，第468页。

[2]　[南唐]徐锴：《祛妄》，载《说文解字系传》（下），中华书局1987年版，卷三十六，第319页。

[3]　丁福保：《说文解字诂林》，中华书局1988年版，第3118页。

[4]　张民权：《清代前期古音学研究》（上），北京广播学院出版社2002年版。

[5]　[宋]吴棫：《韵补》徐蕆序，第2页，载《丛书集成初编》本，商务印书馆。

认为，一个韵部中的部分字与好几个韵部的字相押，那么这个韵部就跟好几个韵部相通，实在通不了的，就用"转声通"来解释，其结果自然是无所不通，无所不转，没有考虑到古今韵部分合的复杂性，因而屡遭后人诟病。《四库全书总目提要》说"言古韵者自吴棫，然《韵补》一书，庞杂割裂，谬种流传，古韵乃以益乱"[1]。但是《四库全书总目提要》也肯定了吴棫在古韵研究史上的开创之功：

> 然自宋以来，著一书以明古音者，实自棫始。而程迥之《音式》继之，迥书以三声通用，双声互转为说，所见较棫差的，今已不传。棫书虽牴牾百端，而后来言古音者皆从此而推阐加密，故辟其谬而仍存之，以不没筚路蓝缕之功焉。[2]

对于世人认为叶音出于吴才老之说，钱大昕竭力反对：

> 世谓叶音出于吴才老，非也。才老博孜古音，以补今韵之阙，虽未能尽得六书谐声之原本，而后儒因是知援《诗》、《易》、《楚辞》以求古音之正，其功已不细。古人依声寓义，唐宋久失其传，而才老独知之，可谓好学深思者矣。朱文公《诗集传》间取才老之《补音》而加以叶字，才老书初不云叶也，杨用修讥才老叶音"母氏劬劳"，劳叶音僚，"四牡有骄"，骄叶音高，孜才老书初无此文，殆误仞朱氏之叶音为皆出于才老尔。《诗》"外御其务"，吴读谟逢切，朱不从吴氏而读戎为汝以叶务音。《驺虞》之"虞"，朱于第一章叶音牙，第二章叶五红反。"谁谓女无家"，朱于前章叶音谷，后章叶各空反，皆吴氏所无，未可归咎于吴也。[3]

《诗集传》一字数音，随意改读，自是不对，但也不能因此将叶音说尽归咎于吴氏。吴氏古音学是建立在文献考据基础上的古音学，《诗集传》虽取才老音说，但是朱熹不明古音，省略文字考证环节，随意改读，才致叶音泛滥。故柴绍炳说："紫阳大儒，注《诗》、《骚》亦辄称叶韵，不必有本，韵学于是灭裂矣。"[4]后人讳言朱子而将污水泼向吴氏，是不公平的。钱大昕为吴氏平反，也说明钱氏对才老开创之功的赞许。才老对古韵的研究方法，如韵脚字系联法、谐声归纳法等，都给了钱大昕很好的学术启示。钱氏的古声类研究、转音研究以及《说文》中古文字的考订，几乎到处都用到了才老的研究方法。当然钱氏对吴棫的理解也是有一个过程的，尽管此处对吴棫的开创之功大加称赞，但是，在《潜研堂文集》卷十五中，钱大昕却说："陆元朗之时已有韵书，故于今韵不收者谓之协韵，协与叶同，颜师古注《汉书》

[1] ［清］永瑢等：《四库全书总目》，中华书局1965年版，第365页。
[2] ［清］永瑢等：《四库全书总目》，中华书局1965年版，第360页。
[3] ［清］钱大昕：《跋吴棫韵补》，载《潜研堂文集》，卷二十七，第451页。
[4] ［清］柴绍炳：《杂说·古今韵学纯驳说》，载《柴氏古韵通》，《续修四库全书》本，卷一。

又谓之合韵，合犹协也，是吴才老叶韵之所自出矣。"[1] 两处评论明显矛盾，我们又作何理解呢？"世谓叶音出于吴才老，非也。"这里的"叶音"是指后世人们观念中那种任意改读，一字数音、字无定音的"叶音"，钱大昕认为这样的做法实非出自吴棫，经其考证后认为那是朱熹自己所作。才老书中本无此音，始作俑者是朱熹而非吴棫。至于钱大昕说隋唐时的"协韵"、"合韵"说是吴棫"叶韵"说的源头，是说吴棫考据的方法固然可取，但其实际操作得出的结果与"协韵"、"合韵"说有共同之处，虽未明言"叶"而直接用叶音施注，其性质与"协韵"、"合韵"说是一样的。朱熹叶音说并不来源于吴棫，《四库全书总目提要》的态度也与钱大昕的类似：

> 自振孙谓朱子注《诗》用棫之说，朱彝尊作《经义考》未究此书仅五卷，於《补音》十卷条下误注"存"字，世遂谓朱子所据即此书，莫敢异议。考《诗集传》，如《行露篇》二"家"字，一音"谷"，一音"各空反"；《驺虞篇》二"虞"字，一音"牙"，一音"五红反"；《汉广篇》"广"音"古旷反"，"泳"音"于诳反"；《绿衣篇》"风"音"孚愔反"之类，为此书所无者，不可殚举。《兔罝篇》"仇"音"渠之反"，以与"逑"叶。此书乃据《韩诗》，"逑"作"逎"，音"渠尤反"，以与"仇"叶，显相背者亦不一。又《朱子语录》称棫音务为蒙，音严为庄。此书有"务"而无"严"。周密《齐东野语》称朱子用棫之说，以艰音巾，替音天。此书有"艰"而无"替"。则朱子所据，非此书明甚。盖棫音《诗》、音《楚辞》，皆据其本文，推求古读，尚能互相比较，粗得大凡，故朱子有取焉。此书则泛取旁搜，无所持择，所引书五十种中，下逮欧阳修、苏轼、苏辙诸作，与张商英之伪《三坟》，旁及《黄庭经》、《道藏》诸歌，故参错冗杂，漫无体例。[2]

《四库全书总目提要》所举十例，有两例与钱氏一致，且将《诗集传》、《朱子语录》、《齐东野语》所载朱氏音与《韵补》对比，更为详细地论证了叶音说源自才老的错误论断。钱大昕没有参与《四库全书》的编纂，但与四库馆臣关系密切，戴震、纪昀、周永年、翁方纲等是其好友，门生邵晋涵及弟大昭曾参与过《四库全书》的编校，所以《四库全书总目提要》中亦往往采用钱说。史学家柴德赓在《王西庄与钱竹汀》一文中说："《四库》例不录生存人书，但《辽史提要》、《金薤琳琅》及《求古录金石文字记》提要，都采用了竹汀《金石文跋尾》，只是不出姓名而已。"[3]

———————

[1]　［清］钱大昕：《答问十二》，载《潜研堂文集》，卷十五，第227页。

[2]　［清］永瑢等：《四库全书总目》，中华书局1965年版，第360页。

[3]　柴德赓：《王西庄与钱竹汀》，载《史学史资料》1979年第3期。

钱大昕本人也说《四库全书总目提要》采纳过自己的成果："朱竹垞博极群书，题跋皆不苟下笔，百余年来，人无间言。然涉猎既多，未免千虑一失。如《石刻铺叙》，本庐陵曾宏父撰，与南丰曾惇字宏父者绝不相涉，而误以为一人。曩岁李南涧刊此书，予始为考正。今《四库全书目》即采予说也。"[1]《四库全书总目提要》成书后，钱大昕也是较早对其中的得失进行探讨的学者之一。所以，在对待吴棫《韵补》的态度上，四库馆臣与钱大昕一致，我们就不难理解了。

吴棫之后，尚有程迥、郑庠、项安世等人致力于古韵的研究，力图解决古韵文为什么和谐这个问题。

程迥的《音式》和郑庠的《古音辨》均已亡佚。程迥所言"四声互用"、"切响通用"，主要还是以通转方式考察古今韵部之间的分合关系。[2] 郑庠的古韵分部保存在元熊朋来《熊氏经说》中。他把古韵分为六部，虽比吴棫还粗略，但他注意到了韵部安排的系统性和入声的编配。尽管如此，仍有不少"出韵"问题。

吴棫和郑庠的分部虽然还谈不上完善，但作为古音分部的先行者，他们的创举，是顾炎武等清儒继续研究古韵的基础。

项安世在《项氏家说》中提出了古有本音，这在古音研究史上还是第一次。他以今韵为立足点，注意到了古韵部分字的押韵规律，还通过《诗音类例》对十四例韵脚字进行了系联[3]。他的这些说法，经后人证明都是正确的。可惜的是，他并没有对《诗》的所有韵脚字进行所系联，进而得出古音的韵部。

项安世提出的"一字两呼"说，为古韵研究提供了新的思路，是后世钱大昕转音说的先声。但是他认为两音同时并存于上古，是不对的。方音往往存古，以方音证古音，也是项安世的一大创举。同时，通过归纳谐声字声符，总结出"制字之初声"，并与《诗》韵相应证，从理论上讲，都是比较科学的研究方法，是清代古音学研究的理论渊源。

元明二朝，一以程朱理学为宗，学术上创新不多，但在古音研究方面的创获，较之宋人，更进了一步。比较有影响的有：吾丘衍、刘玉汝、熊朋来、杨慎、焦竑、陈第等人。他们在古音学上继承了宋人的学术传统，进一步加强了对谐声字的关注，由最初的怀疑、考证到最后开始旗帜鲜明地反对叶音说，极力提倡以"古音"替代"叶音"。其中对清代人影响最大的当属陈第，他在《毛诗古音考自序》中说：

---

[1]　[清] 钱大昕：《曝书亭集》，载《十驾斋养新录》，卷十四，第396页。

[2]　张民权：《清代前期古音学研究》（上），北京广播学院出版社2002年版，第25页。

[3]　如："采苓采苓，首阳之巅，人之为言，苟亦无信。此青字、先字、真字三韵之聚为一者也。"又"鼓瑟鼓琴，笙盘同音，以雅以南，以钥不僭。此侵字、覃字、盐字三韵聚而为一者也。"见《丛书集成新编》第九册，《项氏家说》卷四《诗音类例》，台湾新文丰出版公司1985年版，第51页。

　　夫《诗》，以声教也。取其可歌，可咏，可长言嗟叹，至手舞足蹈而不自知。以感触其兴、观、群、怨、事父、事君之心，且将从容以纻绎夫鸟兽草木之名义，斯其所以为《诗》也。若其意深长而于韵不谐，则文而已矣。故士人篇章，必有音节。田野俚曲，亦各谐声。岂以古人之诗而独无韵乎？盖时有古今，地有南北，字有更革，音有转移，亦势所必至。故以今之音读古之作，不免乖剌而不入，于是悉委之叶。夫其果出于叶也，作之非一人，采之非一国，何母必读米，非韵杞韵止，则韵祉韵喜矣。马必读姥，非韵组韵献，则韵旅韵士矣。京必读疆，非韵堂韵将，则韵常韵王矣。福必读逼，非韵食韵翼，则韵德韵亿矣。厥类实繁，难以殚举。其矩律之严，即《唐韵》不啻，此其故何耶？又《左》、《国》、《易象》、《离骚》、《楚辞》、秦碑、汉赋，以至上古歌谣箴铭赞诵，往往韵与《诗》合，实古音之证也。或谓：《三百篇》，诗辞之祖，后有作者，规而韵之耳。不知魏晋之世，古音颇存，至隋唐渐尽矣。唐宋名儒，博学好古，间用古韵，以炫异耀奇，则诚有之。若读垤为侄，以与日韵，尧戒也。读明为芒，以与良韵，《皋陶》歌也。是皆前于《诗》者，夫又何放？且读皮为婆，宋役人讴也。读邱为欺，齐婴儿语也。读户为甫，楚民间谣也。读裘为基，鲁朱儒谑也。读作为诅，蜀百姓辞也。读口为苦，汉白渠诵也。又家，姑读也，秦夫人之占。怀，回读也，鲁声伯之梦。旂，斤读也，晋灭虢之征。瓜，孤读也，卫良夫之噪……[1]

　　陈第不但与他的好友焦竑一样坚决反对叶音说，而且明确地把古韵文今读不谐的原因归结为时、地二因。不仅如此，他还在研究方法上采取本证与旁证相结合的方式考求《诗》中六百余韵字的古音。没有考据材料时，则采取审音的方式。后来，陈第又撰《屈宋古音义》一书与《毛诗古音考》进行比较研究，取《楚辞》中的韵字同《诗》中的韵字相印证。在《读诗拙言》一书中，陈第还善于用《说文》中的谐声系统来证明《诗》的音读。可惜的是陈第重在对个别韵字的考索，并没有归纳古韵的分部。即便如此，他实事求是的古音观和科学严谨的研究方法已经为清代的古音研究奠定了坚实的基础。《竹汀先生日记钞》卷一云："借读陈季立《毛诗古音考》四卷、《屈宋古音义》三卷，顾亭林言古音，实本于此。"[2]的确，顾炎武古音学的直接来源就是陈第，他在《音学五书·音论》中，就有大段文字直接引用陈第的《毛诗古音考》和《读诗拙言》，明确提出了"古诗无叶音"，《唐韵正》中亦多有第说，可见其对陈第的推崇。钱大昕说："陈季立撰《诗古音》、《屈宋古音》，

---

[1]　［明］陈第：《毛诗古音考》，中华书局1988年版，第7页。
[2]　［清］钱大昕：《竹汀先生日记钞》，第3页。

始知《三百篇》自有本音，至昆山顾氏《音学五书》而古音粲然明白矣。"[1] 可见钱氏继承了陈、顾两家之说，坚决反对叶音说。

之后，方以智《通雅》卷首之一《音义杂论》有"四声通转说"和"音韵通别不紊说"[2]，也坚决反对叶音说。

综上所述，"叶音"说是在特定背景下人们对古韵文的一种特殊的处理方式。"叶音"虽名称不一，但其实质都是一致的，都是以今律古，改古读以就今韵。透过"叶音"说发展的过程，我们不难发现，宋以前的"叶音"说，重在实用，其目的是改读以便于诵读。而宋以后的"叶音"说，一方面也注重实用，并由朱熹将它发挥到了极致，乃至字无定音，一字数读。另一方面，学者们开始怀疑"叶音"说，并由此开始了对古音的探索，直至明代焦竑、陈第、方以智，才彻底破了"叶音"。

历代学者上下求索，积累了许多宝贵经验和行之有效的研究方法。为清代学者揭开古音神秘的面纱，创造了非常有利的条件。在此基础上，顾炎武、李因笃、邵长蘅、李光地、潘咸、江永、万光泰、段玉裁、戴震、孔广森、王念孙、江有诰等诸多大家都对古韵进行了研究并得出了很多经典的结论，古音的真实面貌逐渐明晰起来。

钱大昕正是通过对历代古音研究成果的分析与甄别，逐渐看到了"叶音"说的不合理内核，同时，吸收借鉴了前贤和当代大家们科学的研究方法和严谨的学术态度，如韵脚字系联法、谐声归纳法、经籍异文对比法、方言旁证法等研究方法。不同的是，前人多重视古韵的研究而疏于对古声的研究。钱大昕独辟蹊径，借鉴前贤研究古韵的方法来研究古声类，总结出了六条著名的结论。同时，他能把古声组研究的结果应用到了古文韵读和经籍训诂之中。

第二节　钱大昕转音说的内涵

前人声训和诗歌韵律研究，多以韵部研究为主。钱大昕在对上古文献材料进行整理的同时，注意到了其中的双声叠韵现象，尤其是双声，这是激发他提出转音说的文献基础。他提出了以双声为基础，并结合韵转的转音说，对于解决古韵文出韵问题和古籍训诂，是一种全新的尝试。

一、钱大昕对双声叠韵的关注

钱大昕在《十驾斋养新录》"双声叠韵"条中说：

---

[1]　［清］钱大昕：《答问十二》，载《潜研堂文集》，卷十五，第 226 页。

[2]　［明］方以智：《通雅·卷首一·音义杂论》，中国书店 1990 年影印清康熙姚文燮浮山此藏轩刻本，第 31 页。

古人名多取双声叠韵，如《左传》宋公与夷、邾黎来、袁涛涂、续鞠居、提弥明、士弥年、王孙弥年、公孙弥年、澹台灭明、王孙由于、寿于姚、蒲翰胡、曹翰胡，《孟子》胶鬲、离娄，皆双声也。《书》皋陶，《左传》庞降（下江反）、台骀、西鉏吾、公子围龟、鬭韦龟、公子奚斯、晋奚齐、先且居、郑伯髡顽、斗穀於菟、狄虒弥、乐祁黎、蒯聩、陈须无、滕子虞母、伶州鸠、叔孙州仇，皆迭韵也。秦始皇子扶苏迭韵，胡亥双声。汉人尚有鄂千秋、田千秋、严延年、杜延年等。东京沿王莽二名之禁，遂无此风矣。

草木虫鱼之名多双声：蒹葭、萑苇、薜苜、芙蓉、萧薍、鸿荟、蓬蘱、厥攗、茎藉、藤姑、祂裾、卬钜、桃芅，草之双声也。唐棣、柜柳、茎著、枸櫰，木之双声也。蜘蛛、蟏蛸、蚷蟓、蛞蝓、蚣蝑、至掌、蠖蠓、蚨蝪、詹诸、蝤蛴、蛴螬、蟋蟀、蠨蛸、伊威、熠燿，虫之双声也。鸳鸯、流离、秸鞠、夷由、鹪鹩，禽之双声也。骆驿、距虚，兽之双声也。[1]

由此可见，古人喜欢以双声叠韵的方式来给自己以及自然界的名物取名。不仅如此，来源于民间歌谣的《诗经》也是以双声叠韵为文：

人有形即有声，声音在文字之先，而文字必假声音以成。综其要，无过叠韵、双声二端，而叠韵易晓，双声难知。"股肱"、"丛脞"，虞廷之赓歌也。"次且"、"剿刬"，文王之演《易》也。至《诗三百篇》兴，而斯秘大启：《卷耳》之次章，"崔嵬"、"虺隤"两叠韵，三章"高冈"、"元黄"两双声。《硕人》之次章"巧笑"叠韵，"美目"双声。《大叔于田》之次章，上句"磬控"双声，下句"纵送"叠韵。《出其东门》之首章，"綦巾"双声，次章"茹藘"叠韵。《七月》之"膗发""栗烈"双声兼叠韵，上下相对。《东山》之"伊威"、"蠨蛸"、"町疃"、"熠燿"四句连用双声。"佻兮达兮"、"哆兮侈兮"、"既敬既戒"、"既霑既足"、"如蜩如螗"、"如蛮如髦"、"不吴不敖"、"不竞不絿"、"允文允武"、"令闻令望"、"宜岸宜狱"、"式夷式已"、"之纲之纪"、"以引以翼"，隔字而成双声。"嘽嘽"、"哼哼"、"噩噩"、"印印"叠字而成双声。"与与"、"翼翼"，隔句而成双声。"居居"、"究究"，隔章而成双声。"死生契阔"、"搔首踟蹰"，一句而两双声。"旅力方刚"、"山川悠远"一句而一叠韵一双声：其组织之工，虽七襄报章，无以过也。其音节之和，虽埙篪迭奏，莫能加也。其尤妙者，"角枕粲兮，锦衾烂兮"，不独"粲"、"烂"韵，而"枕"、"衾"亦韵，"锦"、"衾"叠韵，"角"、"锦"又双声也。"不敢暴虎，不敢冯河"，"暴"、"冯"

[1]　［清］钱大昕：《双声叠韵》，载《十驾斋养新录》，卷五，第120页。

双声,"虎"、"河"亦双声也。此岂寻常偶合者可比[1]！

我们将以上钱氏双声叠韵分析列下表4-1：

表4-1 钱氏双声叠韵音韵地位表

与夷	喻—喻[2]	黎来	来—来	涛涂	定—定
鞠居	见—见	弥明	明—明	灭明	柔—明
由于	喻—匣	于姚	匣—喻	翰胡	匣—匣
胶禹	喻—见	离娄	来—来	悠远	吾—匣
蕈葍	见—见	崔苇	匣—匣	薜苫	匣—匣
芙苊	见—见	萧董	端—端	鸿荟	影—影
蓬蕅	定—透	厥摅	溪—见	茎蕅	端—端
蘱姑	群—见	极袯	见—见	卬钜	群—群
铫芅	喻—喻	唐棣	定—定	柜柳[3]	群—群
茎蕅	章—端	枸檵	见—见	蜘蛛	端—端
螾衔	喻—喻	蛞蝓	溪—溪	蛞蝓	溪—溪
蚣蝑	见—心	至掌	章—章	蠖蠖	明—明
蚨蝎	透—透	詹诸	章—章	蝡蛴	从—从
蛱蟾	从—从	蟋蟀	心—心	蠨蛸	心—生
伊威	影—影	熠耀	喻—喻	鸳鸯	影—影
流离	来—来	秸鞠	见—见	夷由	吾—喻
鶗鴂	定—定	驹骎	定—定	距虚	群—溪
股肱	见—见	丛脞	从—从	次且	瓶—清
剀刉	疑—疑	高冈	见—见	元黄	疑—匣
美目	明—明	磬控	溪—溪	巧笑	溪—心
綦巾	明—见	茹藘	鱼—鱼	纵送	东—东
栗烈	来质—来月	町畽	透—透	鬔发	帮质—帮月
哆侈	端—昌	敬戒	见—见	佻达	透—定
蜩螗	定—定	蛮髦	柔—明	露足	端—精

---

[1] 〔清〕钱大昕:《答问十二》,载《潜研堂文集》,卷十五,第235页。

[2] 音韵地位依唐作藩《上古音手册》,下同。

[3] 柳,阮元校为桺。

竞絿	群—群	文武	柔—明	吴敎	颖—疑
岸狱	疑—疑	夷巳	昏—喻	闻望	明—明
引翼	昏—喻	哗哗	昌	纲纪	见—见
禺禺	疑	印印	影	哼哼	透—透
翼翼	喻	居居	见	与与	喻
契阔	溪—溪	踟蹰	定—定	究究	见
皋陶	幽—幽	厐降	东—冬	台骀	之—之
鉏吾	鱼—鱼	围龟	微—之	韦龟	微—之
奚斯	支—支	奚齐	支—脂	且居	鱼—鱼
髡顽	文—元	于菟	鱼—鱼	虔弥	支—支
祁黎	脂—脂	蒯聩	质—物	须无	侯—鱼
虞母	鱼—之	州鸠	幽—幽	州仇	幽—幽
扶苏	鱼—鱼	胡亥	匣—匣	千秋	真清—幽清
延年	元—真	崔嵬	微—幽	虺隤	微—微
方刚	阳—阳				
角枕粲兮，锦衾烂兮	角锦见母双声，枕衾侵韵叠韵，粲烂元韵叠韵				
不敢暴虎，不敢冯河	暴冯并母双声，虎河晓匣双声				

另外，《声类》中也辑有多条双声词资料，如下表 4-2 所示：

表 4-2　钱氏双声叠韵音韵地位表

绵绵，民民也。22.1	明—明	訇訇、穷穷，夔夔也。25.1	群群群
汎汎，泯泯也。23.1	明—明	矜矜、兢兢，坚也。26.1	见—见
曼曼，测测也。23.1	精—初	兢兢，戒也。26.1	见—见
蓁蓁、苍苍，采采也。23.1	清清清	骙骙，强也。26.1	溪—溪
言言、仡仡，尊尊也。23.1	疑疑疑	业业，危也。26.1	疑—疑
宪宪，欣欣也。23.1	晓—晓	仡仡，駃也。26.1	疑—疑
嚣嚣，警警、訇訇也23.1	晓疑疑	溱溱、增增，众也。26.1	庄—精
哙哙，快快也。23.1	溪—溪	琐琐，小也。26.1	心—心
耿耿，儆儆也。23.1	见—见	厌厌、愔愔，安也。26.1	影—影
介介，耿耿也。23.1	见—见	亹亹，勉勉也。26.1	明—明

续表 4-2

胶胶，嗷嗷也。23.1	见—见	穆穆，美也。26.1	明—明
渠渠、拳拳，勤勤也。23.1	群群群	菣菣，美也。26.1	明—明
懆懆，惨惨也。23.1	瓠—清	懞懞，茂也。26.1	明—明
惨惨，戚戚也。23.1	瓠—清	枚枚，密也。26.1	明—明
窃窃，察察也。23.1	瓠—初	菣菣，闷也。26.1	明—明
索索，缩缩也。23.1	心—生	浣浣，润也。26.1	明—明
职职，祝祝也。24.1	章—章	喤喤，和也。26.1	匣—匣
芒芒，梦梦也。24.1	桼—明	欨欨[1]，戏也。27.1	晓—晓
庸庸，焰焰也。24.1	昏—喻	董董，短也。27.1	端—端
阖阖，格格也。24.1	见—见	从颂，从容也。27.1	从邪从喻
攸攸、浟浟（并读如迪），逐逐也。24.1	喻定定	猛眇，蒡眇也。28.1	明明明明
惕惕，忉忉也。24.1	透—端	方皇，彷徨也。28.1	帮匣并匣
啴啴，瘅瘅也。24.1	端—透	觳悉，觳觫也。30.1	匣心匣心
膱膱，腜腜也。24.1	桼—明	须摇，须臾也。30.1	心喻心喻
掺掺，纤纤也。24.1	心—心	拮据，撷据也。30.1	见见见见
蝇蝇，油油也。24.1	昏—喻	孟浪，漫澜也。30.1	明来明来
亹亹、勿勿，勉勉也。24.1	明明明	弥离，蒙笼也。31.1	明来明来
混混，浣浣也。24.1	明—明	绸缪，缠绵也。31.1	定明定明
駣駣，儦儦也。25.1	帮—帮	渐洳，沮洳也。31.1	精日从日
沉沉，潭潭也。25.1	书—定	牢刺，牢落也。31.1	来来来来
扃扃，斤斤也。25.1	见—见	曼漶，蒙鸿也。31.1	明来明来
梅梅，微微也。25.1	明—明	踟蹰、踌躇、跱躇、踯躅，跢跦也。32.1	均为定母
謰謰，截截也。25.1	从—从	嘲哳，谰謰也。32.1	来来来来
彤彤²，绎绎也。25.1	喻—喻	胡涂，鹘突也。33.1	匣定见定
悁悁（乌圆切），悃悃也。25.1	影—影	放悲，勞嚭也。33.1	帮帮滂并
元元，喁喁也。25.1	疑—疑		
姁姁，呕呕（音吁）也。25.1	晓—晓		
畜畜，煦煦也。25.1	晓—晓		
龂龂，訚訚也。25.1	疑—疑		

---

[1] 诸本误作"欨"，当为"欨"。《说文》："欨欨，戏笑皃。"

双声叠韵，是钱大昕转音说的基础。人类既然从早期就开始关注自然界的双声叠韵，因而在文学作品中就会自觉地以双声叠韵相配以体现和谐之美，正所谓"同类相召，本于天籁，而人声应之"。[1] 既然叠韵之字可以产生和谐之美，那么双声又为什么不可以呢？钱大昕自然而然地把双声的理念也带了古韵文的押韵之中，开始把双声叠韵相结合用于经籍训诂，并用其解释出韵现象。

二、转音说的内涵

钱大昕的转音说散见于其著作各处，不成系统，《潜研堂文集》卷十五有一段话论及转音，较为集中：

> 但古人亦有一字而异读者，文字偏旁相谐谓之正音；语言清浊相近谓之转音。音之正有定，而音之转无方。正音可以分别部居，转音则祇就一字相近，假借互用而不通于它字。
>
> 其以声转者，如难与那声相近，故傩从难而入歌韵；难又与泥相近，故𪒠从难而入齐韵。非谓歌齐两部之字尽可合于寒桓也。宗与尊相近，故《春秋传》伯宗或作伯尊，临与隆相近，故《云汉》诗以临与躬韵。巩与固相近，故《瞻卬》诗以巩与后韵，非谓魂侵侯之字尽可合于东锺也。
>
> 其以义转者，如躬之义为身，即读躬如身。《诗》"无遏尔躬"与天为韵，《易·震》"不于其躬，于其邻"躬与邻韵，非谓真先之字尽可合于东锺也。赓之义为续，《说文》以赓为续之古文，盖《尚书》"乃赓载歌"，孔安国读赓为续，非阳庚之字尽可合于屋沃也。又如溱洧之溱，本当作潧。《说文》"潧水出郑国"，引《诗》"潧与洧，方涣涣兮"。此是正音；而《毛诗》作溱者，读潧如溱以谐韵耳。溱即潧之转音，不可据《说文》以纠《诗》之失韵，亦不可据《诗》以疑《说文》之妄作，又不可执潧溱相转而谓蒸真两部之字尽可通也。如谓吾言不信，则试引而伸之。夫增与潧，皆曾声也。《毛传》于《鲁颂》"烝徒增增"云："增增，众也。"此《尔雅·释训》之正文，而于《小雅》"室家溱溱"亦云："溱溱，众也。"文异而义不异，岂非以溱增声相近而读增为溱，不独假其音，并假其字乎？古人有韵之文，正音多而转音少，则谓转音为协，固无不可。如以正音为协，则慎到甚矣。顾氏谓一字止有一音，于古人异读者，辄指为方音，固未免千虑之一失，而于古音之正者，斟酌允当。其论入声，尤中肯綮，后有作者，总莫出其范围。若毛奇龄辈不知而作，哓哓謍謍，置勿与辩可也。[2]

---

[1] ［清］钱大昕：《杜诗双声叠韵谱序》，载《潜研堂文集》，卷二十五，第408页。

[2] ［清］钱大昕：《答问十二》，载《潜研堂文集》，卷十五，第227页。

　　"转音"说是直接建立在反对"叶音"说的基础上的,钱大昕认为古韵文不但有"正音"相协,也有用"转音"相协的情况。正音是有定的,是系统性的,转音是不定的,是部分的,带有特殊性。

　　所谓正音,就是汉字谐声系统所构成的汉字韵读。"文字偏旁相谐谓之正音",在汉字孳乳的初期,同声符的汉字的读音是相同或相近的,故可利用谐声系统来归纳研究古音。宋元以来的学者在这方面已经有所发明,钱大昕也注意到在上古之时,同声符的谐声字读音大致相同,所以在《诗》韵中,这些谐声字大部分都在同一韵部之中而可以互相押韵,这就是他说的"古人有韵之文正音多",这个"多"即指谐声和《诗》韵的一致性。

　　"语言清浊相近谓之转音","清浊"是指声组发音的清浊。但实际上,钱大昕的转音说不仅针对声组,而且也包括韵。这一点也正是钱大昕转音说的独特之处,清代诸多音韵大家多说韵,钱大昕不仅说韵,而且多说声。

　　"正音以定形声之准,有转音以通文字之穷。转音之例,以少从多,不以多从少。"[1]正音决定共时的语音系统,转音体现历时的语音变化。正音是由谐声偏旁确定的,是统一的,因此可以根据他们的谐声偏旁分类归部,即所谓"正音可以分别部居"。转音"无方",是临时性的,是多元化的,因此不能够分类归部。"正音如宗族昭穆,虽远而实出一本,则引而同之,故喉、舌、唇、齿音不同,而合为一部","转音如婚姻,夫之与妇,至亲也,而妇之族不可以混夫之族。"[2]转音可以分为"声转"和"韵转"两种情况。

（一）声　　转

　　此处的"声",是指声组。"声转"就是以双声为纽带的韵转,用声转说可以解释三种语言现象:

　　(1)文字声符相同却分属不同韵部,这是谐声字读音的分化。分化的原因,钱氏认为是双声假借的结果。如"儺"、"黁"都从难得声,其正音当从难入古元韵,但《诗经·卫风·竹竿》三章:"淇水在右,泉源在左。巧笑之瑳,佩玉之儺。"儺却入歌韵,原因是"难"、"那"均为古泥母字,两字因双声假借,故"儺"随"那"入歌韵。

　　(2)经籍的异文,有时也是属于双声假借。如《春秋传》"伯宗"或作"伯尊","宗"、"尊"均为古精母字,声纽相同,故可假借。

　　(3)不同韵部字因为声母的纽带作用,在韵文中也可以相押。如《诗经·大雅·云

---

[1] 〔清〕钱大昕:《答问十二》,载《潜研堂文集》,卷十五,第227页。

[2] 〔清〕钱大昕:《答严久能书》,载《潜研堂文集》,卷三十六,第614页。

汉》二章："后稷不克，上帝不临。耗斁下土，宁丁我躬。""临"与"躬"本不同韵，只因为"临"与"隆"均为古来纽字，"隆"与"躬"同韵，故"临"与"躬"可以相押。又《瞻卬》："不自我先，不自我后。藐藐昊天，无不克巩。"因"巩"与"固"同为古见纽字，"固"与"后"韵近，故"巩"可与"后"韵。但这些以转音相押都只是暂时性的，不是常例，只限于少数字之间的音转，并不涉及整个韵部之间的音转。

（二）韵　　转

钱大昕称之为"以义转者"，我们也可以叫作"声随义转"。如《诗经·大雅·文王》："命之不易，无遏尔躬。宣昭义问，有虞殷自天。"郑玄谓"躬"之义为"身"，则读"躬"如"身"，"身"与"天"同为古真韵，故可押韵。另《周易·夬传》："震不于其躬，于其邻"，王弼训"躬"为"身"，即可读"躬"为"身"，与真韵"邻"字相押。不但是《诗》韵，就是经籍异文也可以用"声随义转"来解释，如《溱洧》之"溱"本当做"潧"，《说文》云："潧水，出郑国"，并引《诗》"潧与洧，方涣涣兮"。钱大昕认为作"潧"是正音，而《毛诗》作"溱"是读潧如溱以谐韵，溱是潧的转音，不能因为"潧"、"溱"相转而认为蒸、真两部之字都可通。

钱大昕多次强调，以谐声字为主体建构起来的正音是古音的主体框架，占《诗》韵的绝大多数。作为转音，不管是"声转"还是"义转"，他们都是语言应用中少数特例，不能因为个别字的音转而机械地认为其所在韵部的其他字都可以互转。这一点，钱大昕比宋元学者的做法高明，宋元以来的学者多知其合而不知其分。自顾炎武离析《唐韵》以来，清代的学者们开始比较理性地由今韵上推古韵，明其分合。钱大昕把这种辩证思维的理念也引入到了以声为主的音转说研究中，从中我们可以看出钱氏学识的渊博和思维的明晰。

第三节　转音说的依据

钱大昕生活在乾嘉盛世，当时的学者多以研究古韵为主，各家对古韵的分部并不一致，因而在涉及到韵转问题时，就有许多无法自圆其说的地方，如戴震也谈到了阴阳之间的对转，但他把歌、戈、麻归为阳声韵，这样就难以通转了。钱大昕正是看到了当时韵转说的尴尬处境，转而投向声类的研究，力图以声转来解释古文献中形音义之间的种种关联。钱大昕把转音分为正转和变转，又从音理上对正转和变转进行了界定，同时又通过大量的文献材料来证明双声转音说的确存在，与古代语言事实相符。

一、转音说的音理依据

钱大昕把转音分为正转和变转。《声类》卷一《释训》云：

> 鲰之为奏，正转也；毃之为届，变转也。

"鲰"、"奏"同为古精纽字，故为正转；"毃"为精纽，"届"为见纽，声母不同，故为变转。

钱大昕在《与段若膺书》中说：

> 古有双声有叠韵，参差为双声，窈窕为叠韵，喉腭舌齿唇之声同位者皆可相转，宗之为尊，桓之为和是也。[1]

"宗"、"尊"同为精母，"桓"、"和"同为匣母，都是正转。

"同位"一词，钱氏之前的江永就用过，他的《四声切韵表·凡例》中说："切字者，两合音也。上一字取同位，下一字取同韵。同位不论四声，同韵不论清浊。"[2] 同位就是同一母位，也就是声母发音部位相同。后来戴震也用"同位"一语："凡同位为正转，位同为变转"；"凡同位则同声，同声则可以通乎其义；位同则声变而同，声变而同则其义亦可以比之而通"[3]。戴震的"同位"指发音部位相同，"位同"是指发音方法相同。钱氏的"同位"和戴震不一样，表述比较模糊，上文"喉腭舌齿唇之声同位者皆可相转"，从其举例"宗之为尊，桓之为和"来看，"同位"当是指声母的发音部位相同，但从下一段话来看，又有不同：

> 牛者，冒也。牛，牙音之收声；冒，唇音之收声，声不类而转相训者，同位故也。古人以反侧与辗转对，颠沛与造次对，元首与股肱对。反侧、颠沛同为出声。元首同为收声，则亦为双声矣。征诸经典，如多训祇，钧训等，蔽训断，遻训乡，振训救，曹训群，凭训大，幂训幔，贯训中，槃训大，袗训单，皆以谐声取义，牛之训冒，亦此例也。[4]

"牛"、"冒"同为收声，发音方法一样，但发音部位不一样，故此处"同位"又兼指发音方法相同。出、送、收是指声组的发音方法，钱氏云：

> 言字母者，谓牙舌唇之音必四，齿音必五。不知声音有出送收三等，出声一而已，送声有清浊之歧，收声又有内外之歧。试即牙舌唇之音引而

---

[1] ［清］钱大昕：《与段若膺书》，载《潜研堂文集》，卷三十三，第 568 页。

[2] ［清］江永：《四声切韵表·凡例》，《四库存目丛书》影印清乾隆五十三年应云堂刻本。

[3] ［清］戴震：《转语二十章序》，载《戴震文集》，中华书局 1980 年版，第 91 页。

[4] ［清］钱大昕：《廿二史考异》卷三，第 41 页。

伸之曰：基欺奇疑伊可也；基欺奇希奚亦可也；东通同农隆可也；帮滂旁茫房亦可也，未见其必为四也。即齿音敛而缩之曰：昭超潮饶可也；将锵戕详亦可也，未见其必为五也。[1]

我们按出、送、收的发音方法将钱氏古纽说整理为双声转音图[2]（如下表4-3所示）：

表4-3　钱氏双声转音图

发音部位 \ 发音方法	发音方法			
	出	送		收
		清	浊	内	外

实际表格结构如下：

发音部位	出	送（清）	送（浊）	收（内）	收（外）
唇音	帮（非）	滂（敷）	并	明（微）	（奉）
齿音	精	清	从	心（审）	邪
舌音	端（知照）	透（彻穿）	定（澄床）	泥（娘）	（来禅日）
喉音	（见）	（溪）	（群）	晓（疑）	影喻匣

鉴于钱大昕"同位"一词兼指发音部位和发音方法，所以我们打算借鉴戴震的术语，发音部位相同谓之同位，发音方法相同谓之位同。依据上表，凡同一横排者为同位正转，同一竖列者为位同变转。据此，我们对上文变转之例进行分析，如下表4-4所示：

表4-4　钱氏双声变转类型

转音字	声纽	转音类型		转音字	声纽	转音类型
牛冒	疑—明	变转		振救	章—见	变转
反侧	帮—庄	变转		曹群	从—群	变转
颠沛	端—滂	变转		凭大	并—定	变转
元首	疑—书	变转		冪嫚	疑—明	变转
多祇	端—群	变转		贯中	见—端	变转
钧等	见—端	变转		槃大	并—定	变转
蔽断	帮—端	变转		袗单	章—端	变转
遡乡	心—晓	变转				

---

[1]　［清］钱大昕：《字母》，载《十驾斋养新录》，卷五，第122页。

[2]　参考郭晋稀《声类疏证·前言》第13页修订。括号中声纽为钱氏认为古无此音，当并于其它纽中，详见本书第三章。

从以上例子来看，钱氏基本上能贯彻他自己设定的条例，唯有"颠沛"、"多训祇"稍嫌宽泛。

在文献中，正转之例多，变转之例少。钱氏在整理史籍时，也辑录了一些这方面的例证，如：

> 古音敷如布，偏、布声相近，奏、告亦声之转也。奏属齿音，告属牙音，均为出声，故亦得相转[1]。

"敷"为滂母，"布"为帮母，发音部位相同；"偏"、"布"同为帮母，为正转。"奏"为精母，"告"为见母，同为出声，故为变转。

又如：

> 《汉书》曰："大钧播物"，此专读曰钧，盘犹转也。专与钧声相转，舌齿异音而均为出声，此假借之例也。盘读为般，般、播声相近。[2]

依钱氏"古人多舌音，今人多齿音"，"专"为舌头音，"钧"为见母，均为出声，故也可称为双声转音。

钱大昕还指出，毛《诗》多用双声转音：

> 佛之训大，犹坟之训大，皆同位[3]之转声也。毛公释《诗》，自《尔雅》诂训而外，多用双声取义，若泮为坡，苞为本，怀为和之类也。或兼取同位[4]相近之声，如愿为每，龙为和，遡为乡，缀为表，达为射之类也。[5]

其正转变转情况统计如下表 4-5 所示：

表 4-5　钱氏双声正转、变转类型

转音字	声纽	转音类型		转音字	声纽	转音类型
佛大	并—定	变转		愿每	疑—明	变转
坟大	并—定	变转		龙和	来—匣	变转
泮坡	滂—滂	正转		遡乡	心—晓	变转
苞本	帮—帮	正转		缀表	端—帮	变转
怀和	匣—匣	正转		达射	定—船	变转

---

[1]　[清]钱大昕：《史记·五帝本纪》，载《廿二史考异》，卷一，第2页。

[2]　[清]钱大昕：《史记·屈原贾生列传》，载《廿二史考异》，卷五，第87页。

[3]　此"同位"指发音方法。

[4]　此"同位"亦指发音方法。

[5]　[清]钱大昕：《答问三》，载《潜研堂文集》，卷六，第78页。

钱氏说"同位相近之声"，是指声母的发音方法相同，这样一来，音转的涉及面就相对较大了。或许是钱氏意识到了这样表述有些欠妥，于是又补充道："故音之转必清浊舒敛同位同等乃可假借，其他同部之字仍风马牛不相及也。"[1]"清浊"、"同位"是指声母而言，"舒敛"[2]、"等"是指对韵母而言。这样，既有文献考据，又有音理审音，音转的规律才变得比较详备和具有可操作性。

二、转音说的文献依据

钱大昕的转音说，不是基于个案提出的一种臆测，而是有着广泛的文献基础。在《十驾斋养新录》、《潜研堂文集》、《声类》、《廿二史考异》中，钱氏列举了大量的例证来说明古有转音说这个事实，尤其是《声类》一书，一千七百多条，除去最后几条与音无关的之外，几乎条条都是转音说的文献依据。钱大昕用到的文献资料主要包括《诗》、《易》等古韵文的用韵实例，经籍异文，经师音读、古人训诂等。

（一）《易》、《诗》等古韵文中出韵现象证明双声可转

按照钱大昕转音说的观点，古韵文中其实没有所谓的出韵一说。依韵例看来，韵脚字以正音押韵占绝大多数，异部之间的通押只是暂时的，占少数。这少数的韵脚字之所以读起来不谐，是因为没有从双声转音的角度来考虑其不同于正音的转音。在论及顾炎武不懂转音之例时，钱大昕有几大段论述，例子涉及《易》、《诗》等古韵文，下节有详细归纳，此不重复举例。

（二）古代的声训材料证明双声可转

声训是重要的训诂方法之一，古来就有同音为训，叠韵为训。其中也有双声为训，这些双声训诂材料，证明了古音中有双声转音这一事实。如《释名》一书，虽在利用声音推求语源上存在缺陷，但其中包含有不少的双声材料，钱大昕《声类》中多有引证：

　　　妇，服也。《释名》："妇，服也，服家事也。"（10.1）[3]
　　　脩，缩也。《释名》："脩，缩也，干燥而缩也。"（18.1）

---

[1]　［清］钱大昕：《答严久能书》，载《潜研堂文集》，卷三十六，第614页。

[2]　钱大昕"舒敛"一语既指声，亦指韵，详见《潜研堂文集》卷十五《答问十二》："盖有古侈而今敛者矣。如古之唇音，皆重唇也，后人于其中别出轻唇四母，轻唇敛于重唇也。古多舌音，后人或转为齿音，齿音敛于舌音也……"］

[3]　"10.1"是指《声类》卷一，第十页。下同。

危，阢也。《释名》："危，阢也，阢阢不固之言也。"（17.1）

叔，少也。《释名》。（15.1）

族，凑也。《白虎通》："族，凑也，谓恩爱相流凑也。"（10.1）

东齐谓"蝇"为"羊"，《方言》。（115.3）

"妇"、"服"同为古并母。"脩"、"缩"同为心母。"危"、"阢"同为疑母。"叔"、"少"同为书母。"族"、"凑"分别为从、清两母。"蝇"、"羊"同为喻母。以上均为双声正转。

《说文》中也有大量双声为训的例子，如"春，推也"，"嫔，服也"，"母，牧也"之类。《易·震》"索索"，郑玄注"索索犹缩缩，足不正也。"（23.1）索、缩双声。《周礼·遂人》"以下剂致甿"，郑玄注："甿犹懵懵然无知貌也。"（15.1）甿、懵双声。露，赢也。《左传》"勿使有所壅闭湫底，以露其体。"（5.1）露、赢双声正转。毛公虽不破字，也有不少双声转音为训，如：局，卷也。《诗》"予发曲局。"《传》文。（7.1）局、卷双声正转。

（三）用异文材料证明古双声相转

经籍异文虽文字各异，但往往互有双声关系，如：

觉为梏。《诗》"有觉德行"，《礼·缁衣》引作"梏"。（89.3）

造为聚。《易》"大人造也"，刘歆父子作"聚"。（90.3）

申为司。《庄子》"申徒狄"，崔譔本作"司徒"。《史记·留侯世家》"以张良为韩申徒"，徐广曰："即司徒耳。但语言讹转，故字亦随改。""司"，息兹切；"申"，失人切。今人以"申"属审母，"司"属心母。（101.3）

揄为扰。《诗》"或舂或揄"，《仪礼》注引作"扰"；《有司彻》"二手执挑，挑扬以柸湆"，注："挑谓之歃，读如'或舂或扰'之'扰'字。字或作'挑'者，秦人语也。今文'挑'作'扰'。"予谓"扰"即"揄"字。"揄"当有"偷"音，故转为"挑"也。（106.3）

"觉"、"梏"均为见母。"造"、"聚"均为从母。"揄"、"扰"为透、端二母。以上均为正转。"申"、"司"分别为书、心两母，为变转。

（四）用古音异读材料证明古双声相转

经师异读之音，有别于正音，其中也有双声相转之音：

《檀弓》曰"何居"，郑读为姬姓之"姬"。《易·系辞》"则居可知矣"，郑、王俱音"基"。《列子·黄帝》篇"姬将告汝"，张湛曰："姬，音居。"《庄子》

"何居乎"，《释文》："居，如字。又音姬。"（73.2）居、姬双声正转。

《中庸》"壹戎衣"，郑读"衣"如"殷"。衣、殷双声正转。

《礼记·少仪》"毋拔来，毋报往。"郑玄读报为赴。（76.2）报、赴双声正转。

《周礼·梓人》"上两个与其身三"，郑玄注："个读若人干之干。"个、干双声正转。

《庄子》"夫子以为孟浪之音。"向秀读"孟浪"为"漫澜"。（30.1）孟、漫双声，浪、澜双声，均为正转。

《史记·张仪传》"苴属相攻击"。徐广引谯周曰："益州天苴读为苞黎之苞，音与巴相近。"（115.3）苞、巴双声正转。

《汉书·尹赏传》"寺门桓东"。如淳曰："县所治夹两边各一桓，陈宋之俗言桓声如和。今犹谓之和表也。"（115.3）桓、和双声正转。

（五）以古人姓氏名号证双声相转

古人姓氏名号及方舆之名多存古音，声同或声近者往往混用，这也说明双声可转：

庖羲、包牺、伏牺，虑羲也。（116.3）"庖"、"包"、"伏"、"虑"同位双声。

牟光、瞀光，务光也。（117.3）"牟"、"瞀"、"务"明母双声。

九侯，鬼侯也。（117.3）"九"、"鬼"见母双声。

徐隐王，徐偃王也。（118.3）"隐"、"偃"影母双声。

简为耿。《三国志》注："简雍，本姓'耿'。幽州人语谓'耿'为'简'，故随音变之。"（126.3）"简"、"耿"见母双声。

何即韩。《广韵》："唐叔虞后封于韩，韩灭，子孙分散，江淮间音以'韩'为'何'，字随音变为'何'氏。"韩愈《送何坚序》："韩于何，同姓为近。"（126.3）"何"、"韩"匣母双声。

曼邱即母邱。《汉书·高帝纪》"与其将曼邱臣、王赞"，师古曰："曼邱、母邱，本一姓也，语有缓急耳。"（127.3）"曼"、"母"明母双声。

（六）从外来音译词证明双声相转

作为非汉语的译音词，往往是以音见义，不能按照字面去训诂。钱大昕在处理史书时，提出了"译音无定字"的观点，从不同的译音中发现了用字上的双声关系，如：

杜多，头陀也。李璧注王荆公诗："头陀，亦名杜多，梵语也。"（47.1）"杜"、"头"双声，"多"、"陀"双声。

仑头，轮台也。《史记·大宛传》"乌孙仑头"，《汉书》作"轮台"。（47.1）"仑"、"轮"双声，"头"、"台"双声。

《晋书·吕光载记》"道士句摩罗耆。"钱云:"鸠摩罗什之别名也。"(46.1)"句"、"鸠"双声;"耆"、"什"亦为双声。

另外,在《廿二史考异》的《元史考异》中,钱大昕也大量运用音转方法,分析了《元史》中的人名音译,如元太宗窝阔台,又作斡歌歹、斡可歹、月古台。奇渥温氏,又作孛儿只吉歹氏、孛儿只斤氏、博尔济吉特氏。月吕鲁,或作玉吕鲁、或作月吕禄、或作月鲁、或作月儿鲁、或作月儿吕。再如忽笃华,又作胡土虎、忽都忽、忽都虎,其人名中都是双声转音。钱大昕说:"皆谓忽笃华也,译音无定字,故《纪》、《志》、《传》书名各异。"另与"也苦","按只吉歹"与"按赤带","雪不台"与"速不台","完者都"与"完者拔都","石抹也先"与"石抹阿辛"。[1] 钱大昕都能从音转的角度分析人名迥异的原因,校正了《元史》编纂人员因不谙蒙古语而导致的讹误。

汉语的音节包括声、韵、调三部分,在涉及音转时,我们常提到声转和韵转。声母作为辅音,发音比较固定,难以变化;而韵母作为元音,发音灵活,侈敛变化,即成它音。因此,在语音变化中,往往是声制约着韵,在声母相同或相近的前提下,韵母发生了变化。钱大昕把这种现象称之为以双声为主的转音,通过音理分析和古文献的实证,揭示了历史语言中存在的事实,对于音韵训诂,意义重大。

第四节　钱大昕转音说与"出韵"

出韵就是指诗歌押韵时不用本韵之字,而用其他韵字,或者说,依韵例当押韵,但依字音又不押韵。上古韵文既是我们研究上古音的材料,也是检验我们研究结果的重要依据。古韵部的分部是否合理,必须要通过上古文献来检验。但即使是顾炎武的十部,也出现了出韵问题:

> "兴","蒸"之属也,而《小戎》末章与"音"为韵,《大明》七章与"林"、"心"为韵。"戎","东"之属也,而《常棣》四章与"务"为韵,《常武》首章与"祖"、"父"为韵。[2]

古韵分部越密,出韵的现象就可能越多。因此,如何合理地解释出韵现象,是清代乃至现当代学者们不得不面对的一个很现实的问题。清儒对叶音说已经有了清醒的认识,但是对于《诗经》等上古韵文中的出韵问题意见不一,各有说辞,主要有以顾炎武等人为代表的方音说和以段玉裁为代表的合韵说。钱大昕从声纽的角度入手,利用转音说,为我们解决此类问题提供了一种新的思路。

---

[1] [清]钱大昕:《廿二史考异》卷八十六、卷九十三、卷九十七。

[2] [清]顾炎武:《古诗无叶音》,载《音学五书》,中华书局1982年版,第37页。

一、方音说

持方音说者，以顾炎武、江永、戴震等人最为典型。

（一）顾炎武的方音说

顾炎武认为，《诗》音是一个综合音系，他把古韵不同韵部之间通押的现象归结为方言：

> 愚以古诗中间有一二与正音不合者，如"兴"，"蒸"之属也，而《小戎》末章与"音"为韵，《大明》七章与"林"、"心"为韵。"戎"，"东"之属也，而《常棣》四章与"务"为韵，《常武》首章与"祖"、"父"为韵。又如箕子《洪范》则以"平"与"偏"为韵，孔子系《易》，于《屯》、于《比》、于《恒》，则以"禽"与"穷、中、终、容、凶、功"为韵；于《蒙》、于《泰》，则以"实"与"顺、巽、愿、乱"为韵。此或出于方音之不同，今之读者不得不改其本音而合之，虽谓之叶亦可，然特百中之一二耳。[1]

《诗·豳风·七月》末章"二之日凿冰冲冲，三之日纳于凌阴。"顾氏云：

> 侵韵字与东同用者三见：此章之"阴"，《荡》首章之"谌"，《云汉》二章之"临"，《易》四见：《屯》、《比》、《恒》象传之"禽"、"深"，《艮》象传之"心"，若此者，盖出于方音耳。[2]

《易音》中还有：

> 真谆臻不与耕清青相通，然古人于耕清青韵中字往往读入真谆臻韵者，当緐方音之不同，未可以为据也，《诗》三百五篇并无此音……今吴人读耕清青皆作真音，以此知五方之音虽圣人有不能改者。[3]

顾炎武把系联《诗》、《易传》而得出的韵字读音谓之正音。正音分属不同的韵部，同部之字，可以按韵例互相押韵。但是，有些不同韵部之间的字，按韵例却可以同用。顾氏通过文献考证，列举了大量的经籍例证，还结合吴方言，印证自己的结论。叶音自然荒谬，但方音说是经过大量的文献考证后得出的结论，并非出自个人臆测，照说应该是比较科学的。但顾炎武认为这些所谓的方音字，在《诗》韵中是可以改读其正音以合韵的，这种做法与他一贯反对叶音说的立场是自相矛盾的。

顾炎武是清代古音学的开山者，钱大昕不止一次表达了他对顾炎武的赞美之情：

---

[1]　［清］顾炎武：《古诗无叶音》，载《音学五书》，中华书局1982年版，第37页。

[2]　［清］顾炎武：《音学五书·诗本音》，卷四，中华书局1982年版，第107页。

[3]　［清］顾炎武：《音学五书·易音》，卷二，中华书局1982年版，第198页。

"汉魏以降,方俗递变,而声音与文字渐不相应,赖有三百篇及群经传记诸子骚赋具在,学者读其文可以得其最初之音,此顾氏讲求古音,其识高出于毛奇龄辈万倍而大有功于艺林者也。"[1] 其又说:"顾亭林论古音分部最有伦理,而毛大可妄为通韵之说以攻之,夫使韵而可通,则亦不必言韵矣。"[2] 对于顾炎武的开创之功,钱大昕非常欣赏,甚至当自己的同年好友周春写书诋顾(炎武)申吴(才老)时,钱氏都站出来极力维护:"今才老与朱子已不能免于訾议,则又何责乎亭林?此仆之所以不敢附和也。"[3] 在学术上,钱大昕的许多观点也都直接源自顾氏,以《音论》十五条为例,钱大昕与之完全相同的就有:"古诗无叶音"、"四声之始"、"两声各义"、"反切之始"、"读若"等。钱大昕赞成顾氏的"不烦改字",但是不赞成"古音韵缓"说。他认为古音本谐,未曾缓。对于古音的声调,钱大昕一如顾氏,认为古有四声,但似乎对"四声一贯"说为核心的转音说不感兴趣,而更倾向于以声母来说诗文的押韵。叠韵易晓而双声难知,对于前人多有论及的古韵,他没有过多涉及,而是更为关注声母。以双声为主的转音说的提出,是钱大昕精心考论后总结出来的,有着深厚的文献基础,并非个人臆断。他辑录有《声类》四卷,仿《尔雅》、《方言》之例,分为《释诂》、《释言》、《释训》、《释语》,摘录了古韵文、经籍异文、姓氏名号、方言中的双声音转材料一千七百一十一条,有力地证明了转音说的合理性。

钱大昕的"转音"说是直接建立在反对"叶音"说的基础上的。他以谐声字决定韵部并押韵,是为正音,占诗韵中的绝大多数,不同韵部之间的通押要归结于双声假借。其说与顾炎武有相似的地方,顾氏从古韵文和谐声字的实际出发,离析《唐韵》,把《唐韵》中同一韵的字,按上古押韵和谐声系统的实际离析开来,划归不同的上古韵部,并创造性地把入声韵与阴声韵相配,分古韵为十部。钱大昕继承了顾炎武的研究方法,他也懂得阴阳入的搭配。如《跋说文解字》中就说"觉"、"学"本"萧、宵、肴、豪"之入声","药、铎"本"虞、模"之入声[4]。但是两人的侧重点不一样,结论也不一样。

针对前贤顾炎武的方音说,钱大昕没有盲从,他在《潜研堂文集》卷十五《答问十二》中有数条是专门驳斥顾氏的,今引如下:

> 问:古今言音韵者,皆以真谆为一类,耕清为一类,而孔子赞《易》,于此两类,往往互用。昆山顾氏因谓五方之音,虽圣人有不能改者。信有之乎?
> 曰:此顾氏之轻于持论,以一孔之见窥测圣人也。夫士女之讴吟,词

[1] 〔清〕钱大昕:《答问十二》,载《潜研堂文集》,卷十五,第227页。
[2] 〔清〕钱大昕:《答严久能书》,载《潜研堂文集》,卷三十六,第614页。
[3] 〔清〕钱大昕:《答周松霭同年书》,载《潜研堂文集》,卷三十六,第616页。
[4] 〔清〕钱大昕:《跋说文解字》,载《潜研堂文集》,卷二十七,第445页。

旨浅近；圣贤之制作，义理闳深。深则难晓，浅则易知。《七月》末章，已有岐音；《清庙》一什，半疑无韵。非无韵也，古音久而失其传耳。夫依形寻声，虽常人可以推求。转注假借，非达人不能通变。如但以偏旁求音，则将谓《国风》之谐畅，胜于《雅》、《颂》之聱牙，而周公亦囿于方音矣，有是理乎！且后儒所疑于《象》、《象传》者，不过"民"、"平"、"天"、"渊"诸字，此古人双声假借之例，非举两部而混之也。"民"、"冥"声相近，故《屯·象》以韵"正"，读"民"如"冥"也。（"瞑"古"眠"字，宋玉《招魂》以"瞑"与"身"韵。）"平"、"便"声相近，故《观·象》以韵"宾"、"民"，读"平"如"便"也。"渊"音近"环"，与"营"声相近，故《讼·象》以韵"成"、"正"，读"渊"如"营"也。"天"、"汀"声相近，故《乾·象》以韵"形"、"成"，《乾·文言》以韵"情"、"平"，读"天"如"汀"也。此例本于《维清》之"禋"、"成"、"祯"，《烈文》之"训"、"刑"，夫子亦犹行古之道而已矣。古人训膺为胸，故膺有雍音，《说文》："膺，胸也。"《释名》："膺，壅也，气所壅塞也。"《蒙·象》以"应"韵"中"、"功"，《比·象》以"应"韵"中"、"穷"，亦读"应"为"雍"也。《未济·象》以"极"与"正"韵，朱文公疑"极"当作"敬"。顾氏以其非韵，遂置之不论。予谓"极"从亟，亟、敬声相近。《广雅》："亟，敬也。"《方言》："自关而西，秦晋之间凡相敬爱谓之亟。"则朱说非无稽，但不必破字耳。《革·象》以"炳"、"蔚"、"君"为韵。按《说文》："菩，从草，君声，读若威。"《汉律》："妇告威姑。"威姑者，君姑也。"君、威"同音，则"蔚"与"君"本相谐，而"炳"、"彪"声亦相近，盖读"炳"如"彪"也。《说文》："彪，虎文彪也。"与《易》义相应。是汉儒传《易》，固有作"彪"字者矣。《豫·象》以"凶"与"正"韵，"中"、"正"本双声字（古无知照二母之分，医书有"忪忪"，亦取双声）。《艮·象》"以中正也"亦与"躬"、"终"为韵，则"正"与"凶"亦可韵也。《象传》无不韵之句，独此三卦，顾氏所不能通，而并删其文，殊失阙疑求是之旨，今以双声通之，则涣然释矣。古人之立言也，声成文而为音，有正音以定形声之准，有转音以通文字之穷。转音之例，以少从多，不以多从少。顾氏知正音而不知转音，有扞格而不相入者，则诿之于方音，甚不然也。五方言语不通，知其一而不知其它，是之谓拘于方。如"实"，神质切，亦读如"满"；"久"读如"九"，亦读如"几"，《易传》皆兼用之，此正圣人不拘方音之证。民平、天渊，亦犹是耳。顾可以轻议圣人哉！

这则答问主要是针对《周易》中的韵读，顾氏将之归为方言，钱大昕则解释为双声音转，如表4-6所示：

表4-6 　《周易》中的双声音转

出处	韵脚字	转音	音韵地位
《屯·象》："虽磐桓，志行正也。以贵下贱，大得民也。"	民正	读民如冥	正冥为古耕韵
《观·象》："观国之光，尚宾也。观我生，观民也。观其生，志未平也。"	宾民平	读平如便	便为古元韵（钱以为与真、元同类）。宾民为古真韵。
《讼·象》："讼，上刚下险，险而健，讼。讼有孚窒惕，中吉，刚来而得中也。终凶，讼不可成也。利见大人，尚中正也。不利涉大川，入于渊也。"	成正渊	读渊如营	成正营为古耕韵
《乾·象》："大哉乾元，万物资始，乃统天。云行雨施，品物流形。大明终始，六位时成，时乘六龙以御天。乾道变化，各正性命。保合大和，乃利贞。首出庶物，万国咸宁。"	天形成	读天如汀	形成汀为古耕韵
《乾·文言》："六爻发挥，旁通情也。时乘六龙，以御天也。云行雨施，天下平也。"	情天平	读天如汀	情平汀为古耕韵
《蒙·象》："蒙亨，以亨行，时中也。匪我求童蒙，童蒙求我，志应也。初筮告，以刚中也。再三渎，渎则不告，渎蒙也。蒙以养正，圣功也。"	应中功	读应为癕	中功癕为古冬韵
《未济·象》："濡其尾，亦不知极也。九二贞吉，中以行正也。"	极正	极敿声相近	正敿为古耕韵
《革·象》曰："大人虎变，其文炳也。君子豹变，其文蔚也。小人革"，顺以从君也。	炳蔚君	君、威同音。炳、彪声近	彪君为文韵，蔚为物韵
《豫·象》："初六鸣豫，志穷凶也。不终日贞吉，以中正也。"	凶正	中正本双声	凶中为冬韵
《艮·象》："艮其身，止诸躬也。艮其辅，以中正也。敦艮之吉，以厚终也。"	躬正终	中正本双声	躬终中为冬韵

从以上韵例分析来看，若以正音相押，韵脚的确是不和谐，但引入双声假借之后，因为有了另一个双声字的桥梁作用，原来貌似扞格不入的《周易》，涣然冰释。

对于《诗》韵和《易》韵不一致的地方，钱大昕也认为不当以方音论之，字有正音，有转音，两者都可入韵。如：

问：《三百篇》多以"命"与"申"韵，《易传》则以"命"与"贞"、"正"韵，岂亦有两音耶？

曰：《说文》"命"从令声。"令"本真先之类也，而古锺鼎文"令终"字有作"霝"者。《诗》"题彼脊令"与"鸣"、"征"韵，《左传》引逸《诗》"讲事不令"与"挺"、"扃"、"定"韵；"领"从令声，而《节南山》以韵"骋"，《桑扈》以韵"屏"；《释草》"苓，大苦"，《说文》作"蘦"；《楚辞·大招》

以"命"与"盛"、"定"韵，此"令"可两读也。《周颂》以"时周之命"与"我徂维求定"为韵，《抑》"吁谟"叠韵，"定命"亦叠韵，此"命"可两读也。夫子《乾·象传》读"命"为眉病切，于《姤·象传》读弥杏切，盖亦兼用二音。《姤·象》以"牵"、"宾"、"民"、"正"、"命"、"吝"为韵，"正"、"振"声相近，读"正"为"振"则全卦皆协，不必转"命"以从"正"音，此以少从多之例也。顾氏不得其说，概以方音议之，非也。

"申"为古真韵，《诗经》中"命"与真韵者多，如：

> 《鄘风·定之方中》："灵雨既零，命彼倌人，星言夙驾，说于桑田。匪直也人，秉心塞渊，騋牝三千。"

> 又《蝃蝀》："乃如之人也，怀婚姻也。大无信也，不知命也！"

> 《唐风·扬之水》："扬之水，白石粼粼。我闻有命，不敢以告人。"

> 《小雅·采菽》："乐只君子，天子命之。乐只君子，福禄申之。"

"命"与申韵是正音，《易传》以"命"与"贞"、"正"韵，则是转音，原因是"令"、"霝"双声，"令"即可读作"霝"而入耕韵。《诗》之"鸣"、"征"、"骋"、"屏"、"盛"、"定"、"命"，《左传》引逸《诗》之"挺"、"扃"、"定"，均为耕韵。

对于《诗经》中兼用正音和转音押韵的情况，钱大昕也举出了不少例子：

> 问：顾氏论古音，皆以偏旁得声，合于《说文》之旨。然亦有自相矛盾者，如"旂"、"沂"、"圻"皆以从"斤"为古音，则"近"亦从"斤"也，乃援《诗》"会言近止"与"偕"、"迩"韵，谓古音"记"当改入志韵，何邪？

> 曰：凡字有正音，有转音。"近"既从"斤"，当以其隐切为正；其读如"几"者，转音，非正音也。如"硕人其颀"，亦"顾"之转音；《礼记》"顾乎其至"，读"顾"为"恳"者，乃其正音耳。"倩"从"青"而与"盼"韵，"颙"从"禺"而与"公"韵，"实"从"贯"而与"室"韵，"怓"从"奴"而与"逑"韵，皆转音而非正音。《礼记》"相近于坎坛"，郑康成读"相近"为"禳祈"，"祈"未必不可读为"近"也。《三百篇》中用韵之字不及千名，乌能尽天下之音？顾氏但以所见者为正，宜其龃龉而不相入矣。"仇"从"九"声，古人读"九"本有"纠"、"鬼"二音，故《关雎》以"仇"韵"鸠"，《兔罝》以"仇"韵"逑"。顾氏不知"九"有二音，乃谓"仇"当有二音，如"母"、"戎"、"兴"、"难"之类，然《三百篇》中亦不过四五字而已。予谓《三百篇》中转音之字甚多，《七月》之"阴"，《云汉》之"临"，《荡》之"谌"，《小戎》

之"骖"，《车攻》之"调"、"同"，《桑柔》之"瞻"，《文王》之"躬"（《释诂》"躬，身也"。）《生民》之"穄"，《北门》之"敦"，《召旻》之"顿"，《正月》之"局"，皆转音也。毛公《诂训传》每寓声于义，虽不破字，而未尝不转音。《小旻》之"是用不集"，训"集"为"就"，即转从"就"音；《鸳鸯》之"秣之摧之"，训"摧"为"莝"，即转从"莝"音；《瞻印》之"无不克巩"，训"巩"为"固"，即转从"固"音；《载芟》之"匪且有且"训"且"为"此"，即转从"此"音。明乎声随义转，而无不可读之诗矣。识当究其源，源同则流不当有异。"求"本"衣裘"字，借为"求与"之义。"求"、"祈"声相近，故又有渠之切之音。后人于"求"加"衣"，仍取"求"声，非"衣"声也。"求"、"裘"本一字，而顾氏析而二之，若鸿沟之不可越。且同一从"求"之字也，而读"俅"为渠之切，读"觩"、"絿"为巨鸠切；同一从"九"之字也，而读"仇"为渠之切，读"鸠"为居求切，不知"求"、"九"元有两音也。"睘"从"袁"声，故字之从"睘"者皆在山仙韵，而"独行睘睘"乃与"菁"韵。读"环"者，"睘"之正音；读"茕"者，"睘"之转音也。"黍稷"字本在职德韵，而《生民》首章"稷"与"凤"、"育"韵。读如"谡"者，"稷"之转音也。《简兮》以"翟"与"钥"、"爵"韵，《君子偕老》则与"髢"、"揥"韵。考"褕翟"、"阙翟"字或作"狄"，"狄"有"剔"音，正与"髢"协，是"翟"有两音也。"旧"与"舅"皆从"臼"声，《三百篇》中，"舅"与"咎"韵（原注：《伐木》。），亦与"首"、"阜"韵（《頍弁》）；"旧"与"时"韵（《荡》），亦与"里"、"哉"韵（原注：《召旻》）。"舅"从正音，"旧"从转音也。知一字不妨数音，而辨其孰为正，孰为转，然后能知古音；知《三百篇》之音，然后无疑于《易》之音。予盖深爱顾氏考古之勤，而惜其未达乎声音之变也。

谐声字不与谐声偏旁同部，钱氏认为是转音，如：

斤，古文韵字，"近"、"頎"、"祈"三字当以入文韵为正音。《礼记·檀弓上》："稽颡而后拜，頎乎其至也。"《释文》："頎音恳，恻隐之貌。"为文韵正音。《诗·卫风·硕人》："硕人其頎，衣锦褧衣。齐侯之子，卫侯之妻。东宫之妹，邢侯之姨，谭公维私。""頎"与"衣"、"妻"、"姨"、"私"押韵，转入微部，为转音。

倩从青，当以读耕韵为正音。《硕人》："巧笑倩兮，美目盼兮。"押文韵，为转音。

颙从禺，当以入侯韵为正音。《小雅·六月》："四牡修广，其大有颙。薄伐猃狁，以奏肤公。"《释文》："颙，玉容反。"与东韵公字相押，为转音。

实从贯，当以入元韵为正音。《周南·桃夭》："桃之夭夭，有蕡其实。之子于归，宜其家室。"与质部"室"字相押，为转音。

怓从奴，当以入鱼韵为正音。《大雅・民劳》："惠此中国，以为民逑。无纵诡随，以谨惛怓。"逑怓为韵，转音为幽韵。

仇从九声，正音当为幽韵。《周南・关雎》："关关雎鸠，在河之洲。窈窕淑女，君子好逑。"郑笺云："怨耦曰仇。"故"逑"亦作"仇"。仇与鸠韵，为幽韵正音。《兔罝》："肃肃兔罝，施于中逵。赳赳武夫，公侯好仇。"仇与逵[1]韵，为转音。

《诗经》押韵，同一字，有时押韵用正音，有时则用转音：

母，钱大昕说"母读如每，此为正音；其读如今音者，转音也"。古母读作之韵为正音，读作鱼韵为转音。《诗》母字凡十七见，其十六顾氏皆读满以切，惟《蝃蝀》二章"朝隮于西，崇朝其雨。女子有行，远兄弟父母"，母与雨韵。《易・系辞》"其出入以度外内，使知惧。又明于忧患与故。无有师保，如临父母"，母与"度"、"惧"、"故"韵，此两例均为转音。

戎，《邶风・旄丘》："狐裘蒙戎，匪车不东。叔兮伯兮，靡所与同。"戎与东同入冬韵，为正音。《小雅・常棣》："兄弟阋于墙，外御其务。每有良朋，烝也无戎。"戎与务押侯韵，为转音。

兴，《小雅・天保》："天保定尔，以莫不兴。如山如阜，如冈如陵，如川之方至，以莫不增。""兴"与"陵"、"增"韵，属蒸韵，为本音。《秦风・小戎》："交韔二弓，竹闭绲縢。言念君子，载寝载兴。厌厌良人，秩秩德音。""兴"与真韵的"縢"、"音"韵，为转音。

难，《王风・中谷有蓷》："中谷有蓷，其干矣。有女仳离，嘅其叹矣。嘅其叹矣，遇人之艰难矣。""难"与"干"、"叹"、"难"韵。《小雅・常棣》："脊令在原，兄弟急难。每有良朋，况也永叹。""难"与"叹"韵。以上均为元韵正音。又《隰桑》："隰桑有阿，其叶有难。既见君子，其乐如何。""难"与歌韵"阿"、"何"韵，属转音。

阴，古侵韵。《豳风・七月》："二之日凿冰冲冲，三之日纳于凌阴。""阴"与冬韵"冲"押，为转音。

临，古侵韵。《大雅・云汉》："旱既大甚，蕴隆虫虫。不殄禋祀，自郊徂宫。上下奠瘗，靡神不宗。后稷不克，上帝不临。耗斁下土，宁丁我躬。""临"与冬韵"虫"、"宫"、"宗"、"躬"押韵，为转音。

谌从甚，入侵部为正音。《大雅・荡》："天生烝民，其命匪谌。靡不有初，鲜克有终。""谌"与冬韵"终"相押，为转音。

骖，古侵韵。《秦风・小戎》："骐骝是中，騧骊是骖。""骖"与冬韵"中"相押，为转音。

[1]　逵，唐作藩《上古音手册》、郭锡良《汉字古音手册》均定为幽韵。

调，幽韵；同，东韵。《小雅·车攻》："决拾既佽，弓矢既调。射夫既同，助我举柴。""佽"、"柴"为支韵。故"调"、"同"为转音。

瞻，谈韵。《大雅·桑柔》："维此惠君，民人所瞻。秉心宣犹，考慎其相。维彼不顺，自独俾臧。自有肺肠，俾民卒狂。""瞻"与阳韵"相"、"臧"、"狂"相押，转音。而《小雅·节南山》："节彼南山，维石岩岩。赫赫师尹，民具尔瞻。忧心如惔，不敢戏谈。国既卒斩，何用不监！""瞻"与"岩"、"瞻"、"惔"、"谈"、"斩"、"监"押韵，为正音。

躬，冬韵。《大雅·文王》："命之不易，无遏尔躬。宣昭义问，有虞殷自天。"与真韵"天"押韵。郑玄释"躬"为身，则读躬为身，入真韵，与天谐。

稷，职韵。《大雅·生民》："履帝武敏歆，攸介攸止，载震载夙。载生载育，时维后稷。""稷"与觉韵"夙"、"育"押，为转音。

敦，文韵。《邶风·北门》："王事敦我，政事一埤遗我。我入自外，室人交遍摧我。""敦"与微韵"遗摧"押，为转音。

频，真韵。《大雅·召旻》："池之竭矣，不云自频。泉之竭矣，不云自中。溥斯害矣，职兄斯弘，不烖我躬。""频"与冬韵"中"、"弘"、"躬"押，为转音。

局，屋韵。《小雅·正月》："谓天盖高，不敢不局。谓地盖厚，不敢不蹐。维号斯言，有伦有脊。哀今之人，胡为虺蜴？""局"与锡韵"蹐"、"脊"、"蜴"押，为转音。

睘，元韵。钱氏定在山仙韵。《唐风·杕杜》："有杕之杜，其叶菁菁。独行睘睘。岂无他人？不如我同姓。"与耕韵"菁"、"姓"押，为转音。

翟，药韵。《鄘风·君子偕老》："玼兮玼兮，其之翟也。鬒发如云，不屑髢也。玉之瑱也，象之揥也。""翟"与"髢"、"揥"韵，为转音。《邶风·简兮》："左手执籥，右手秉翟。赫如渥赭，公言锡爵。""翟"与"籥"、"爵"韵，为正音。

"旧"与"舅"皆从"臼"声，当以入幽韵为正音。《小雅·伐木》："既有肥牡，以速诸舅。宁适不来，微我有咎。""舅"与"咎"韵。《小雅·頍弁》："有頍者弁，实维在首。尔酒既旨，尔肴既阜。岂伊异人？兄弟甥舅。""舅"与"首"、"阜"韵。以上两例均为正音。《大雅·荡》："匪上帝不时，殷不用旧。""旧"与"时"押。又《召旻》："昔先王受命，有如召公，日辟国百里，今也日蹙国百里。於乎哀哉！维今之人，不尚有旧！""旧"与"里"、"哉"韵。以上两例均押之韵，故为转音。

在《毛诗》中，毛公有双声训诂之例，钱氏认为某字训作某义，即作某读，也就是"声随义转"：

集，缉韵。《小雅·小旻》："我龟既厌，不我告犹。谋夫孔多，是用不集。发言盈庭，谁敢执其咎？"毛传："集，就也。"即读集为就，与幽韵"犹"、

"咎"押，为转音。

摧，微韵。《小雅·鸳鸯》："乘马在厩，摧之秣之。"毛传："摧，莝也。""乘马在厩，秣之摧之。君子万年，福禄绥之。"摧训莝，即转读莝音，与绥押歌韵，为转音。

巩，东韵。《大雅·瞻卬》"不自我先，不自我后。藐藐昊天，无不克巩。无忝皇祖，式救尔后"。毛传："巩，固也。"即读巩为固，入鱼韵。两韵脚字"后"为侯韵，盖钱氏认为古侯、鱼当为一类。

且，鱼韵。《周颂·载芟》："匪且有且，匪今斯今，振古如兹。"毛传："且，此也。"即读且为此，入支韵，与"兹"谐。

对于顾氏认定的所谓的"无韵之句"，钱大昕通过训诂材料考证后认为，顾氏拘于字有定音之说，未能通晓《诗》中既有正音相押，也有转音相押的情况：

> 问：《大雅》"吁谟定命"四句，顾氏以为无韵。据《考盘》、《干旄》、《既醉》，"告"字并古沃切，与"则"音不相近。岂真有无韵之句乎？
>
> 曰：《说文》"誥，急告之甚也。""急"、"告"为双声。《白虎通》："誥者，极也。""亟"与"急"通，故"誥"有"极"训。《楚茨》以"告"韵"备"、"戒"、"位"，《抑》以"告"韵"则"，《尔雅·释训》以"告"韵"忒"、"食"、"则"、"愿"、"职"，皆读"告"为"誥"也。读如"谷"者，"告"之正音；读如"誥"者，"告"之转音。顾氏拘于字有定音之说，于《楚茨》则云"告"字不入韵，于此章则直云无韵，岂其然乎？《诗》"日月告凶"，《汉书》引作"鞫讻"，《齐·南山》亦以"告"、"鞫"为韵。而《释训》亦以"鞫"与"职"、"愿"韵，则"告"有"誥"音，又何疑焉。唯"告"有"誥"音，故从"告"之字亦可转读："小子有造"与"士"韵，"蹻蹻王之造"与"晦"、"介"、"嗣"、"师"韵。

钱大昕能从《说文》、《白虎通》中发现双声训诂之例，根据声随义转的转音原则，"告"本觉韵字[1]，誥从告而训为极，则随极转音入职韵，与"备"、"戒"、"位"、"则"、"忒"、"食"、"愿"、"职"等押韵，此为转音相押。

字有正音和转音，是钱氏转音说的基础。正音是以谐声声符而得音，这就是所谓的"识当究其源，源同则流不当有异"。转音不是随意可转，它是以双声为原则，向着声同或声近字而转。同时，还要有文献依据。如"令"正音本是真先之类，但《龚伯彝铭》"令终令命"均作"霝终霝命"。[2]霝，古耕部字，故"令"可以以转音与耕韵字押韵。在古韵文中，以正音相押是多数，以转音相押是少数。在处理押韵时，

---

[1]　钱氏读"告"之正音如"谷"，屋韵。唐作藩收入觉韵。

[2]　[宋]欧阳修：《集古录》卷一，影印文渊阁《四库全书》本。

不可改多数韵脚字的正音来迎合少数字，应将少数韵脚字改为转音，再与多数韵脚字的正音相谐。如《姤·象》按韵例当"牵、宾、民、正、命、吝"为韵，钱氏以为"牵、宾、民、命、吝"为一类，"正"为一类，本不相谐，但"读'正'为'振'则全卦皆协，不必转'命'以从'正'音"。这就是以少从多之例，少数不和谐的韵脚字，采其转音，即可押韵。

平心而论，顾炎武的方音说和钱大昕的转音都有其合理的成分，一人重韵，一人重声，两人的侧重点不同，故而结论不同。《诗经》中有方言，亦有四声通押，这是大多数人都承认的事实。双声相借，转音相押，这也是事实。问题是两人都过分相信自己的理论，没有考虑到《诗经》文本的复杂性和多样性。另外，在对《诗经》韵例和谐声字处理这两个问题上，具体细节存在着差异，所以对韵字的处理结果也不一样。顾炎武也说"转"，不过他的转指的是"四声一贯"。他认为上古本有四声，但在诗歌用韵时，"平多韵平，仄多韵仄，亦有不尽然者，而上或转为平，去或转为平，入或转为平上去，则在歌者之抑扬高下而已，故四声可以并用。"[1] 他在《诗本音》和《唐韵正》中，有多处提到入声转读平上去之例，如：

《谷风》："愲，转音许求反。鞠，转音居求反。覆，转音方浮反。育，转音余求反。毒，转音徒留反。"（《诗本音》卷二《国风》）

《中谷有蓷》："蕦，转音萧。淑，转音殊聊反。"（《诗本音》卷二《国风》）

《小戎》："续，徐邈音辞屡反，今当转为平声。毂，转音姑。玉，转音鱼。屋，转音乌。合，转音含。軜，转音南。邑，转音乌含反。念，转音奴占反。"（《诗本音》卷四《国风》）

《东山》："蠋，转音主。"（《诗本音》卷四《国风》）

《角弓》："木，转音暮。属，转音树。"（《诗本音》卷七《小雅》）

《桑柔》："削，转音肖。爵，转音醮。濯，转音直孝反。淑，转音殊料反。溺，转音奴吊反。"（《诗本音》卷九《大雅》）

另《柔桑》十一章："维此良人，弗求弗迪。维彼忍心，是顾是复。民之贪乱，宁为荼毒。"也是押入声韵，却全都转读平声。顾炎武把"转"看作是"歌者之抑扬高下而已"，是诗歌讽咏时随时而为的一种权宜之计，没有规律可言，与钱大昕以双声为主的转音说有着本质的不同。

钱大昕有没有系联过《诗》韵，由于没有文献记载，我们不得而知，从其举例来看，他对上古文字的韵部归属是非常熟悉的。对于具体韵字的处理上，两人分歧仍在。从上文中对"仇、九"两字的处理结果来看，钱氏的说法似乎更为合理。但

---

[1] ［清］顾炎武：《音论中·古人四声一贯》，载《音学五书》，中华书局1982年版，第39页。

凡事就怕绝对化，双声转音说一旦绝对化，就有些力不从心了。所以，后来黄侃从声、韵两个方面对《诗》韵中的合韵进行了阐述，才算是比较全面的解释了。

（二）江永的方音说

顾炎武的方音说影响很大，江永说："余最服其言曰：'孔子传《易》亦不能改方音。'""古岂有韵书哉？韵即其时之方音。"[1] 他把古韵分为十三部，入声八部，十三部内之字相押，是本音。十三部之外的字相押，都是方音：

> 按此部东冬钟三韵本分明，而方音唇吻稍转，则音随而变，试以今证古，以近证远，如吾徽郡六邑有呼东韵似阳唐者，有呼东冬钟似真蒸侵者，皆水土风气使然，《诗》韵固已有之，《文王》以"躬"韵"天"；《桑柔》以"东"韵"殷辰瘨"；《召旻》以"中躬"韵"频"，似第四部之音矣……审定正音乃能辨别方音，别出方音，更能审定正音，诸部皆当如此。[2]

至于方音成分的多少，江永认为是"偶借"，"不可以为常"。[3] 这些少数的所谓方音，之所以能与其他韵部相押，江永还提到了一个重要的原则就是：音近而借。"圣人传《易》，意在明理不在辨音，苟其音近可用，则借用之。"[4] 其音近，是指某字的正音与方音的音近，如"中"字正音江氏定为陟躬切，借方音陟人切后就可以与"频"字韵。显然，这是在声母相同的前提下，韵部向邻韵的音转。江氏的方音音转说虽然没有定下一个具体的转的标准，但他的这一论断为后世段玉裁的合韵说奠定了基础。段氏正是吸收了其音近而转中的合理成分，结合自己的古韵分部，才提出了古合韵说。钱大昕曾为江永作传，高度赞扬江氏的声韵与推步之学，他参与编修《音韵述微》，还参考过江永的著述。[5] 因此，钱氏的转音说中，应该也有江永的一份贡献。

（三）戴震的方音说

戴震是江永的学生，他在吸收江永"数韵共一入"和段玉裁"异平同入"理论的基础上，将古韵分为九类二十五部，并以审音的方法将阴阳入进行了搭配。对于古韵文中所谓的出韵问题，戴氏亦是秉承师说：

> 仆谓审音本一类，而古人之文偶有相涉，有不相涉。不得舍其相涉者，而以不相涉者为断。审音非一类，而古之文偶有相涉，始可以五方之音不

[1]　[清]江永：《古韵标准·例言》，《音韵学丛书》本，中华书局1982年版。
[2]　[清]江永：《古韵标准·平声第一部》"中"字下按语，《音韵学丛书》本，中华书局1982年版。
[3]　[清]江永：《古韵标准·平声第一部》总论，《音韵学丛书》本，中华书局1982年版。
[4]　[清]江永：《古韵标准·平声第四部》总论，《音韵学丛书》本，中华书局1982年版。
[5]　[清]钱大昕：《江先生永传》，载《潜研堂文集》，卷三十九，第668页。

同断为合韵。[1]

戴震提出了处理审音和韵文矛盾的准则，总的精神是要以审音为主，同时要考虑到特例。如侯韵与尤幽韵中的个别例字，审音本一类，就不能舍弃行文中的合韵通押，而以不通押断为分部。有些审音不同类，那是上古方音的不同，上古韵文中仅偶有相押，仍应断为合韵。

对于韵转的规律，戴震提出了以下三点：

> 其正转之法有三：一为转而不出其类，脂转皆，之转咍，支转佳是也。一为相配互转，真文魂先转脂微灰齐，换转泰，咍海转登等，侯转东，厚转讲，模转歌是也。一为联贯递转，蒸登转东，之咍转尤，职德转屋，东冬转江，尤幽转萧，屋烛转觉，阳唐转庚，药转锡，真转先，侵转覃是也。以正转知其相配及次序，而不以旁转惑之，以正转之同入相配，定其分合。[2]

戴氏的正转，何九盈先生认为是从《广韵》的角度来谈古韵的。其"转而不出其类、"联贯递转"合乎邻韵相通的音理根据。"相配互转"则属于阴阳韵的关系问题。"相配"是指阴阳相配，"互转"是指阴阳互转。其中的"模转歌"，是把歌韵当作阳声韵来对待的。戴震的正转法概念还比较模糊，搭配也不成系统。所以，阴阳对转理论的完整的运用还是要归功于孔广森。[3]

作为戴震的好友，钱大昕并未采纳戴震正转、旁转说来解释出韵问题。但在论述转音说的规律时，钱氏借鉴了戴氏声转的一些术语，上文已经论及。

二、合 韵 说

（一）段玉裁的合韵说

段玉裁是戴震的弟子，在《诗》韵的处理上，段玉裁不承师说，力主"合韵"说。但是"合韵"一词并非段氏首创。唐颜师古注《汉书》时就已用之，其实质就是叶韵。段氏的"合韵"与颜氏的"合韵"名同而实异，他在《六书音均表》中说："古与古异部而合用之，是为古合韵。"[4]"不知有合韵，则或以为无韵。"[5]他对顾炎武和江永的说法提出了批评：

---

[1]　[清]戴震：《声类表》，《音韵学丛书》本，广文书局印行，第 8 页。

[2]　[清]戴震：《戴震全集》，清华大学出版社 1991 年版，第五册，第 2530 页。

[3]　何九盈：《中国古代语言学史》，北京大学出版社 2006 年版，第 251 页。

[4]　[清]段玉裁：《说文解字注》，第 802 页。

[5]　[清]段玉裁：《说文解字注》，第 830 页。

不知有合韵，则或以为无韵。顾氏于《谷风》之"觏萎怨"，《思齐》之"造士"……或指为方音。顾氏于《毛诗·小戎》之"参"与"中"韵、《七月》之"阴"与"冲"韵……或以为学古之误。江氏于《离骚》之同调是也，或改字以就韵，如……或改本音以就韵，如……其失也诬矣。

段玉裁不同意顾炎武和江永的方音说，认为改音或改字都是不当之举，用十七部"合韵"说，完全可以解释此类出韵问题。其"合韵"，大致可以分为三类。

1. 相邻韵部之间的合韵

合韵是与古本音相对而言的，古本音是段氏系联《诗》韵、归纳谐声字的结果。他说："一声可谐万字，万字而必同部，同声比同部。"[1] 又说："考周秦有韵之文，某声必在某部，至啧而不可乱。故视其偏旁以何字为声，而知其音在某部，易简而天下之理得也。许叔重作《说文解字》时未有反语，但云某声，某声即以为韵书可也。自音有变转，同声而分散于各部各韵。如一某声，而某在厚韵；媒、腜在灰韵；一每声，而悔、晦在队韵，敏在轸韵，晦、痗在厚韵之类。参差不齐，承学多疑之。要其始则同谐声必同部也。"[2] 他离析《广韵》，打破《广韵》始东终乏的顺序，按古音的实际，以音近为原则，重订古韵为十七部：

第一部：之咍止海志代职德。

第二部：萧宵肴豪篠小巧晧啸笑效号。

第三部：尤幽有黝宥幼屋沃烛觉。

第四部：侯厚候。

第五部：鱼虞模语麌姥御遇暮药铎。

第六部：蒸登拯等证嶝。

第七部：侵盐添寝琰忝沁艳棙缉叶帖。

第八部：覃谈咸衔严凡感敢豏槛俨范勘阚陷鉴酽梵合盍洽狎业乏。

第九部：东冬江钟董肿讲送宋用绛。

第十部：阳唐养荡漾宕。

第十一部：庚耕清青梗耿静迥映诤劲径。

第十二部：真臻先轸铣震霰质栉屑。

第十三部：谆文欣魂痕准吻隐混很稕问焮恩恨。

第十四部：元寒桓删山仙阮旱缓潸产狝愿翰换谏裥线。

第十五部：脂微齐皆灰旨尾荠骇贿至未霁祭泰怪夬队废术物迄月没曷末黠鎋薛。

---

[1]　［清］段玉裁：《说文解字注》，第817页。

[2]　［清］段玉裁：《说文解字注》，第818页。

第十六部：支佳纸蟹寘卦陌麦昔锡。

第十七部：歌戈麻哿果马箇过祸。

部内字相押，用的是本音。临近韵相押，是合韵。为什么邻部可以相押呢？实际上，段玉裁在拟定十七部顺序的时候，就已经贯彻了音近为邻的原则，所以当戴震问他为何不把"之、脂、支"排在一起时，他说："十七部次第出于自然，非有穿凿，取第三表细绎之可知也。之咍音与萧尤近，亦与蒸近。脂微齐皆灰音与谆文元寒近。支佳音与歌戈近，实韵理分劈之大耑。"[1] 十七部次第是段玉裁精细审音的结果，音近之字，实际上就是主要元音相同或相近，当然可以合韵。

2. 六大类之间的合韵

段玉裁把十七部归为六大类：第一部为第一类；第二、三、四、五部为第二类；六、七、八部为第三类；九、十、十一部为第四类；十二、十三、十四部为第五类；十五、十六、十七部为第六类。"合韵以十七部次第分为六类求之，同类为近，异类为远，非同类而次第相附为近，次第相隔者为远"[2]，一类之内，虽异部相押，可以算作合韵。相邻两类相押，也是合韵，但不相邻的类之间，因语音差别太大，不能算是合韵。各部合韵情况统计如下表 4-7[3] 所示：

表 4-7　段玉裁的古音合韵表

	一部	二部	三部	四部	五部	六部	七部	八部	九部	十部	十一部	十二部	十三部	十四部	十五部	十六部	十七部
一部																	
二部																	
三部	24	13															
四部		1	11														
五部	8		2	4													
六部	3																
七部	2	1	3		1	3											
八部					1		2										
九部	2		4	2	1	7	10	2									
十部				2	1			3	6								
十一部	1			1		1			3	3							
十二部	3		1						1	2	37						
十三部					2					1	1	9					
十四部					1	1	3					1	10				
十五部	5		1			2						7	5	4			
十六部	3	1	1									1			5		
十七部		1	1	1	3									4	4	4	

---

[1]　［清］段玉裁：《说文解字注》，第 804 页。

[2]　［清］段玉裁：《说文解字注》，第 831 页。

[3]　李文：《论段玉裁的古异平同入说》，载《古汉语研究》1997 年第 2 期。

3. 以入声为枢纽的"异平同入"类合韵

段氏精于考古，在对古韵文和异文材料处理的过程中，发现了入声字在联通阴声韵和阳声韵中的枢纽性作用。他说："入为平委，平音十七，入音不能具也，故异平而同入。职德二韵为第一部之入声，而第二部第六部之入音即此也。屋沃烛觉为第三部之入声，而第四部及第九部之入音即此也。药铎为第五部之入，而第十部之入音即此也。质栉屑为第十二部之入声，亦即第十一部之入音。术物迄月没曷末黠薛为第十五部之入声，亦即第十三部第十四部之入音。陌麦昔锡为第十六部之入声，而第十七部之入音即此也，合韵之枢纽于此可求矣。"[1]这显然是前两种合韵形式所没有包括的。段玉裁在《六书音均表》四第六部"古合韵"之"来"字条下云："来，本音在第一部，《女曰鸡鸣》合韵'赠'字，读如凌。凡古'宫徵'之为'无徵'，'得来'之为'登来'，'耳孙'之为'仍孙'，'诗'之训为'承也'，《上林赋》'箴持'之音'针惩'，陆法言《切韵》'眙'字之入四十七证，皆第一部、第六部关通之义。"[2]这类合韵现象用部或类之间的关系似乎无法解释，但引进入声这个纽带后，就把两部连接起来了。

段玉裁的合韵说遭到了当时的一些学者的质疑，江晋三说："表中于顾江二公阙韵之处，悉以合韵当之，窃谓此不必也。凡著书之道，通其所可通，而阙其所不可通，增一合韵之名，则自生枝节矣。"[3]对于江晋三善意的提醒，段氏也承认，早在四十年前，钱大昕就对自己的合韵说提出过异议。当年，段玉裁通过邵晋涵，将《诗经韵谱》（后改名《六书音均表》）转呈钱大昕审阅，钱大昕赞之曰："此书出，将使海内说经之家奉为圭臬，而因文字声音以求训诂，古义之兴有日矣，讵独以存古音而已哉！"但是，他对合韵说不赞成："足下又谓声音之理，分之为十七部，合之则十七部无不互通。盖以三百篇间有岐出之音，故为此通韵之说以弥缝之，愚窃未敢以为然也。"[4]对此，段玉裁首先承认自己的古韵说有瑕疵，"诚有本非韵而斥为韵者，本可不韵之处而定为韵者（如戴孔二家所说），有用本韵而谓之合韵者。"但他还是对自己的古音主张十分自信，认为"合韵之说，浅人以今与古不合而名之，仆则以古与古不合而名之"。"谓之合而其分愈明，有权而经乃不废。合韵之名，不得不立也。"[5]

---

[1]　［清］段玉裁：《说文解字注》，第831页。

[2]　［清］段玉裁：《说文解字注》，第845页。

[3]　［清］段玉裁撰，钟敬华点校：《答江晋三论韵》，载《经韵楼集》，上海古籍出版社2007年版，卷六，第126页。

[4]　［清］钱大昕：《与段若膺书》，载《潜研堂文集》，卷三十三，第568页。

[5]　［清］段玉裁撰，钟敬华点校：《答江晋三论韵》，载《经韵楼集》，上海古籍出版社2007年版，卷六，第126页。

当然，段玉裁也说音转，"玉裁保残守阙，分别古音为十七部，凡一字而古今异部，以古音为本音，以今音为音转。如尤读怡、牛读疑、丘读欺，必在第一部不在第三部者，古本音也。今音在十八尤者，音转也，举此可以隅反矣"[1]。其"音转"是指从古音到今音的语音转变，强调的是历时变化，这与钱大昕的"转音"说注重共时的语音现象是有区别的。如"斤"字，段氏列入第十三部，根据"同谐声者必同部"的原则，从"斤"之字均入该部。但实际情况是：斤声字分属欣韵（芹廿虎狑欣昕欣忻）、焮韵（靳）、隐韵（赾近）、微韵（祈旗沂蚚）四韵。根据古今音对应关系，今韵欣、焮、隐三韵字归第十三部，微韵字不在第十三部，而在第十五部。根据《今韵古分十七部表》中第十三部对应平声谆文欣魂痕、上声准吻隐混很、去声稕问焮恩恨。第十五部对应平声脂微齐皆灰、上声旨尾荠骇贿、去声至未霁祭泰怪夬队废、入声术物迄月没易末黠辖薛。所以段氏认为今音微韵"祈旗沂蚚"是由古本音第十三部转入的，不合演变规律，属例外音变，即"音转"。

（二）王念孙的合韵说

与段玉裁同时进行古韵研究的，还有王念孙。他分古韵为二十一部，其结论多与段氏相合，故"羞为雷同，后竟不出己作"[2]。与段氏不同的是，王念孙将缉盍二部从侵谈中分立，还将至、祭二部独立。在对待《诗》韵异部相押问题上，王念孙早年依信顾炎武方音音转之说。他认为古韵谨严，间有通协，但并不同意合韵说，直至笺识宋保《谐声补逸》始有合韵之论。[3]

（三）刘逢禄的合韵说

持合韵说者，还有刘逢禄。他分古韵为二十六部，其中入声多与阴声相配，黄侃称其古韵分部"最能致用"。他笃信段氏合韵说，"段氏以异平同入为合韵之枢纽，其义极精"[4]。不仅如此，刘逢禄还提出了双声合韵说：

> 《小雅谷风》三章以以蒐蓑怨为韵，顾氏以未二句无韵非也，蒐本从禾声，歌元二类声相近，《广韵》涴字在三十九过是也。且委宛二字为双声，故蓑与怨韵（蓑怨亦双声也），《诗》虽不多见，而可微用韵变通无所不有矣。[5]

---

[1] ［清］段玉裁：《说文解字注》，第814页。

[2] 刘盼遂著，聂石樵辑校：《刘盼遂文集·王石渠先生年谱》，北京师范大学出版社2002年版，第348页。

[3] 陈新雄：《古音研究》，五南图书出版公司1999年版，第125页。

[4] ［清］刘逢禄：《诗声衍·条例四·论入声分部》，思贤书局刊本。

[5] ［清］刘逢禄：《诗声衍·条例八·论诗以双声合韵》，思贤书局刊本。

《条例十·论毛诗以假借为韵》也与此条相互发明。其双声合韵与假借为韵之说，实际上就是源自钱大昕的双声假借说。

另《条例九·论诗以转注为韵》云：

> 《六月》我是用急，《诗本音》以急字非韵，《盐铁论》引作我是用戒，当从之。孔氏引《吕氏春秋》、《尔雅·释训》证急字入职韵者，不独此诗有之，经始勿亟之亟，玁狁孔棘之棘，义皆为急。《檀弓》："夫子之病革矣。"注："革，急也。"革、棘、亟、急四字，可以转相训，故亦可转为音，不必改作戒也。[1]

这又是与钱大昕的声随义转说如出一辙。由此可见，刘氏解释出韵问题是兼采了段玉裁和钱大昕的作法，同时有所阐发。

（四）毛奇龄的通转叶音说

除此之外，还有毛奇龄的通转叶音说，走的仍是宋人叶音通转说的老路，因此遭到了钱大昕的严厉批评。孔广森提出了对转旁转说，但由于十八部分部的原因，孔氏并没有将阴阳对转理论贯彻到底，有时甚至将出韵现象归结为方音，但他又无法像江永那样将方言考证清楚，所以他的对转说虽然还不够完善，但他为后世的《诗》韵研究启发了新的思路，章太炎、黄侃的转音理论渊源，就来于这里。不仅如此，孔氏《诗声类》中还有"通韵"一说，"其用韵疏者，或耕与真通，支与脂通，蒸侵与冬通，之宵与幽通。然所谓通者，非可全部混淆，间有数字借协而已"[2]。所谓的通韵并不是这几个韵部的所有字都可相谐，仅有少数字出韵可谐。这些有别于阴阳对转的通韵，实际上就是后世所说的旁转说的先声。

（五）小　　结

古韵文中的出韵问题历来都是学者们无法回避的一个非常现实的问题，顾炎武、江永、戴震等人将出韵的原因完全归结为方音，但没有说明方音与雅音在声音流转过程中的相互关系，失之简单，缺乏解释出韵现象的深度。

段玉裁拟古韵为十七部，认为出韵是合韵使然。合韵说虽然揭示了出韵的深层原因，但其弊端也很明显：合韵应该只是韵同或韵近之字才可相合，但依据段氏制订的六大类之间的合韵以及以入声为枢纽的合韵来看，合韵所涉及的面就相当大了。韵部相隔悬远之字几乎都可以相合，以至成了无所不合。如此一来，古韵就无系统

---

[1]　［清］刘逢禄：《诗声衍·条例九·论诗以转注为韵》，思贤书局刊本。
[2]　［清］孔广森：《诗声类》卷一，中华书局1983年版。

可言了，其十七部也就失去了存在的价值。段氏自言"古同声必同部"，但对于古同声不同部的问题，用他的合韵说，却无法解释。如《说文·宀部》："奥宛也，室之西南隅。从宀羿声。"段注："按廾部羿读若书卷，则奥宜读若怨。而古音不尔者，取双声为声也。"[1]又《曰部》普字下段注："竝古音同傍。普从竝声，又转入虞模部。祥读若普，知普古音亦读若伴，以双声为用也。"[2]又《冖部》冥字下段注："冖今音莫狄切，鼏盖之鼏用为声，蜮部䘏又用鼏为声。冥在十一部，莫经切。以双声为声也。"[3]所以段玉裁实际上已经倒向了双声说，与钱大昕的双声转音说无二致了。

与钱大昕的转音说相比，合韵说还有一个致命的弱点，就是段玉裁把少数字之间的"合"上升到了整个韵部字之间的"合"，这与钱大昕"古人有韵之文，正音多而转音少"的理念截然不合。针对段玉裁"十七部无不互通"之说，钱大昕指出：

> 古有双声有叠韵，参差为双声，窈窕为叠韵。喉腭舌齿唇之声同位者皆可相转，宗之为尊，桓之为和是也。声转而韵不与之俱转，一纵一横，各指所之，故无不可转之声，而有必不可通之韵。不得以焋烋之转彭亨而通庚于豪，无俚之转无聊而通之于萧，宁母之转泥母而通齐于青也。古人之音，固有若相通者，如真与清，东与侵间有数字相出入，或出于方言，或由于声转，要皆有脉络可寻，非全部任意可通。[4]

"真与清，东与侵间有数字相出入……非全部任意可通。"少数字的通或合，并不意味着整部字的通与合，这就是钱大昕比段玉裁理智之所在。

三、转 音 说

(一)优　势

钱大昕的转音说，既承认韵转，也承认部分的方音，但更强调声组之转的特殊作用。因此，与方音说、合韵说相比，转音说所涉及的面更为广泛，它不但能解释出韵现象，也能揭示古同声不同部的原因所在。从深度上讲，转音说有自己的音转规律，能将转音与正音相区别，能理性地看待少数与多数、局部与整体的关系，因而具有很好的适应性，能够较为全面地解决古音研究中的实际问题。

---

[1]　[清]段玉裁：《说文解字注》，第338页。
[2]　[清]段玉裁：《说文解字注》，第308页。
[3]　[清]段玉裁：《说文解字注》，第312页。
[4]　[清]钱大昕：《与段若膺书》，载《潜研堂文集》卷三十三，第568页。

（二）问　题

通过研究钱大昕及清代其他诸家对出韵问题的分析现状，有两个问题值得我们思考。或许，这也曾是钱大昕试图解决而未能言及的终极命题，也是我们探讨出韵问题的意义所在。

1. 为什么会有出韵呢

不同韵部之间的字互相押韵，就形成了出韵。出韵问题的出现，源于各家对古韵韵部的不同划分。韵部的数目不一，对出韵的界定自然也不一样。上古无韵书，清人对古韵的分部，实际上是受了今韵的影响。《广韵》四声分别部居，各韵分部谨严。受《广韵》分部的启发，清人以顾炎武《音学五书》为发端，开始据《广韵》上推古韵。理想的古韵研究必须具备两个前提。

（1）上古必须要有一个统一通用的雅音。表现在文献层面就是要有一个通用的读书音。上古是否有一个通用的雅音音系，学界一直有争议。依钱大昕之见，上古是有一个雅音音系的。屈万里曾对《诗经》的篇章形式、文辞应用、押韵情况、语助词和代词的用法等进行过综合考察，也认为《诗经》显然是经过雅言的统一润色整理的 [1]。但是，经过雅言的统一润色整理并不意味着《诗经》中没有方言，少数方言的存在不会改变《诗经》语言的性质。

（2）可供分析的语言材料必须是一个相对静止的共时语言文本。绝大多数的音韵学家在研究古音时几乎都提到了语音有时地之变，但很少有人能把这种理念真正贯彻到《诗》韵的研究中去，不能够冷静地分析《诗经》文本中所蕴含的历时层面的东西。因为《诗经》成书不是一时一地，作为我们考求古音的主要对象——韵脚字，它们的产生也有不同的时间和空间层次，不同时期产生的相同声符的韵脚字，读音就有可能不一致。如果我们不能分清韵脚字的历史层次，而仅仅只是把它们统一作为一个静止的整体去考量，即使"古同声"，也有可能"不同部"。这样，段玉裁"古同声必同部"所带来的消极影响就大了。

以上两点，是我们研究古音的理想模式，但在实际研究分析的过程中，很难做到，尤其是第二点，这是一项基础性的工作。只有先将这一步理清了，后面工作才好开展。然而，在具体的韵脚字系联的过程中，传抄造成的讹误、版本异文、方音、各家韵例设置的不一致等原因，都会影响各家对出韵字的认定。[2]

---

[1]　屈万里：《论国风非民间歌谣的本来面目》，载《"中央研究院"历史语言研究所集刊》第三十四本（下册），2000 年版。

[2]　向熹：《论〈诗经〉语言的性质》，载《中国韵文学刊》1998 年第 1 期。

2. 各家对待出韵为什么会有差异

清代各家对出韵问题之所以众说不一，态度各异，主要是因为他们各家的侧重点不一样。方音说重在分析出韵的原因，而段玉裁的合韵说、钱大昕的转音说和孔广森的对转旁转说等都是侧重研究出韵的规律。钱大昕转音说的突出贡献在于，清代的音韵学家绝大部分都是从古韵入手处理出韵问题，而钱氏则另辟蹊径，从声切入，结合韵转，试图解决《诗经》及上古其他韵文的出韵问题，是古音研究中一大全新的尝试。

第五节　钱大昕转音说与经籍训诂

汉字包括形、音、义三要素，三者紧密相连，"有其一必有其二，譬如来芦，相依而住矣"[1]。三者之中，尤以音为关键。不同字形之间，由于音的关联，词义上也有了或近或远的亲属关系。因此，通过语音来探索词义与词形之间的内在关系，自古以来就没有间断过。《大戴礼记·诰志篇》引虞史伯夷曰："明，孟也；幽，幼也。"黄侃先生说这是中国最古老的声训[2]。此后数千年，以声音治训诂，绵延不绝。

一、清代以前的转音训诂说

"转"，顾名思义，就是语音的转化，即由一个音向另外一个音的变化。正是由于语音之间的差异较大时，才有必要引入"转"这个名称来训说语词。因此，"转"是声训中一个比较特殊的训诂术语，古人常用它来描述词语之间的语音和语义联系。语音为什么会转呢？总而言之，原因不外乎时间和空间两个方面。钱大昕说："文字者终古不易，而音声有时而变。五方之民，言语不通，近而一乡一聚，犹各操土音，彼我相嗤，矧在数千年之久乎？"[3] 故转音有时转、有地转、有因义而转等。

宋代以前，训诂中的转音说多以记录、描述为主。宋以后，则兴起探索、考证之风。钱大昕继承了前贤的研究成果，结合自己的古声纽研究结论，提出了以声为关键的转音说。

中国自古以来就是地域辽阔，四方之地，不但自然环境迥异，各地的语言差别也很大，扬雄的《方言》就展现了这种情形：

> 庸谓之倯，转语也。（卷三）
>
> 煤，火也，楚转语也，犹齐言"娓，火也。"（卷十）

---

[1] 黄侃：《黄侃论学杂著·声韵略说》，上海古籍出版社1980年版，第93页。

[2] 黄侃：《黄侃国学讲义录》，中华书局2006年版，第38页。

[3] ［清］钱大昕：《诗经韵谱序》，载《潜研堂文集》，卷二十四，第370页。

喻，侏儒，语之转也。（卷十一）

可见，扬雄就是用"转"来解释不同方言间语音差异和词形之间的语音联系。

晋郭璞的《尔雅注》、《方言注》中也用到了"声转"、"声之转"、"语转"等术语来训释方言和古今语：

《尔雅·释诂下》："印，我也。"郭注："印犹姎也，语之转耳。"

《方言》卷三："蔫、䓵、薄，化也。"郭注："皆化声之转也。"

卷五："杷，宋魏之间谓之渠挐，或谓之渠疏。"郭注："语转也。"

郭璞之后，颜师古的《汉书注》，孔颖达的《五经正义》，邢昺的《尔雅疏》都有一些声转训诂的材料。但孔颖达和邢昺的"转"还停留在局部的文字训诂上，没有能够从宏观上考求古音的音义体系。到了宋代的吴棫，才开始用通转说合并韵部，吴棫《韵补》中用"通"、"转声通"，将《广韵》二百零六韵归为十三部。戴震《声韵考》说"宋吴棫作《韵补》，乃就二百六韵注古通某、古转声通某、古通某或转入某，其分合最为疏舛"[1]，且其引书太泛，多为后人诟病，顾炎武后遂作《韵补正》以纠正之。吴棫的"转"，虽然是涉及古韵，但是他的研究思路，启发了当时的研究者，使人们可以从音系的宏观高度来看待词义的发展变化。尽管他的古韵分部还不是很完善，但是，他的先导作用，不可忽视。

宋元之际的戴侗说："书学既废，章句之士知因言以求义矣，未知因文以求义也。训诂之士知因文以求义也，未知因声以求义也。"[2]针对时弊，他提出了"因声求义"的主张。在"因声求义"的训诂实践中，他注重声纽的重要作用，"声之相通也，犹祖宗众姓之相生也，其形不必同，其气类一也。虽有不同焉者，其寡己矣"[3]。他用宗族繁衍来类比汉字的孳乳，形象地表达了他的观点。《六书故》反对"不审声而配韵以立义"。他说："今之为韵书者，不以声为纲，而凿者每以韵训字，故其义多忒。"[4]传统以韵训字，戴侗认为弊端很多：

台、余、吾、我、印皆为自谓之名；尔、汝、而、若皆为谓人之名；谁、孰、若皆为问人之名，此所谓声之相通者也。春之为言蠢也；夏之为言假也；秋之为言愁也；德者得也；祖者且也；舍者舒也；子者滋也；丑者纽也；寅，螾然也；卯，茂也；辰言万物之蜄也；巳者阳气之已尽也；未者味也；戌，灭也；宫，中也；商，章也；角，触也，此所谓韵之相拟者也。不能审声

———————

[1]　[清]段玉裁：《说文解字注》，第804页。

[2]　[元]戴侗：《六书通释》，载《六书故》，影印文渊阁《四库全书》本，卷首，第4页。

[3]　[元]戴侗：《六书通释》，载《六书故》，影印文渊阁《四库全书》本，卷首，第12页。

[4]　[元]戴侗：《六书通释》，载《六书故》，影印文渊阁《四库全书》本，卷首，第12页。

而配韵以立义，未有不为凿说者也。[1]

从以上例子可以看出，传统认为是以韵来训诂的材料，实质上都是有双声关系，从声纽的角度来训诂，其实更为合理。"韵之相迻也，犹猩猿之似人，鱓之似蛇，蜀之似蚕也，其形几似，其类实远；虽有同焉者，其寡己矣。"[2] 戴侗敏锐地发现了声母在字形变化和词义变迁中的作用，并在《六书故》中屡用"一声之转"、"声通"、"声近"、"声同"、"同音"等术语来揭示不同字形之间的音义联系[3]。其"声通声转条例"，基本上都是贯彻了声母相同或相近这个原则的，但偶尔也顾及韵的相同或相近[4]。早在元代，戴侗就能有这样的学术灼见，实在是了不起，因为他比清代顾炎武、钱大昕等人关注声母整整早了三四百年，所以沈兼士说："此说实证之以古今语、方言转变之轨迹，颇与之相合，清代钱大昕之说近之。"[5]

明末的方以智，已经非常明确地意识到了古今语音的变化与词义的关系，"欲通古义，先通古音。声音之道，与天地转。岁差自东而西，地气自南而北。方言之变，扰之草木移接之变也。历代训诂、谶纬、歌谣、小说，即具各时之声称，惟留心者察焉"[6]。他不但沿用了戴侗的"一声之转"理论，更用"声义相沿"、"声称相因"来探索声义同源，将声转规律自觉运用到训诂中：

> 無通为无、凵、勿、毋、莫、末、没、毛、耗、蔑、微、靡、不、曼、瞀，盖一声之转也。反有为無，《易经》無俱作无。一曰从天，天忝虚無也，又通作凵，《论语》"凵而为有"，与无同。又通作勿，《论语》"非礼勿视"。又通作毋，《论语》"毋意毋必"。《书·无逸》、《史·鲁世家》作"毋逸"。《洪范》"无偏无颇"，《史·宋世家》作"毋偏毋党"，《春申君传》"毋望之福，毋望之祸"。凡《史记》無多作毋，又通作莫，莫、毋、無声近相通，《诗》"莫敢不来享"，俱与無同。又通作末，《论语》"末由也已"，《礼记·文王世子》"末有原"，皆与無通。又通作没，尽也。《论语》"文王既没"、"没阶"，俗谓無为没，南齐豫章王嶷临终，召诸子曰："吾無后，当共相勉历"，即没后。又通作毛，《后汉·冯衍传》"饥者毛食"，注："与無同"。毛晃音耗为毛，《佩觿集》曰："河北谓無曰毛。"智按：河北读没为门铺切，而江楚、广东则呼無曰毛，黄绰

[1] ［元］戴侗：《六书通释》，载《六书故》，影印文渊阁《四库全书》本，卷首，第12页。

[2] ［元］戴侗：《六书通释》，载《六书故》，影印文渊阁《四库全书》本，卷首，第12页。

[3] 党怀兴：《宋元明六书学研究》，中国社会科学出版社2003年版，第201页。

[4] 党怀兴：《宋元明六书学研究》，中国社会科学出版社2003年版，第204页。

[5] 沈兼士：《沈兼士学术论文集》，中华书局1986年版，第565页。

[6] ［明］方以智：《音义杂论·方言说》，载《通雅》卷首，中国书店1990年版。

赐绯毛鱼袋则信古有此语矣。無又通作薎，《左传》"薎以加于此"，《史·孔子世家》："薎由也已。"又通作微，《诗》"微我弗顾"，《国语》"战也微谋"，又"微我晋不战矣"。又通作靡，《诗》"靡不有初"，杨子曰："刺客之靡者也"，《月令》"靡艸死"，皆与微同，细艸也。又通作不，《诗》"不识不知"。又通作曼，《扬子·寡见篇》"曼是为也"，注："無同，言学者无如是为之"。又《汉书·高帝纪》"韩王信将有曼丘臣"，注："曼丘与毋丘同"。智按：毋丘自是贯丘，而当时口语与注者之语皆以無、曼、毋声近互通也。字从无，与从曼同。如蔓青作芜青，《后汉·桓帝》永兴二年，诏"郡国种芜青助食"，即蔓青。又通作督，不明见。《庄子》"伯昏督人"，"列子之齐，遇伯昏无人射，措杯水于肘上"，無人即督人。[1]

这一组否定词的考订最能体现方以智"一声之转"的训诂理念。古音無和无，都为明纽鱼部字。亡，明纽阳部字。勿，明纽物部字。毋，明纽鱼部字。莫，明纽铎部字。末，明纽月部字。没，明纽物部字。毛，明纽宵部字。耗，明纽宵部字。薎，明纽月部字。微，明纽微部字。靡，明纽歌部字。不，帮纽之部字。曼，明纽元部字。督，明纽幽部字。这些字虽然写法各异，但是他们的声纽均属唇音，故而能发生通转，音近则义通。利用大量的经籍异文、各地方言和历代注疏材料相互对比，是方以智"一声之转"理论运用最多的方法。他的这一作法，给了钱大昕很多启示，钱氏无论是在考求《说文》正字，还是利用自己的"正音"、"转音"进行史籍训诂实践时，都借鉴了方氏的这些作法。所以说，方以智秉承戴侗一贯而来的"一声之转"训诂理论，是钱大昕转音说的理论先导。

纵观清以前"转"，我们不难看出，不同时期、不同学者的"转"，其所指是不尽相同的，但从整体趋势上讲，音转说最初仅仅只是用于反映不同方言或古今语音之间的差异，属于训诂学的范畴。宋元以后，学者们才开始尝试性地将音转说应用于对语源的探讨，用以揭示不同语词间的语音语义联系。但这种探索直到明末的方以智，都还只是局部的、非系统性的，还没有找到科学合理的语音规律。要想解释语言中诸多的语言现象，就必须要追溯到语音的源头——上古音。宋代以来的学者对上古音进行了不懈的探索，这种探索是从古韵的研究开始的。到了清代，从事古韵研究者有很多，从顾炎武到黄侃，各家对古韵的分部不一，甚至差异很大。钱大昕并不热衷于韵部的划分，而是另辟蹊径，引入前人的语音转化观念，在宋明以来音转说的基础上，吸收借鉴了同时期其他学者的研究成果，结合自己的声类研究结论，从声纽入手来解决训诂的问题，从而提出了自己的"转音"说。

---

[1]　[明]方以智：《疑始》，载《通雅》，卷二，中国书店1990年版，第9页。

二、清代以转音因声求义

入清后，由于古音研究的成果不断地被运用到训诂实践之中，训诂的方法得到了改进，声纽作为训诂要素被应用到了训诂实践之中，尤以双声为条件的转音训诂，成了清代因声求义训诂中的一大亮点。钱大昕就是双声训诂发展过程中承前启后的一个非常关键的人物，他吸收和采纳了清以前诸多转音研究的方法和成果，专门致力于声转的探索。鉴于钱大昕在学坛的影响，后世事转音说者，虽未明言学承钱氏，但梳理其论证策略，与钱氏之说并无二致。

梁启超在《从发音上研究中国文字之源》中指出："有清一代，古韵之学大昌，于声音与文字之关系，渐知注重矣。然其研究集中之点，在收音而不在发音，重视叠韵而轻视双声，未为至诣也。刘成国《释名》，每字皆诂以双声；《尔雅》诂、训、言三篇，用双声为解者也过半，其必有所受矣……转注假借字，其递嬗孳乳，皆用双声。不宁惟是，同一发音之语，其辗转引申而成之字可以无穷。"[1]

清初的黄生，在《字诂》中就采用了以双声转音释联绵词，如"郎当"条云：

> 唐明皇自蜀还京，道中闻驼马所带铃声，谓黄幡绰曰："铃声颇似人言语。"幡绰对曰："似言'三郎郎当，三郎郎当'。"明皇愧且笑。"郎当"之转口即"筤东"，轻转即"伶仃"。"筤东"之搭舌即"龙钟"。"郎当"之仄声即"落托"。大抵皆失志蹭蹬之意，特古今方言转口有异耳。[2]

又如"毋"字条：

> 古本无"毋"字，但借"母"字转声。

"宓宓"条云：

> "宓""伏"同音，故伏羲氏之"伏"一作"宓"。又，"宓"与"宓"同谐"必"声，故《史记》借用"宓"。又，伏羲氏妃死为洛神，曰"宓妃"。孔子弟子宓子贱为伏羲之后，而汉伏生又子贱之后。盖古字多因声假借，不甚拘也……古"伏""宓"皆读如"弼"，故"宓""宓"皆以"必"为声。其"宓妃""宓贱"之借用"宓"者，音即随之而转。

"宓""伏"同音，其实颜之推也提过，《颜氏家训·书证》：

> 张揖云："宓，今伏羲氏也。"孟康《汉书古文注》亦云："宓，今伏。"而皇甫谧云："伏羲或谓之宓羲。"按诸经史纬候，遂无宓羲之号。宓字从虍，

---

[1] ［清］梁启超：《梁任公近著》，第一辑下卷，商务印书馆民国十二年印行，第107页。

[2] ［清］黄生、黄承吉：《字诂义府合按》，中华书局1984年版。

宓字从宀，下俱为必，末世传写，遂误以虙为宓，而《帝王世纪》因误更立名耳。何以验之？孔子弟子虙子贱为单父宰，即虙羲之后，俗字亦为宓，或复加山。今兖州永昌郡城，旧单父地也，东门有《子贱碑》，汉世所立，乃曰："济南伏生，即子贱之后。"是虙之与伏，古来通字，误以为宓，较可知矣。[1]

黄生对双声转音的关注，显然比钱大昕要早得多，其"因声假借"、字之相借者"音即随之而转"，与钱大昕"声随义转"之说已无明显差异。

钱大昕的好友戴震，有《转语二十章》，其书虽不存，但从其序中可窥其声转之大略：

> 人口始喉下底唇末，按位以谱之，其为声之大限五，小限各四，于是互相参伍，而声之用备矣。参伍之法：台、余、予、阳，自称之词，在次三章；吾、卬、言、我，亦自称之词，在次十有五章；截四章为一类，类有四位，三与十五，数其位皆至三而得之，位同也。凡同位为正传，位同为变传。尔、女、而、戎、若，谓人之词，而、如、若、然，义又交通，并在次十有一章。[2]

其所举之例，戴侗曾称之为"一声之转"，即声纽相同或相似，意义就可能相同。并且指明了声母在发音部位和发音方法上的对应和转化关系。黄侃先生称其"《转语序》一书，实可攀古括今，后戴氏之学人无能出其范围者"。[3] 戴震在与秦蕙田的信中说：

> 音声有不随故训变者，则一音或数义；音声有随故训而变者，则一字或数音……如"胡"字，惟《诗》"狼跋其胡"与《考工记》"戈胡""戟胡"用本义。至于"永受胡福"，义同"降尔遐福"，则因"胡""遐"一声之转，而"胡"亦从"遐"为"远"；"胡不万年""遐不眉寿"，又因"胡"、"遐"、"何"一声之转，而"胡"、"遐"皆从为"何"。又如《诗》中曰"宁莫之知"，曰"胡宁忍予"，曰"宁莫我听"，曰"宁丁我躬"，曰"宁俾我遁"，曰"胡宁瘨我以旱"，"宁"、字之义，传《诗》者失之。以转语之法类推，"宁"之言"乃"也。凡故训之失传者，于此亦可因声而知义矣。[4]

考之古音，"胡"、"何"、"遐"均在匣母，"胡"借为"遐"，则"胡"

---

[1] ［隋］颜之推：《书证》，载《颜氏家训》，四部备要本，卷六，第65页。

[2] ［清］戴震著，赵玉新点校：《转语二十章序》，载《戴震文集》，卷四，中华书局1980年版，第91页。

[3] 黄侃：《文字声韵训诂笔记》，上海古籍出版社1983年版，第4页。

[4] ［清］戴震著，赵玉新点校：《论韵书中字义答秦尚书蕙田》，载《戴震文集》，卷三，中华书局1980年版，第48页。

读为"遐"音；"胡"、"遐"借为"何"，二字亦应读为"何"音。与钱大昕"双声假借"和"声随义转"不同的是，戴震更强调其"义由声出"的观点，但究其实，两人在本质上并没有太大的区别，都是以声母为纽带的转音训诂。

戴震的弟子王念孙，继承了老师的音转理论，在其训诂实践中大量运用"转语"、"转声"、"语转"、"声转"、"语之转"、"一声之转"等术语来进行文献训诂：《广雅疏证》卷六上《释训》"悾悾、悫悫、恳恳、叩叩、断断，诚也"条，王念孙疏证曰："悾悾、悫悫、恳恳、叩叩，皆一声之转，或转为款款，犹叩门之转为款门也。"[1] 悾、悫、恳、叩、款同属古音溪母，此一声之转，即指声母相同前提下韵发生了转变。又"捆、刬、刭，屠也"。条云："是凡与刬、刭二字声相近者皆空中之意也。"[2] 这样的例子还有很多，显然，王念孙也是受了钱大昕双声假借说的影响，并且侧重于"音转义存"。黄承吉评价王念孙说："此学喻之者惟高邮王氏，引申触类，为从古之所无，即先后乎王氏及与王同时者，亦皆不得而与。盖他儒皆以韵求声，王乃言声而不言韵，可谓穷本知归。公生于王氏百数十载之前，非有来者相谋，而所造若是。其书至通穿支、齐、鱼、模、真、文、尤、侯、屋、沃之字为一音，若以其全书论说之诸条观之，则通穿者更为不止此数部。"[3] 其实，王氏并不是不言韵，其实许多声转中也包含着韵转。

除此之外，潘咸在其《音韵原流》中也提出过"正音"、"转音"说。他的"正音"、"转音"在名称上是与钱大昕一致的，但不同的是，他研究的是韵而非声。在《音韵原流》中潘氏还专立《诗骚通韵》一门研究古韵的通用和转用。他在序中说："有《仓沮元韵》又有《诗骚通韵》者，何也？一为文字之本音，一为文字之转音也。"潘氏对吴棫、郑庠、柴绍炳和毛先舒的古韵分部进行分析后认为，这些人的共同缺点是，或知古音而不知转音，或将转音看作正音。于是潘氏用了数十卷的篇幅去讨论古音的正转。

以双声取义释经，《毛诗》训诂中已经开始出现，《尔雅》、《释名》以下，古人多用"转语"、"语之转"、"语转"等来训释方言古语。汉魏乃至唐宋，多言叶韵而少论古音，唯有颜师古、孔颖达、邢昺言及古今声音相转之例，但仅是偶然为之，不成体系。宋元之际，戴侗《六书故》屡提"一声之转"、"声义相通"，开始运用声母相转之理，训诂文字。但其尚未提出具体可执行的标准和声音相转的依据。清人把双声用于因声求义训诂，较之前人，更为自觉和科学，特别是戴震，他抓住声纽的发音部位（即所谓"大限"）和发音方法（即所谓"小限"）来阐明

---

[1] ［清］王念孙：《广雅疏证》，卷六上，上海古籍出版社 1983 年版，第 707 页。

[2] ［清］王念孙：《广雅疏证》，卷三上，上海古籍出版社 1983 年版，第 283 页。

[3] ［清］黄承吉：《字诂义府合按后序》，载《字诂义府合按》，卷末，中华书局 1984 年版，第 263 页。

声纽变转规律，条理秩如，便于操作，其开创之功，实不可没。但戴氏纯粹是审音的角度来阐述的，后来的研究证明，古纽并非完全等于"大限五，小限各四"参伍而成的二十类。加之戴震的《转语二十章》今不传，后人无法一睹其原著。另外，戴震古音研究多以说韵为主。这些都是导致戴震古声纽说的名气不如钱大昕的原因。

三、钱氏转音说的训诂学价值

钱大昕以双声为核心的转音说，不但发展和完善了传统的声转理论，而且通过训诂实践，展示了其实用性。

（一）转音说的理论意义

钱大昕借鉴了戴震的同位，位同等术语，把自己声纽研究的结论应用到了训诂领域，明确提出了自己的转音说。他把转音分为声转和韵转两种，其中声转钱氏着墨最多，应用最广，《廿二史考异》、《潜研堂文集》多用双声训诂。

钱大昕把古声纽按发音方法分为出、送、收三类；按发音部位分为唇、齿、舌、喉四类。在他大致勾勒的古声纽的基础上，他又把声转分为正转和变转。同位，也就是发音部位相同即是正转，如同为舌音，或同为齿音，都可视作正转。位同[1]，也就是发音方法相同就是变转，如同为出声，或同为送声，尽管发音部位不一样，都可视作变转。钱大昕的双声转音说，不仅有音理分析，更有大量的经籍异文、古韵读、古训诂等材料作为文献依据，因此，利用双声转音来训诂，结论更为可信。从这个意义上讲，钱氏的转音说在戴震的基础上，彻底揭开了声转说的神秘面纱，就有很强的实用性和可操作性，是对传统"声转"理论的进一步完善和发展。

（二）转音说的实践意义

钱大昕不仅从理论上对转音说进行了界定和分类，而且按照他自己拟定的标准，既对文献中的疑难字词进行了疏通，也对训诂专书中艰涩难懂之处进行了解释。

1. 用转音说解释古音假借之例

钱大昕所说的假借，通常包含两种情况：一是单纯的借其音、形；二是借其形、音、义。钱氏更多的是关注后者，揭开了诸多注疏中的疑惑，如：

问："盖之为裂，何也？"

曰："郑注《缁衣》云：'割之言盖也。'《正义》谓'割、盖'声相近。古者声随义转，声相近者，义亦相借。《尚书》'割申劝宁王之德'，割

---

[1]　"位同"一词，钱氏未说，此处为论述方便，我们在分析钱意的基础上，借鉴戴震说。

有盖义。《尔雅》盖、割同训，盖有割义，皆取同声之转也。"[1]

《尔雅·释言》："割，裂也。""盖，裂也。""割、盖"同为见母，故盖可以借割之形音义而训为裂。"声随义转，声相近者，义亦相借"是钱大昕双声假借的一个重要观点，孔颖达在疏解《诗经》时，往往因为不明此例，疏于征引。如：

> 问："《我行其野》篇'言采其蓫'，《笺》以蓫为牛蘈，《疏》谓《释草》无文，然否？"

> 曰："《释草》云：'蓨，牛蘈。'蓨、蓫声相近，郑所见《尔雅》当是蓫字，孔疏偶失引耳。下章葍，葍亦《释草》之正文，而疏亦失引。"[2]

《诗·小雅·我行其野》："我行其野，言采其蓫。"毛传："蓫，恶菜也。"笺云："蓫，牛蘈也，亦仲春时生，可采也。孔疏："此《释草》无文。陆机《疏》云：'今人谓之羊蹄。'定本作'牛蘈'。"蓨为定母，蓫为透母，音近正转，故蓫可以借蓨之形音义释作牛蘈。在言《说文》读若时，钱氏也认为读若是一种特殊的假借，"汉人言读若者，皆文字假借之例，不特寓其音，并可通其字"。通过对三十组《说文》读若字的分析后，钱大昕说："许氏书所云读若、云读与同，皆古书假借之例，假其音并假其义，音同而义亦随之，非后世譬况为音者可同日而语也。"[3] 今举其例如下表4-8所示：

表4-8　《说文》读若音韵地位表

读若	音韵地位	读若	音韵地位	读若	音韵地位
讏—许	晓—晓	鄌—葪	溪—见	璹—淑	禅—禅
玽—宣	心—心	庌—苲	群—群	趡—匋	并—并
刌—斡	见—见	趙—柅	泥—泥	勼—鸠	见—见
愭—叠	书—定	厔—傲	疑—疑	橾—数	心—心
庌—仆	并—并	闒—阑	来—来	娿—阿	影—影
亝—愆	溪—溪	禄—创	初—初	亼—集	从—从
牽—达	定—定	圣—皇	匣—匣	娿—绂	帮—帮
芮—泲	日—日	瞿—句	群—见	雁—鹰	疑—疑
莫—葰	明—明	岳—聂	疑—泥	卟—稽	见—见
雀—爵[4]	溪—精	敂—施	书—书	悬—隐	影—影

---

[1]　[清]钱大昕：《答问七》，载《潜研堂文集》，卷十，第143页。

[2]　[清]钱大昕：《答问三》，载《潜研堂文集》，卷六，第75页。

[3]　[清]钱大昕：《古同音假借说》，载《潜研堂文集》，卷三，第43页。

[4]　"雀、爵"同为古药韵，更宜称作韵转，声转则有些隔阂。

从这三十例来看，《说文》读若的确不仅在于注音，而且也示义，双声转音训诂，在这里得到了体现。

假借的另外一种情况就是我们通常所说的通假，即仅借其形和音。其本义，仅从文字字形是不能看出的，必须要找到本字。如：

> 问："'戚夷，长脊而泥'，郭训泥为少才力，何也？"
> 曰："泥当为疒，声相近而借用也。《说文》：'疒，智少力劣也。'《汉书》或作荠。古音尔与尼相近，《易》'系于金柅'，《说文》作欄，《诗》'饮饯于祢'，《韩诗》作坭，《书》'典祀毋丰于昵'，谓祢庙也。俗人不通古音，乃于尔旁著人，读为奴礼切，又省作你，不知奴礼切乃尔之正音。故尔转为乃，簡从尔声，而音转为尼辄切也。"[1]

泥为通假字，疒为本字，泥、疒同为古音泥母，双声正转。尔、尼古音分别为日、泥两母，依钱氏说，发音部位相同，也属正转。

再如：

> 问："会朝清明，毛训会为甲，何也？"
> 曰："会与甲声相近，故义亦因之。吾友惠徵君栋云：'甲朝者，一朝也，古人以甲为一，如第为甲第，观为甲观，令为甲令，夜为甲夜，《战国策》张仪曰：'昔者纣为天子，帅天下将甲百万……以与周武为难，武王将素甲三兵[2]领战，一日破纣之国，禽其身，据其地。'毛公以意说《诗》，故训会朝为甲朝，又云'不崇朝而天下清明'，不崇朝者，不终日也。后人或训为甲子之朝，或训为甲兵之甲，皆非毛意。"[3]

会为通假字，匣母；甲为本字，见母，音近。钱氏认为两字同属古喉音，故属正转。

2. 用转音说训诂联绵词

"叠韵易晓，双声难知"，古人联绵词中也多用双声叠韵，若拘于字形，不懂双声相转之妙，就无法正确训释联绵词。如：

> 问："权舆训始，见于《释诂》。或云造衡自权始，造车自舆始，其说然否？"
> 曰："此后儒臆说，不足信。予友孙星衍尝说之，以为权舆者，草木之始，《大戴礼·诰志篇》：'孟春，百草权舆。'扬雄赋：'万物权舆于内，徂落于外。'《释草》云：'其萌虆藋。'郭景纯以藋属下句。按《说文》：

---

[1]　［清］钱大昕：《答问七》，载《潜研堂文集》，卷十，第156页。

[2]　今本《战国策》"兵"作"千"。

[3]　［清］钱大昕：《答问三》，载《潜研堂文集》，卷六，第76页。

'薆，灌渝，薆读若萌。' 即《释草》之躩蕍，权舆与躩渝声相近也。"[1]

联绵词最大的特点就是不可拆分性，多个音节以一个整体出现，以音见义，表达一个完整的意思。钱大昕斥拆分联绵词之说为臆说，可见他对这类词的特点有了很深刻的认识。"权舆"即"躩蕍"。权、躩同为群母；舆、蕍用为喻母，双声正转。这类词语在《声类》和《潜研堂文集》中还有很多，不再一一列举。

3. 用转音说辨古名物

由于时、地、人等多种因素的影响，一物之名，往往写法各异。若不注意从双声的角度分析文字之间的联系，有可能导致误说。如：

> 问："薆，蕨攗之攗，《释文》音亡悲反，盖从麋声，而兼存孙炎居郡、居群二音，则字当从麋，不审宜何从？"

> 曰："《说文》手部有攗无攗，当从孙叔然音作攗字，凡草木虫鸟之名，多取双声叠韵，《释草》一篇如芙茪、薢茩、鼎董、蒤荡、茎藋、𣚊袶、邛巨、铫芅之类，皆双声，蕨攗亦双声，故知攗为转写之讹，又考《说文》、《广雅》，皆以薢茩为菱芰之别名，独《释草》薢茩与菱分为两条，薢茩即芙茪，菱即蕨攗，说者疑之，予谓芙茪与蕨攗声相近，其实一物而四名也。"[2]

> 问："郭注'莫貊、螳蜋，蚚。'既以石蚕当之，又讥孙叔然引《方言》说，此义亦不了，何也？"

> 曰："螳蜋即螳螂，叔然注已失传，据《方言》螳蜋谓之髦，或谓之虹，或谓之芈芈。髦即蚚之转，芈芈即莫貊之转，则叔然所引，信而有征矣。《说文》貊即狐貉之貉，貉有陌音，莫与貉古文又通用，则莫貊异文而同音，莫貊犹莫莫，亦犹芈芈也。景纯未喻古音，故讥其不了。"[3]

薢、芙、蕨声同，双声正转。茩茪声同，攗为明母，属变转。髦与蚚，莫貊、莫莫、芈芈均为古明母，声同正转。

由汉以至明末，双声训诂之法绵延不绝，但由于缺乏系统的古声纽观的指导，双声训诂一直显得零碎，不成风气，不具备广泛的应用价值。清人对古音有了较为系统的认识，由韵及声，从戴震开始，双声转音训诂开始走向系统化和科学化。戴震虽有转音说，但由于戴震古声纽研究的成就不如钱大昕，加之他的《转语二十章》早已亡佚，所以他的转音说，远远不如钱氏双声转音说那样普及。作为戴震的好友，

---

[1] ［清］钱大昕：《答问七》，载《潜研堂文集》，卷十，第 152 页。
[2] ［清］钱大昕：《答问七》，载《潜研堂文集》，卷十，第 152 页。
[3] ［清］钱大昕：《答问七》，载《潜研堂文集》，卷十，第 155 页。

钱大昕借鉴了他的同位、位同之说，提出了自己的"正音——转音"说。更为重要的是，钱大昕能够把自己古声组研究的结论引入到了训诂之中，将转音分为正转和变转。通过对钱氏用例的分析和总结，我们发现，其训诂实践基本上是按照他自己的理论界定来进行的。通过双声这条纽带，疑难字词得到了训释，艰涩难懂的前人训诂也得以被梳理。因此钱大昕的双声转音说，是对传统转音说的进一步完善和发展。它的出现，使双声训诂有了一个初步可依的章法，后人在此基础上加大了对双声训诂的研究。如冯登府《十三经诂答问》就多引钱氏之例，钱绎《方言笺疏》屡用"古同声"、"声转"来训释方言。据统计，《方言笺疏》仅"古同声"例就有一百七十六条之多，其中涉及双声的就有一百六十三条。[1] 由此足见钱大昕对钱绎的影响。陈澧笃信钱氏古声组说，对于双声训诂，他也认为："《尔雅》训诂，同一条者，其字多双声。郝兰皋《义疏》云：'凡声同、声近、声转之字，其义多存乎声。'澧谓：此但言双声，即足以明之矣。"[2] 江谦在《说音》中也说："凡同一声母之字，无论或为阴声，或为阳声，皆谓之双声，亦谓之同组。古人声音训诂之例可举者：一、同音；二、一音之转；三、双声；四、叠韵；五、重言；六、急读缓读，而双声之用为多。"[3] 王国维明确提出，音转主要在于双声，他说："近儒皆言'古韵明而后诂训明'，然古人假借、转注多取双声。段、王诸儒自定古韵部目，然其言诂训也，亦往往舍其所谓韵而用双声，其以叠韵话诂训者，往往扞格不得通。然则与其谓'古韵明而后诂训明'，毋宁谓'古双声明而后诂训明'欤？"[4] 刘师培在《中国文学教科书·双声释例》中也说："双声者，即古人之所谓和，切韵家所谓同母之字，而小学家所谓一声之转也。必明双声之用，然后可以言小学……凡同母之字，古人多通用。故明双声之说，斯可以读古籍，斯可以言切音，否则捍格难通矣。"[5] 沈兼士更是在钱氏"声随义转"的基础上提出了"义同换读"说，进一步开辟了转音说的新境界。

但是，钱大昕的转音说也有不足之处。首先表现为概念表述的模糊和前后不一致。如其"同位"一语，有时指发音部位，有时指发音方法，前后所指不一。其"声近"之说，往往不够精确，明明是声组相同，他多说成是"声近"。他依前人之法，将声组的发音方法分为出、送、收三类。作为音理分析的依据，这三分法似乎过于粗略，

---

[1]　王宝刚：《论〈方言笺疏〉中的"古同声"》，载《淮阴师范学院学报》（哲学社会科学版）2002 年第 1 期。

[2]　［清］陈澧：《小学》，载《东塾读书记》卷十一，皇清经解续编本。

[3]　转引自张舜徽《说文解字导读》，巴蜀书社 1990 年版，第 61 页。

[4]　王国维：《尔雅草木虫鱼鸟兽名释例序》，载《王国维论学集》，中国社会科学出版社 1997 年版，第 172 页。

[5]　刘师培：《双声释例》，载《中国文学教科书》。

难以把握。如同一出声，就有"帮（非）"、"精"、"端"（知照）、"（见）"数母。按钱说，这几个声组之间的相转谓之变转。钱大昕只交代了变转的规律，至于为什么会转，钱氏没有交代原因。单纯以声组说"转"，有时未免过于绝对。实际上，我们在考察转音时，不仅有声同声近的转音，也有韵同韵近的转音，更有声韵俱同的转音。钱氏在说转音的概念时，虽然也提到了韵转，但在具体训诂中，钱氏多言声，少言韵，过分强调了声组的作用，因而显得过于武断和简单，如：

《史记·袁盎鼂错列传》："噤口不敢复言也。"《汉书》"噤"作"拑"。钱氏云："拑噤声相近，皆群母。"其实，拑、噤不仅声同，而且韵也同，均为侵部，是同音假借。

《史记·殷本纪》："予其大理女。"裴骃集解："《尚书》'理'字作'赍'。"钱氏云："理赍声相近。《诗》'鳌尔圭瓒'，郑康成引作'赍'，鳌、赍、理义亦通也。"理赍不仅声同，而且同属古之部字，两字为同音假借。

《史记·伯夷列传》"亢桑子之属。"钱氏云："亢桑即庚桑也。亢音刚，与庚声相近。"亢、庚仅声组相同，韵亦相同，为同音假借。

《水经注·淇水》："淇水又东北经并阳城西，世谓之辟阳城，非也。即《郡国志》所谓内黄县有并阳聚者也。"钱氏云："予谓并辟声相转。"并、辟不止声相转，韵亦平入相转。

即使钱氏转音说存在着一定的不足，我们也无法否认他在训诂学史上特殊的贡献。正是由于他的倡导和践行，传统训诂中重韵不重声的格局才开始扭转，从声组入手训诂方言古语，渐成风气。

总　　结

通过系统的文献梳理和对比研究，我们对钱大昕文字、音韵、训诂之学有了一个较为清晰的认识。

一、钱大昕的文字学

钱大昕的文字学包括《说文》学和金石文字学。

在对《说文》的研究中，钱大昕"《说文》举一反三之例"，对于掌握《说文》体例，提高阅读效率，具有很好的指导作用。钱大昕是继顾炎武之后第一个正式提出"连篆读"为《说文》体例的学者，而且还搜集了大量文献材料予以证明。虽然"连篆读"是否真为《说文》原本应有的体例尚未定论，但钱氏创造性地提出了一种全新的《说文》解读方式，避免了因常规句读而造成文字释义理解上的误区。钱大昕认为《说文》"读若"是汉人"读若"的通例，"不特寓其音，并可通其字"，这种说法是不全面的。但钱氏的提法很有创见，后人在他的基础上对《说文》读若做了多方面的分析。事实证明，《说文》读若的情况是很复杂的，未可一以概之。钱大昕对于二徐私改谐声的批评是比较中肯的，他将二徐不明谐声的主要原因归结为两点：一是不识汉字转写之讹变；二是不识古音。关于《说文》收字与经典用字相互出入，这是事实。通过分析后我们认为，出现这种情形，与师授源流、文字流变、传抄讹误等因素密切相关，两者之间存在着繁简字、古今字、异体字、联绵词等关系。新附字乃是徐铉所附，对此，钱大昕的态度比较保守，认为其中大半浅俗，是委巷流传，向壁虚造之字，难登大雅之堂。新字之义，绝大多数都可在《说文》中找到其本字，所以，不必附、不当附。他把新附字出现的原因归纳为后代增加、传写讹溷、吏牍妄造、街谈俗字四种。钱大昕对新附字关注，是出于对六书本源的思考，力图恢复《说文》

原貌，正本清源。从整顿学术这个角度来说，钱大昕的意见无疑是具有重要的意义。但从今天词汇学的角度来说，新附字虽"不典"，但经典相承，时俗要用离不开它们。它们的出现，也是我们考察中古词汇的重要参考资料之一。

总之，钱大昕对《说文》的研究是具有创造性和前瞻性的，其论断一经提出，便引起了《说文》研究界的广泛响应，产生了很好的学术效应，推动了清代《说文》学的发展。

钱氏金石之学，不但收藏多，而且著录多。他善于从文字音韵训诂入手，正确释读金石文字。金石括例之学，源自宋人。宋洪适的《隶续》，元代潘昂霄的《金石例》，明王行的《墓铭举例》，清黄宗羲的《金石要例》，梁玉绳的《志铭广例》，郭麐的《金石例补》等都是金石括例之学的代表作。钱大昕非常注意向前贤及时人学习，往往在自己的金石整理实践中以随文条记的方式，总结了一些碑刻的形制特征和文字特点。钱氏研读金石注重括例，对后代李瑶《金石四例》和朱记荣《金石全例》的编纂有一定的影响。钱氏又继承了宋人金石考史的优良传统，利用金石考校群籍，不但考校范围广，而且方法全面，态度公允，体现了乾嘉大家的风范，其校勘所得，至今仍具有很高的文献参考价值。

二、钱大昕的音韵学

钱大昕的音韵学，以古声纽研究为主，并涉及古韵类及古声调。古声纽的结论主要有六条：古无轻唇；古无舌上；古人多舌音；古影喻晓匣不甚区别；古无牙音；古无心审之别。

学界常对以上结论尤其是前两条赞誉过高，认为是钱氏独创。我们研究后发现，后三条才是钱氏的独创。钱大昕通过对古双声词语的考察，发现了影喻晓匣四母之间读音上的密切关系，对后世的古声研究极具启发意义。李元、邹汉勋、章太炎等人的论说及其辑录的材料进一步说明了钱说的合理性。上古是否真无牙音，今天尚可讨论。钱大昕从谐声字、异文和音理上提出古无牙音，给了后人很多启发，夏燮、邹汉勋等人的研究证明，古喉牙音之间的密切关系。黄焯发现喉音与其他声纽都存在有通转关系，因此，钱大昕的开创之功不可没。钱氏"心审无别"之论，在古音研究史上更具有价值。钱氏之前，只有江永说过"照穿床审之二等三等不相假"，但并未提及将正齿音分为两类。钱大昕有无系联过《广韵》，我们无从考见，但钱氏能从仅有的少数语言材料中看到正齿音中有部分字在上古与审母有关联，的确具有远见卓识。钱氏之后的李元、夏燮、邹汉勋、陈澧等人对正齿音两分的认识逐渐深刻，黄侃先生才在此基础上提出照二归精、照三归端的观点。

前三条并不是钱氏的独创，元明清诸前贤已经言及，但或流于琐碎，或限于名气，不如钱氏之说有影响力。钱氏的这三条结论，无论是研究方法还是支撑材料，都有借鉴前人的痕迹，音韵史上长期将功劳归功于钱大昕是不太符合史实的。但钱说也存在一定的缺陷：首先就是钱氏长于考古，略于审音。当然，这并不意味着钱氏不懂审音，只是囿于行文体例，未曾展开而已；其次是异文和音注材料只能说明在古音中轻重唇可以互通的，并不能说明谁有谁无，关键性的定性材料相对来说少了一些。我们结合李光地、仇廷模、王霖苍等人的等韵分析方法和钱大昕、李元、夏燮等人的考古研究法最终可以证明钱说的正确性，现代方言的证据也说明了钱说的合理性。

钱大昕虽力阐古声，却未总结出古声组的具体数目。中古三十六字母，只有泥、娘、来、日四母钱大昕未有论及它们在上古的归属，故依钱坫说将泥娘归入舌音。钱氏不赞成立半齿半舌之名，故暂将来母归古舌音，又依钱坫《诗音表》将日母合于古邪母。最终我们将钱氏古组定为十七组。

钱大昕最突出的贡献之一便是把古声组研究的成果应用到了韵读和训诂中，在前人研究的基础上，提出了以双声为核心兼及韵类的转音说。转音说的提出，源自钱大昕对双声叠韵和古叶音说的关注。古人名物，多以双声叠韵为名，和谐的音节搭配促使钱大昕在前人以韵谐的基础上，把声组也引入了押韵领域。钱大昕把叶音说产生的根源界定为以今音去读古韵，不明双声相转之理。事实证明，其转音说在解决出韵问题时，的确有别于方音说和合韵说，基本符合古代语言事实。通过音理分析和文献例证，钱大昕基本上确定了一个以双声为核心且兼及韵转的转音范式，我们据此构拟出了钱氏双声转音图。

三、钱大昕的训诂学

钱氏转音说是对传统转音说的进一步发展和完善，他不但在《声类》中辑录了相当数量的古代双声训诂实例，而且能利用双声，对群籍中的疑难字词进行了训释，对《说文》、《尔雅》中的形义纠葛进行了疏解。钱氏转音说的提出，使双声训诂有了一个初步可依的章法，在此基础上，后人的双声训诂之学才得以发展、成熟。但钱氏转音说也存在着重声轻韵，术语应用不够规范等问题。

本文存在的缺憾是未能详细地将钱氏交游纳入研究范围。钱大昕素来就喜欢与人为善，虚心好学。自就读于紫阳书院开始，他就结交了一班同志好友，如王昶、褚廷璋、李客山、赵饮谷、沈冠云、许子逊、顾禄百等人。入朝为官期间，他更是结交了黄叔琳、秦惠田、戴震、纪昀、朱筠等众多名流宿儒，彼此切磋，互取短长。返乡执教期间，弟子多达二千余人，其中李锐、夏文焘、钮树玉、费士玑、顾广圻等人后来都成了名家。书院授业，钱大昕经常与袁枚、卢文弨、王鸣盛、王昶、毕沅、严长明、段玉裁、尹壮图、钱维乔、王念孙、洪亮吉、黄丕烈、袁廷梼等人畅游山水。钱大昕与他们之间的学术往来，不仅对于研究钱大昕个人的学术渊源有意义，也对清代学术史的研究，有着重要的史料价值。在钱氏家族中，子东壁、东塾，孙师康、师光，曾孙庆曾；弟大昭，侄东垣、绎、侗；族子钱塘、钱坫；女婿瞿中溶等多勤于治学，多有承大昕之风。尤其是钱坫的《诗音表》和钱绎的《方言笺疏》，是钱氏古声纽说和转音说的延伸，对于进一步考求钱大昕的学术影响，具有重要的价值。但限于精力和学识，要完成这个任务，只能靠日后继续努力了。

参考文献

古　　籍

[汉] 班固：《汉书》，唐颜师古注，中华书局 1962 年版。

[汉] 高诱：《淮南子注》，上海书店 1986 年版。

[汉] 司马迁：《史记》，南朝宋裴骃集解，唐司马贞索隐，张守节正义，中华书局 1963 年版。

[汉] 许慎：《说文解字》，中华书局 1963 年版。

[南朝] 范晔：《后汉书》，李贤等注，中华书局 1965 年版。

[北齐] 颜之推：《颜氏家训》，王利器集解，中华书局 2005 年版。

[唐] 贾公彦：《周礼注疏》，中华书局 1980 年版。

[唐] 孔颖达：《春秋左传正义》，中华书局 1980 年版。

[唐] 孔颖达：《毛诗正义》，中华书局 1980 年版。

[唐] 孔颖达：《尚书正义》，中华书局 1980 年版。

[唐] 孔颖达：《周易正义》，中华书局 1980 年版。

[唐] 李匡乂：《资暇集》，影印文渊阁《四库全书》本。

[唐] 陆德明：《经典释文》，中华书局 1983 年版。

[唐] 释玄应：《一切经音义》，《丛书集成初编》本。

[唐] 颜师古：《匡谬正俗》，《万有文库》本。

[南唐] 徐锴：《说文解字系传》，中华书局 1987 年版。

[宋] 陈骙：《南宋馆阁录》，影印文渊阁《四库全书》本。

[宋] 陈元靓：《事林广记》，《续修四库全书》本。

[宋] 丁度：《附释文互註礼部韵略》，《四部丛刊续编》本。

[宋] 洪适：《隶释》，中华书局 1985 年版。

[宋] 洪适：《隶续》，中华书局 1985 年版。

[宋] 贾昌朝：《群经音辨》，《四部丛刊续编》本。

[宋] 楼钥：《攻媿集》，影印文渊阁《四库全书》本。

[宋] 宋敏求：《唐大诏令集》，商务印书馆 1959 年版。

[宋] 欧阳修：《集古录》，影印文渊阁《四库全书》本。

[宋] 王应麟：《困学纪闻》，上海古籍出版社 2008 年版。

[宋] 吴棫：《韵补》，《丛书集成初编》本。

[宋] 项安世：《项氏家说》，《丛书集成新编》本。

[宋] 邢昺：《尔雅注疏》，中华书局 1980 年版。

[宋] 岳珂：《相台书塾刊正九经三传沿革例》，《粤雅堂丛书》本。

[元] 程端礼：《程氏家塾读书分年日程》，《丛书集成初编》本。

[元] 戴侗：《六书故》，影印文渊阁《四库全书》本。

[元] 刘鉴：《经史动静字音》，《芋园丛书》本。

[元] 刘鉴：《经史正音切韵指南》，影印文渊阁《四库全书》本。

[明] 陈第：《毛诗古音考》，中华书局 1988 年版。

[明] 方以智：《通雅》，中国书店 1990 年版。

[明] 杨慎：《转注古音略》，影印文渊阁《四库全书》本。

[明] 张位：《问奇集》，《续修四库全书》本。

[明] 张位：《发音录》，《青照堂丛书》，清道光十五年朝邑刘氏刻本。

[清] 毕沅：《关中金石记》，《丛书集成初编》本。

[清] 曹寅：《全唐诗》，中华书局 1960 年版。

[清] 柴绍炳：《柴氏古韵通》，《续修四库全书》本。

[清] 柴绍炳：《正音切韵复古编》，《续修四库全书》本。

[清] 陈澧：《东塾读书记》，《皇清经解续编》本。

[清] 陈澧：《切韵考》，《续修四库全书》本。

[清] 陈士珂：《孔子家语疏证》，《丛书集成初编》本。

[清] 陈瑑：《说文引经互异说》，《续修四库全书》本。

[清] 陈瑑：《说文引经考证》，《续修四库全书》本。

[清] 承培元：《广潜研堂说文答问疏证》，《续修四库全书》本。

[清] 承培元：《说文引经证例》，《续修四库全书》本。

[清] 程际盛：《说文引经考》，《续修四库全书》本。

[清] 戴震：《戴震集》，上海古籍出版社 1980 年版。

[清] 戴震：《戴震全集》，清华大学出版社 1999 年版。

[清] 戴震：《戴震文集》，中华书局 1980 年版。

[清] 戴震：《声类表》，《音韵学丛书》本，四川人民出版社 1957 年版。

[清] 段玉裁：《汲古阁说文订》，《丛书集成初编》本。

[清] 段玉裁：《说文解字注》，上海古籍出版社 1998 年版。

[清] 段玉裁：《经韵楼集》，上海古籍出版社 2007 年版。

[清] 冯登府：《十三经诂答问》，《皇清经解续编》本。

[清] 顾炎武：《古音表》，中华书局 1982 年版。

[清] 顾炎武：《诗本音》，中华书局 1982 年版。

[清] 顾炎武：《唐韵正》，中华书局 1982 年版。

[清] 顾炎武：《易音》，中华书局 1982 年版。

[清] 顾炎武：《音论》，中华书局 1982 年版。

[清] 顾炎武著，黄汝成集释：《日知录集释》，岳麓书社 1994 年版。

[清] 郭庆藩：《说文经字正谊》，《续修四库全书》本。

[清] 黄承吉：《字诂义府合按》，中华书局 1984 年版。

[清] 江藩：《汉学师承记》，上海古籍出版社 2006 年版。

[清] 江永：《古韵标准》，中华书局 1982 年版。

[清] 江永：《四声切韵表》，《四库存目丛书》本。

[清] 江永：《音学辨微》，《续修四库全书》本。

[清] 江有诰：《江氏音学十书》，《续修四库全书》本。

[清] 孔广森：《诗声类》，中华书局 1983 年版。

[清] 李光地：《榕村集》，文渊阁《四库全书》本。

[清] 李元：《音切谱》，《续修四库全书》本。

[清] 梁启超：《梁任公近著》第一辑，商务印书馆民国十二年印行。

[清] 梁启超：《中国近三百年学术史》，东方出版社 1996 年版。

[清] 凌廷堪：《校礼堂文集》，中华书局 1998 年版。

[清] 刘逢禄：《诗声衍》，思贤书局刊本。

[清] 柳荣宗：《说文引经考异》，《续修四库全书》本。

[清] 卢文弨：《抱经堂文集》，中华书局 1990 年版。

[清] 罗振鋆：《碑别字》，《续修四库全书》本。

[清] 缪楷：《经馀随笔》，《丛书集成续编》本。

[清] 莫友芝：《唐写本说文解字木部笺异》，《续修四库全书》本。

[清]钮树玉：《段氏说文注订》，《续修四库全书》本。

[清]钮树玉：《说文解字校录》，《续修四库全书》本。

[清]皮锡瑞：《经学历史》，中华书局 1959 年版。

[清]钱大昕：《嘉定钱氏潜研堂全书》，清光绪长沙龙氏家塾重刻本。

[清]钱大昕：《潜研堂集》，上海古籍出版社 1989 年版。

[清]钱大昕：《演易》手稿本，载《上海图书馆未刊古籍稿本》，复旦大学出版社 2008 年版。

[清]钱大昕：《嘉定钱大昕全集》，江苏古籍出版社 1997 年版。

[清]钱坫：《诗音表》，《续修四库全书》本。

[清]钱坫：《说文解字斠诠》，《续修四库全书》本。

[清]钱师璟：《嘉定钱氏艺文志略》，《端溪丛书》本。

[清]钱泳：《履园丛话》，清道光十八年述德堂刻本。

[清]释法轮：《重增标射切韵要法全集》，清刻本。

[清]孙星衍：《孙渊如外集》，国立北平图书馆铅印本 1932 年。

[清]王夫之：《说文广义》，北京出版社 1999 年版。

[清]王筠：《说文释例》，武汉市古籍书店影印 1983 年版。

[清]王鸣盛：《西沚居士集》，南翔文墨斋石夏珍局刻本。

[清]王念孙：《广雅疏证》，上海古籍出版社 1983 年版。

[清]王念孙：《王石臞先生遗文》、《高邮王氏遗书》，罗振玉辑印本。

[清]翁方纲：《两汉金石记》，清乾隆五十四年南昌使院本。

[清]吴修：《昭代名人尺牍》，西泠印社清光绪三十四年刻本。

[清]吴玉搢：《说文引经考》，《丛书集成初编》本。

[清]吴云蒸：《说文引经异字》，《续修四库全书》本。

[清]吴震方：《读书正音》，《四库全书存目丛书》本。

[清]夏燮：《述均》，《续修四库全书》本。

[清]熊士伯：《等切元声》，《续修四库全书》本。

[清]徐承庆：《说文解字注匡谬》，《续修四库全书》本。

[清]徐世昌：《大清畿辅先哲传》，北京古籍出版社 1993 年版。

[清]严可均、姚文田：《说文校议》，《续修四库全书》本。

[清]严章福：《说文校议议》，《续修四库全书》本。

[清]永瑢等：《四库全书总目》，中华书局 1965 年版。

[清]昭梿：《啸亭杂录》，中华书局 1980 年版。

[清]赵培梓：《增补剔弊五方元音》，上海广益书局民国间印行。

[清]赵之谦:《六朝别字记》,《续修四库全书》本。

[清]郑珍、郑知同:《说文新附考》,《续修四库全书》本。

[清]郑知同:《汗简笺正》,清广雅书局刊本。

[清]朱骏声:《说文通训定声》,中华书局1984年版。

[清]邹汉勋:《五韵论》,《续修四库全书》本。

今人著作

《汉语大字典》,湖北辞书出版社2001年版。

曹述敬等:《音韵学辞典》,湖南出版社1991年版。

陈新雄:《古音学发微》,(台湾)文史哲出版社1983年版。

陈新雄:《古音研究》,五南图书出版公司1999年版。

陈寅恪:《李德裕贬死年月及归葬传说辨证》,载《金明馆丛稿二编》,生活·读书·新知三联书店2001年版。

陈垣:《史源学杂文前言》,生活·读书·新知三联书店2007年版。

党怀兴:《宋元明六书学研究》,中国社会科学出版社2003年版。

岛田翰著,刘玉才整理:《访余录》,载《中国典籍与文化论丛》第九辑,北京大学出版社2007年版。

丁福保:《说文解字诂林》,中华书局1988年版。

方诗铭、周殿杰:《钱大昕》,上海人民出版社1986年版。

符定一:《联绵字典》,中华书局1954年版。

耿振生:《20世纪汉语音韵学方法论》,北京大学出版社2004年版。

顾吉辰:《钱大昕研究》,华东理工大学出版社1996年版。

郭晋稀:《声类疏证》,上海古籍出版社1993年版。

郭锡良:《汉字古音手册》,北京大学出版社1986年版。

何九盈:《中国古代语言学史》,北京大学出版社2006年版。

何宗周:《钱氏声类疏证》,(台湾)何宗周先生遗著整理委员会1988年版。

黄侃:《黄侃国学讲义录》,中华书局2006年版。

黄侃:《黄侃论学杂著》,中华书局1964年版。

黄侃:《文字声韵训诂笔记》,上海古籍出版社1983年版。

黄坤尧:《音义阐微》,上海古籍出版社1997年版。

李葆嘉:《清代上古声纽研究史论》,(台湾)中华发展基金管理委员会、五南图书出版公司1996年版。

李零：《中国方术考》，东方出版社 2000 年版。

李荣：《文字问题》，商务印书馆 1987 年版。

李思敬：《钱大昕》，载《中国古代语言学家评传》，山东教育出版社 1992 年版。

刘梦溪：《中国现代学术经典黄侃、刘师培卷》，河北教育出版社 1996 年版。

刘盼遂著，聂石樵辑校：《刘盼遂文集》，北京师范大学出版社 2002 年版。

刘师培：《中国文学教科书》，载《刘申叔遗书》，江苏古籍出版社 1997 年版。

刘赜：《声韵学表解》，载《国立武汉大学丛书》，商务印书馆 1934 年版。

李无未：《音韵文献与音韵学史·李无未文存》，吉林文史出版社 2005 年版。

李无未：《音韵学论著指要与总目》，作家出版社 2007 年版。

陆宗达：《陆宗达语言学论文集》，北京师范大学出版社 1996 年版。

孟蓬生：《上古汉语同源词语音关系研究》，北京师范大学出版社 2001 年版。

潘承弼、顾廷龙：《明代版本图录》，《民国丛书》本。

黄侃：《古韵谱稿》，潘重规辑《黄季刚先生遗书》，（台湾）石门图书公司 1980 年版。

濮之珍：《中国历代语言学家评传》，复旦大学出版社 1992 年。

屈万里：《论国风非民间歌谣的本来面目》，台湾《中央研究院历史语言研究所集刊》第三十四本下册 2000 年版。

沈兼士：《沈兼士学术论文集》，中华书局 1986 年版。

孙雍长：《训诂原理》，语文出版社 1997 年版。

孙玉文：《汉语变调构词研究》，北京大学出版社 2000 年版。

汤珍珠、陈忠敏：《嘉定方言研究》，社会科学文献出版社 1993 年版。

唐作藩：《上古音手册》，江苏人民出版社 1982 年版。

万献初：《汉语构词论》，湖北人民出版社 2004 年版。

万献初：《音韵学要略》，武汉大学出版社 2008 年版。

王国维：《王国维论学集》，中国社会科学出版社 1997 年版。

王记录：《钱大昕的史学思想》，社会科学文献出版社 2004 年版。

王力：《楚辞韵读》，上海古籍出版社 1980 年版。

王力：《汉语音韵学》，中华书局 1982 年版。

王力：《清代古音学》，中华书局 1992 年版。

王力：《诗经韵读》，上海古籍出版社 1980 年版。

王宁：《训诂方法论》，中国社会科学出版社 1983 年版。

王宁：《训诂学原理》，中国国际广播出版社 1996 年版。

王问渔：《训诂学的研究与应用》，内蒙古人民出版社 1986 年版。

王欣夫：《王欣夫说文献学》，上海古籍出版社 2000 年版。

吴泽顺：《汉语音转研究》，岳麓书社 2006 年版。

阳海清：《文字音韵训诂知见书目》，湖北人民出版社 2002 年版。

杨树达：《积微居小学述林》，中华书局 1983 年版。

杨天宇：《郑玄三礼注研究》，天津人民出版社 2007 年版。

姚孝遂：《许慎与说文解字》，中华书局 1983 年版。

张民权：《清代前期古音学研究》，北京广播学院出版社 2002 年版。

张民权：《宋代古音学与吴棫〈诗补音〉研究》，商务印书馆 2005 年版。

张民权：《音韵训诂与文献研究》，北京广播学院出版社 2004 年版。

张民权：《张民权自选集》，北京广播学院出版社 2004 年版。

张世禄：《中国古音学》，商务印书馆 1930 年版。

张舜徽：《清儒学记》，齐鲁书社 1991 年版。

张舜徽：《说文解字导读》，巴蜀书社 1990 年版。

张涛、邓声国：《钱大昕评传》，南京大学出版社 2006 年版。

郑奠、麦梅翘：《古汉语语法学资料汇编》，中华书局 1964 年版。

中国历史文献研究会：《嘉定文化研究》，三秦出版社 1990 年版。

周祖谟：《广韵校本》，中华书局 2004 年版。

周祖谟：《问学集》，中华书局 1966 年版。

周祖谟：《周祖谟语言学论文集》，商务印书馆 2001 年版。

朱剑心：《金石学》，文物出版社 1981 年版。

论　　文

[日] 平田昌司：《〈皇极经世声音唱和图〉与〈切韵指掌图〉》，载《东方学报》1984 年第 3 期。

敖小平：《古无轻唇音不可信补证》，载《华东师范大学学报》（哲学社会科学版）1984 年第 6 期。

班吉庆：《简论钱大昕〈说文〉研究的特点》，载《扬州大学学报》（人文社会科学版）2009 年第 2 期。

曹翔：《古文献"孃""娘"的分别与〈恒言录〉校误》，载《台州学院学报》2009 年第 2 期。

柴德赓：《王西庄与钱竹汀》，载《史学史资料》1979 年第 3 期。

陈其泰：《钱大昕与元史学》，载《浙江学刊》1998 年第 4 期。

党怀兴：《声纽：汉语"音转"问题的关键》，载《陕西师范大学学报》（哲学社会科学版）2002 年第 6 期。

顾吉辰：《钱大昕与〈元史稿〉下落》，载《古籍整理研究学刊》1993 年第 5 期。

郭洪卫：《〈潜研堂金石文跋尾〉研究》，西南大学 2008 年硕士学位论文。

胡晓东：《汉语"古无舌上音"的苗语例证》，载《贵州民族学院学报》（哲学社会科学版）2010 年第 5 期。

黄慧萍：《钱大昕说文学之研究》，台湾屏东师范学院 2005 年硕士学位论文。

黄易青：《论"谐声"的鉴别及声符的历史音变》，载《古汉语研究》2005 年第 3 期。

李计伟：《略论钱大昕文字学研究》，载《古籍整理研究》2004 年第 1 期。

李菁：《宋代金石学的缘起与演进》，载《中国典籍与文化》1998 年第 3 期。

李文：《论段玉裁的古异平同入说》，载《古汉语研究》1997 年第 2 期。

刘昌润：《钱大昕〈深宁先生年谱〉校补》，载《文献》第 22 辑，1984 年。

刘奉光：《钱大昕的两个古音理论》，载《语文学习》1983 年第 4 期。

刘贵生、曹辛华：《钱大昕提出古声纽理论的客观条件和主观努力》，载《语言研究》1994 年增刊。

刘世明：《钱大昕古声类系统研究》，北京师范大学 2008 年硕士学位论文。

刘晓南：《〈说文〉连篆读例献疑》，载《汉语研究》1989 年第 1 期。

刘心明：《钱大昕与清代金石考据学》，载《山东大学学报》（哲学社会科学版）2011 年第 4 期。

刘新民：《清代"说文学"专著之书目研究》，中国科学院文献情报中心 2001 年硕士学位论文。

吕友仁：《〈中国史学家传·钱大昕传〉举正》，载《新乡师院学报》1985 年 1 期。

吕友仁：《钱大昕小学表微》，载《河南师范大学学报》（哲学社会科学版）1989 年第 1 期。

吕友仁：《钱大昕与〈说文〉两大家》，载《河南师范大学学报》（哲学社会科学版）1989 年第 3 期。

马小能：《钱大昕的金石学成就》，河南师范大学 2007 年硕士学位论文。

马智强：《古无轻唇音的材料论证和音理论证》，载《益阳师专学报》1996 年第 4 期。

潘承弼：《说文答问疏证校异》，载《国立北平图书馆馆刊》第 8 卷第 5 号，1934 年。

漆永祥：《钱大昕校勘学述论》，载《古籍整理研究学刊》1993 年第 1 期。

漆永祥：《钱大昕音韵学述论》，载《西北师大学报》（社会科学版）1993 年第 6 期。

钱仍震：《钱大昕后裔辨》，载《嘉定文史资料》第九辑，上海市嘉定区委员会文史资料委员会，1994 年。

钱云清：《回忆钱大昕故居及墓葬风貌》，载《嘉定文史资料》第八辑，上海市嘉定区委员会文史资料委员会，1993 年。

乔辉：《钱大昕〈十驾斋养新录〉"说文校讹字"之"偶"字字义商榷》，载《长江学术》2008 年第 3 期。

饶宗颐补订：《潮州艺文志》，载《岭南学报》1935 年第 4 期。

孙鹤：《古无轻唇音补证》，载《鄂州大学学报》1998 年第 4 期。

万献初：《〈附释文互注礼部韵略〉"互注"异音考析》，载《中国语文》2008 年第 1 期。

汪国胜：《湖北大冶方言人称代词的变调》，载《中国语文》2003 年第 6 期。

汪寿明：《钱大昕的文字、音韵、训诂学》，载《华东师范大学学报》（社会科学版）1985 年第 5 期。

王宝刚：《论〈方言笺疏〉中的"古同声"》，载《淮阴师范学院学报》（哲学社会科学版）2002 年第 1 期。

王伯英：《关于钱大昕的佚文手稿》，载《克山师专学报》1981 年第 4 期。

王健庵：《古无轻唇音之说不可信》，载《安徽大学学报》（哲学社会科学版）1983 年第 1 期。

王永强：《钱大昕双声假借说浅论》，北京师范大学 1995 年硕士学位论文，。

夏文华：《从〈廿二史考异〉看钱大昕的校勘方法》，载《晋图学刊》2005 年第 4 期。

向熹：《论〈诗经〉语言的性质》，载《中国韵文学刊》1998 年第 1 期。

肖建春：《试论钱大昕的字词考释》，载《西南民族学院学报》1993 年第 3 期。

熊庆年：《钱大昕音转说试析》，载《江西教育学院学报》1989 年第 4 期。

徐书海：《钱大昕〈声类·释训篇〉疏证》，载《语言文学专刊》1936 年第 1 期。

许征：《说文连篆读述评》，载《新疆师范大学学报》（哲学社会科学版）1996 年第 2 期。

严学宭：《释汉儒音读用本字例》，载国立中山大学《文史集刊》第一册，1948 年。

杨伯峻：《破音略考》，载《国文月刊》第 74 期，1948 年。

杨宏：《〈说文〉读若性质测查》，北京师范大学 1995 年硕士学位论文，。

杨建忠、贾芹：《谈古书中的"点发"》，载《古汉语研究》2006 年第 3 期。

虞万里：《从十驾斋说到钱大昕及其全集》，载《中国典籍与文化》1999 年第 3 期。

张磊：《〈十驾斋养新录〉考辨一则》，载《宁夏大学学报》（人文社会科学版）2009 年第 1 期。

张启焕：《古无舌上音今证》，载《河南师大学报》（社会科学版）1983 年第 2 期。

张盛龙：《格里姆定律和钱大昕古无轻唇音说比较》，载《广州师范学院学报》

1991 年第 2 期。

张涛：《钱大昕对历代小学经典的考论》，载《学术研究》2010 年第 3 期。

张亚蓉：《〈说文解字〉的谐声关系与上古音研究》，苏州大学 2008 年博士学位论文。

张涌泉：《说文连篆读发覆》，载《文史》2002 年第 3 期。

赵伯义：《论钱大昕的〈恒言录〉》，载《河北学刊》1997 年第 3 期。

周斌武：《钱大昕与清代音韵学》，载《复旦大学学报》（社会科学版）1985 年第 4 期。

周法高：《中国语法札记》，载《"国立中央研究院"历史语言研究所集刊》第 24 本，台湾 1953 年版。

周一谋：《论古无轻唇音》，载《湖南中医学院学报》1985 年第 2 期。

周一谋：《论古无舌上音和正齿音》，载《湖南中医学院学报》1985 年第 4 期。

周远富：《方以智〈通雅〉与上古声组研究》，载《语言研究》2002 年第 4 期。

朱声琦：《从〈玉篇〉看舌上音知系声母的产生》，载《南京师大学报》（社会科学版）1992 年第 2 期。